Mosaik
bei GOLDMANN

Buch

Die schmackhaften Rezepte in diesem Buch erfüllen zwei Bedürfnisse aufs Vollkommenste: Sie begeistern selbst die wahren Gourmets und sie sind ein gesundes Vergnügen. Und weil Körper und Geist ein untrennbares Paar sind, wird mit diesen Gerichten auch die Psyche verwöhnt. Wertvolle natürliche Zutaten sind die Grundlage für die einfach zuzubereitenden Gerichte, die Marilyn Diamond und ihre Tochter Lisa Neuwirth zusammengestellt haben. Die Rezepte sind traditionell oder modern, für jede Gelegenheit und jeden Geschmack – vom gesunden Power-Frühstück über raffinierte Fischgerichte bis hin zu vegetarischen Köstlichkeiten.

Autorinnen

Marilyn Diamond engagiert sich seit über zwanzig Jahren im Bereich der gesunden Ernährung und hat als Co-Autorin an vielen erfolgreichen Büchern zu diesem Thema gearbeitet. Ihre Tochter Lisa Neuwirth absolvierte das »Culinary Institute of America« und hat in führenden Restaurants der USA wertvolle Erfahrungen gesammelt.

Bei Mosaik bei Goldmann erschienen außerdem:

Fit fürs Leben – Fit for Life (12533)
Fit fürs Leben – Fit for Life 2 (13621)
Fit fürs Leben – Das Fit-for-Life-Kochbuch (13735)
Fitonics fürs Leben (16112)

MARILYN
DIAMOND
LISA NEUWIRTH

Fit fürs Leben
Köstliche Rezepte
aus der Naturküche

Gesund genießen und fit bleiben

Aus dem Amerikanischen von
Dr. Renate Zeltner

Mosaik
bei GOLDMANN

Umwelthinweis:
Alle bedruckten Materialien dieses Taschenbuches
sind chlorfrei und umweltschonend.

Deutsche Erstausgabe Februar 2001
© 2001 Wilhelm Goldmann Verlag, München
in der Verlagsgruppe Bertelsmann GmbH
© 1998 Fitonics, Inc.
Originalverlag: Avons Books, Inc., New York
Originaltitel: Recipes for Life from the Fitonics Kitchen
Redaktion: Dr. Renate Zeltner
Umschlaggestaltung: Design Team München
unter Verwendung folgender Fotos:
Umschlag: IFA-Bilderteam, Time Space Inc.
Umschlaginnenseiten: Guido Pretzl
Satz: Buch-Werkstatt, Bad Aibling
Druck: Elsnerdruck, Berlin
Verlagsnummer: 16269
kö . Herstellung: Max Widmaier
Made in Germany
ISBN 3-442-16269-6
www.goldmann-verlag.de

1 3 5 7 9 10 8 6 4 2

*Dieses Buch ist all jenen gewidmet, die nach einer einfachen
und praktischen Möglichkeit suchen, zwei Grundbedürfnis-
sen des Menschen zu entsprechen: der Freude am Essen und
dem Wunsch nach mehr Gesundheit.*

Also auch Ihnen!

*Damit Sie mehr Spaß in Ihrer Küche haben!
Damit Sie sich richtig wohl fühlen!*

Dank

Unser aufrichtiger Dank gilt allen, die bei uns gegessen haben, denen es geschmeckt hat und wohl bekommen ist und die uns angefeuert haben, weiter zu machen. Liebste Swamy, dankeschön!

Dein Essen soll Dein Heilmittel sein

– Hippokrates

Inhalt

Einleitung

Die Fackel geht an Sie weiter

Die kritische Verantwortung Ihrer Generation besteht darin, kommenden Generationen Halt, Richtung und Unterstützung zu geben.

– Gloria Dean Randle Scott

Ich stehe gleichsam auf den Schultern meiner Mutter Frances. Sie hat in der Qualität des Essens, das auf den Familientisch kam, ihre wichtigste Aufgabe gesehen. Der Duft köstlicher und höchst fantasievoller Mahlzeiten, die sie mit viel Liebe und Sorgfalt zubereitete, durchzog unsere Wohnung und lockte mich schon als Kind immer wieder in die Küche. Um in ihrer Nähe zu sein und in der Hoffnung, mir möglichst viel von ihrem Können und ihrer Begabung anzueignen, half ich anfangs, Töpfe und Pfannen zu scheuern. Meine Mutter hat ein Stück des Familienerbes an mich weitergegeben, indem sie mir eine unschätzbare Ausbildung in praktischer Ernährungslehre zuteil werden ließ, die mein ganzes berufliches Leben bestimmen sollte. Damals wusste ich noch nicht, dass sie die Fackel an mich übergeben hat. Ich nahm sie auf und gab meine Einsichten an Millionen weiter. Ohne die Lehren und Ratschläge meiner Mutter wäre ich sicher nicht in der Lage gewesen, die Arbeit, die ich jetzt tue, zu leisten.

Inzwischen aber konnte ich feststellen, dass ich in meiner eigenen Tochter Lisa eine ganz ähnliche Begeisterung für Kochen und Ernährung geweckt habe. Seit ihrer Jugend hatte sie dieselben kulinarischen Interessen wie ich; bei ihr gingen sie sogar noch weiter, nämlich bis in die aufregende Welt der Gastronomie. Sie absolvierte eine Profi-Ausbildung am amerikanischen Culinary Institute. Dank ihrer Begabung und innovativen Ambitionen konnte sie die Kreativität und die Fähigkeiten, die ich von meiner Mutter mitbekam und auf eigene Faust weiterentwickelt habe, auf ein neues, höheres Niveau anheben. Natürlich half ihr dabei der hohe Qualitätsanspruch, der in unserer Familie traditionell an Nahrungsmittel und Zubereitung gestellt wird. Die Zusammenarbeit mit ihr beim Schreiben dieses Buches gehört zu meinen erfreulichsten Erfahrungen.

Damals, als meine Mutter mir die Fackel gleichsam übergab, setzte ich mir zum Ziel, ihre Erfahrungen weiterzureichen, aber auch Antworten auf die Ernährungsprobleme und -fragen unserer Zeit und meiner eigenen Generation zu finden. Vor allem ging es mir um die Bedürfnisse meiner eigenen Kinder, die in einer ganz anderen, viel unsichereren Welt aufwuchsen als ich selbst. Der Druck, der in den Siebziger- und Achtzigerjahren auf dem Familienleben lastete, verlangte nach ganz neuen Lösungen für Probleme, die es früher gar nicht gegeben hatte. Frauen strebten in großer Zahl nach Beruf und Karriere, und das ging vielfach auf Kosten der Kinder und der Häuslichkeit. Die daraus resultierende Auflösung der Familienbindungen, das Phänomen der Alleinerzieherinnen, aber auch eine Krise der allgemeinen Gesundheitsfürsorge wirkten sich auf mein Leben und meine Arbeit aus. In fünfundzwanzig Jahren – einem Vierteljahrhundert also – kam ich dank der Erprobung und Entwicklung verschiedener Formen alternativer Ernährung, aber auch durch Versuche mit vielerlei Heilmethoden (die vom Fasten bis zu zusätzlicher Nährstoffversorgung reichten) zu eben jener ausgewogenen Lebens- und Ernährungsform, wie sie in *Fitonics* und jetzt in diesem Buch beschrieben ist.

Das Problem, mit dem meine Generation als Erste konfrontiert wurde und dem wir heute alle gegenüber stehen – die Frage nämlich, wie wir die beste und gesündeste Möglichkeit finden, uns Heim und Familie zu erhalten –, hat sich mir genauso gestellt wie Millionen anderer Menschen. Meine Arbeit ging alle an, vom Teenager bis zur Großmutter, doch vor allem hatte ich meiner eigenen Generation, meinen Altersgenossinnen, die den Babyboom erlebt hatten, etwas zu sagen. Heute suchen wir intensiver als je zuvor nach Lösungen auf dem Gebiet der natürlichen Gesundheitsfürsorge, um anscheinend unvermeidliche, altersbedingte Krankheiten zurückzudrängen, wie sie die Generation vor uns noch heimsuchten. Und während ich dabei bin, für meine Altersgenossen mein Kredo von der Ausgewogenenheit der Ernährung und von lebenslanger Vitalität weiter zu entwickeln, stelle ich fest, dass das Interesse an solchen Fragen in der Generation meiner Kinder immer mehr zunimmt. Sie sind auf der Suche, und ich erfahre, dass neue Lösungen bei ihnen Widerhall finden, Lösungen, die dem Leben in der Zukunft angemessen sind. Diese wunderbaren jungen Menschen schlagen sich mit Problemen herum, die sie gar nicht verursacht haben. Die Zusammenarbeit mit meiner Tochter Lisa an diesem Buch ist für mich zu einer Quelle der Inspiration geworden, sie hat mir geholfen, eine Kluft zu überwinden und Antworten zu finden, die generationenübergreifend sind.

Während die Generation der »Babyboomer«, die in einer ganz anderen, sicheren Zeit aufgewachsen ist, sich ratlos fragt, wohin die Welt eigentlich treibt, glaube ich, dass die jungen Leute von heute uns durchaus Anlass geben, froh und erleichtert in die Zukunft zu sehen. Was ich bei meinen eigenen Kindern und bei vielen anderen erfahre und mitbekomme, die ich anzuleiten versuche, ist eine tiefe Sehnsucht nach Rückkehr zum altmodischen, bodenständigen Familienleben. Und gleichzeitig suchen viele der Jungen nach Möglichkeiten, einen ganz persönlichen Beitrag zum Leben in der Gemeinschaft zu leisten. Zu ihren Lebenzielen gehören langes Leben in Gesundheit, dauerhafte Partnerschaft, berufliche Perspektiven und eine Rückkehr zur Familientradition, manchmal auch zu alten spirituellen Lehren, die dauerhafte Lösungen versprechen. Welchen Weg sie auch gehen, ihre Sehnsüchte sind überall auf der Welt dieselben, sie suchen nach Glück und Wärme in familiärer Geborgenheit, möchten ausgeglichener, gesünder und vernünftiger leben. Viele wollen lernen, wie man zu anhaltendem körperlichen und geistigen Wohlbefinden gelangt und es sich bewahrt. Und das führt hoffentlich – in diesem neuen Jahrhundert – zur Überwindung von Gesundheitskrisen, unter denen viel zu viele Menschen unserer Zeit zu leiden haben.

Dank der Gefühle und Empfindungen, die ich diesem Buch mitgegeben habe, ist der Boden bereitet; die Fackel kann getrost weitergegeben werden. Als Repräsentantin meiner eigenen Generation in ihrer biologisch festgelegten Rolle der Familienernährerin reiche ich mein Wissen an all jene weiter, die als Weg zum Glück und zu andauernder Gesundheit ein natürliches Leben erstreben.

Die Ernährung und Erhaltung der Menschen war schon immer eine originär weibliche Aufgabe, die wir Frauen Generation auf Generation zu erfüllen hatten, lange bevor es eine patriarchalisch organisierte Heilkunde gab. Ich bin der Meinung, dass wir diese Rolle weiterhin wahrnehmen sollten, auch in dieser sich für Frauen und Männer gleichermaßen rasant verändernden Zeit. Denn wie sollen wir überleben, wenn wir nicht mehr fähig sind, uns so zu ernähren, wie es unserer Spezies entspricht, und wenn wir die entsprechenden Fähigkeiten und die Geheimnisse unserer Ernährung nicht mehr an die folgende Generation weitergeben?

Dieses Buch mit *Rezepten fürs Leben* kommt dem Wunsch vieler Menschen entgegen, die für alle Bereiche des Lebens auf der Suche nach mehr Wohlbefinden und Harmonie sind. Dank seiner Ausgewogenheit und der Art und Weise, an das Leben heranzugehen, entspricht es auch den Bedürfnissen der Gesellschaft von heute. Ich habe vor allem meinem Mann Dr. Donald Burton Schnell für seine umfassende Hilfe, seine Mitarbeit und seinen Beitrag zu danken. Er hat mir geholfen, nicht nur den Zusammenhang von Gesundheit und Ernährung darzustellen, sondern auch die Bedeutung vollwertiger Ernährung besonders herauszuheben; die Rede ist hier nicht nur von körperlicher, sondern auch von geistiger und seelischer Gesundheit. Durch seine enge Verbindung und seinen Zugang zu alten und neuen Traditionen und Lehren vom körperlichen, geistigen und seelischen Wohlbefinden kam ich dazu, den Rezeptfundus dieses Buches entsprechend abzurunden und auszuweiten. Durch seine Fähigkeit, tiefe Grundwahrheiten auf leicht verständliche Weise darzulegen, kommt es ein weiteres Mal zur Übergabe der Fackel. Damit wird dem Leser die spirituelle Balance vermittelt, die dem Leben erst seine Bedeutung gibt. Einfluss und Anleitung meines Mannes sind für mich zu einer Quelle tiefster Inspiration geworden; dank ihm enthält dieses Buch Empfehlungen für die denkbar wertvollste Ernährung auf allen Ebenen von Körper, Geist und Seele.

Damit, lieber Leser, gebe ich die Fackel nun an Sie weiter. Ich hoffe und wünsche, dass Sie bei der Lektüre dieses Buches etwas von dem Glück und der Energie verspüren, die letzten Endes das Ziel unserer Reise zu natürlicher Gesundheit sind.

Ein neuer Anfang

Der Zusammenhang zwischen vollwertiger Nahrung und der Fürsorge für uns selbst liegt eigentlich auf der Hand. Gesunder Appetit ist eine schöne und wunderbare Sache. Er spiegelt gleichsam die Leidenschaft der Seele wider. Wenn man die natürliche Lust des Menschen auf Nahrung bagatellisiert oder einfach negiert und diese Lust als Krankheit denunziert, kann dies zu ernsthaften Essstörungen, zu Übergewicht und Unwohlsein führen, gegen die so viele verzweifelt kämpfen. Essen wirkt lebenserhaltend! Und es ist wichtig, dass man gern isst. Deshalb sollten wir an dieser Stelle einen ganz neuen Anfang machen! Es ist völlig normal, wenn Sie gern essen. Wir wollen Ihre Lust am Essen nur in eine optimale und befriedigende Richtung lenken.

In diesem Buch finden Sie ein frisches, lebendiges Ernährungsprogramm, das den Nahrungsbedürfnissen Ihres Körpers entspricht und dabei zugleich Ihre geschmacklichen Vorlieben berücksichtigt. Es ist wirklich eine Entdeckung, wenn man feststellt, das beides in Übereinstimmung gebracht werden kann und kein Gegensatz sein muss. Damit das Essen wirklich nahrhaft sein kann, sollte es Ihre Sinne anregen, denn sie sind der individuellste Ausdruck Ihrer Natur. Manche Menschen spricht vielleicht ein zartes Filetsteak besonders an; andere würden lieber zu einem knackig frischen, bunten Salat greifen. Was folgt daraus? *Essen ist eine Sache des persönlichen Geschmacks.* Unter dieser Grundvoraussetzung haben wir auf den folgenden Seiten eine ausgewählte Rezept-Kollage zusammengestellt, die die ganze Vielfalt unserer herrlich gesunden Ernährung wiedergibt. Seien Sie ganz sicher, dass sich auch für Sie das Richtige darin findet.

Was wollen Sie erreichen? Wollen Sie körperlich immer

gesünder und geistig noch frischer und glücklicher werden? Möchten Sie sich beides bis ins hohe Alter bewahren? Das ist nun schon seit Jahrzehnten auch unser Ziel gewesen, und wir meinen, wir sind auf dem richtigen Weg.

Es geht nicht nur ums Essen

Was Sie zu sich nehmen, ist nur ein Faktor, der Ihren Gesundheitszustand bestimmt. Natürlich können Sie umso mehr von Ihrem Körper erwarten, je qualitätvoller das Essen auf Ihrem Teller ist (und auch Ihr Gehirn ist Teil des Körpers, das sollten Sie nie vergessen). Wir haben herausgefunden, dass vollwertige Nahrung die Chancen auf Glück und Erfolg im Leben langfristig verbessert. Fangen wir also an, Sie mit Ideen und Rezepten zu versorgen, um sicherzustellen, dass Ihre Nahrung höchsten Qualitätsansprüchen genügt. Die Betonung liegt in jedem Fall auf Frischkost und naturreinen Zutaten, damit Ihr Körper mit all der Energie versorgt ist, die er zu optimalem Gedeihen braucht.

Da es aber *nicht nur um das geht, was Sie essen, sondern auch um das, was Sie denken,* wäre unsere Botschaft einfach nicht vollständig, wenn wir nur von der Nahrung für den Körper sprechen würden. Vielmehr möchten wir Ihnen zugleich auch ein wenig »Nahrung für die Seele« anbieten, damit Sie den Übergang zum gesunden Leben und zum idealen Gewicht optimal bewältigen. Unser Ziel ist, Ihren Informationsstand zu verbessern, damit Sie die richtige Wahl treffen.

In den letzten Jahrzehnten, in denen das Gesundheitsbewusstsein der Menschen stetig gewachsen ist, hat sich unser Wissensdurst vor allem auf die Ernährung konzentriert, doch in diesem Zeitabschnitt ist zugleich ein neuer Hunger erwacht. In der Zeit, da wir dem bedeutsamsten Wendepunkt, dem neuen Jahrtausend, immer näher rückten, und auch jetzt stellen immer mehr Menschen fest, dass Nahrung für die Seele ebenso wichtig ist wie die Ernährung des Körpers. Wie wir essen und das Essen vertragen, hat auch mit dem zu tun, was wir von uns selbst und unserer Lebensqualität halten. Bei der Zubereitung unserer Mahlzeiten sollten wir deshalb auch die spirituelle Dimension nicht außer Acht lassen. Das richtige Denken trägt durchaus dazu bei, unsere Nahrung reicher und wohlschmeckender zu machen. Optimismus und die richtige geistige Ausstrahlung sorgen für eine positive Schwingung der zubereiteten Nahrungsmittel, die auch den Körper durchdringt. Wenn Sie die Mahlzeiten mit ganzem Herzen zubereiten und sich auf alles Positive im Universum konzentrieren, werden Sie spüren, wie Sie und Ihre Umgebung sich buchstäblich wandeln.

Die Nahrung mit Liebe umgeben

Der Umkreis, in dem die Nahrung zubereitet und eingenommen wird, hat einen nachhaltigen Eindruck auf die Wirkung der Nahrungsmittel auf unseren Körper. Wenn wir Grillwürstchen und Koteletts gut gelaunt und in fröhlicher Runde verspeisen, kann das für die Gesundheit wohltuender sein als Salat, Naturreis und gedämpftes Gemüse, die man in unfreundlicher Umgebung und im Angesicht der Abendnachrichten statt netter Gesellschaft zu sich nimmt. In vielen anderen Kulturen, in denen Fettleibigkeit und Krankheit beinahe Fremdworte sind und wo die Menschen in Gesundheit älter werden als wir, kennt man die Bedeutung des sozialen Aspektes der Ernährung. Ist es nicht höchste Zeit für die Einsicht, dass wir den Schwung, den uns die Nahrung geben kann, einfach herunterspielen, und dass diese Einstellung ernste Auswirkungen auf unsere Gesundheit und Lebensqualität hat?

In den Mittelmeerländern, von Frankreich bis Italien, Griechenland und Nordafrika, werden Mahlzeiten nicht im Laufschritt eingenommen und kommen auch nicht aus der Mikrowelle. Und nur im Amerikanischen kennt man das Wort *TV-Dinner* für die Mahlzeit vor dem Fernseher. Überall auf unseren Reisen durch die ganze Welt, in Europa, Mittel- und Südamerika, im Mittleren Osten und in Ostasien haben wir Menschen anderer Kulturen kennen gelernt und dabei erlebt, dass sie, ungeachtet ihrer spezialen und wirtschaftlichen Situation, beim Essen die Gelegenheit nutzen, sich zu erholen, Kraft zu sammeln und beieinander zu sitzen. Sie empfinden ihre Mahlzeiten als Quelle der Entspannung und des Wohlbehagens, als willkommene Unterbrechung der Arbeit, und sie genießen es zu essen. Die fröhliche, lockere Atmosphäre beim Essen bedeutet aber noch viel mehr als Geselligkeit. Sie dient auch der Gesundheit und Bekömmlichkeit und fördert zudem die Verdauung.

Bei den Europäern gelten wir Amerikaner als Menschen, deren Antrieb allein die Arbeit ist; um sie dreht sich alles, während die Mahlzeiten nebenbei und zwischendurch »verschlungen« werden. Man bedauert uns, weil wir so abhängig sind von Fastfood, und glaubt, dass bei uns die Zubereitung der Mahlzeiten und das Familienleben mehr und mehr von den Erfordernissen des Berufsalltags, der Karriere bestimmt werden. Tatsächlich finden bei uns viele kaum noch Zeit für Familie und Freunde. Berufstätige Frauen stöhnen, dass sie zur Ernährung der Familie auf Fertiggerichte und Mitnehmmahlzeiten zurückgreifen müssen; doch was sollen sie machen?

In den Mittelmeerländern und in Asien dagegen genießt die Zubereitung der Familienmahlzeiten immer noch eine besondere soziale Wertschätzung. Die Vorstellung von der Rolle der Frau als Ernährerin der Familie wurde bis heute nicht aufgegeben. Ein guter Freund von uns, der aus Jerusalem stammt, erzählt uns mit Tränen der Rührung in den Augen von den einfachen, aber wohlschmeckenden Mahlzeiten, die seine Mutter täglich zum Wohl ihrer großen Familie mit zehn Kindern zubereitet hat. Man trifft kaum einen Italiener, der nicht seine »Mamma« als die beste Köchin der Welt preist, und in Italien wie auch in einigen anderen europäischen Ländern hat man immer Zeit genug für eine Hauptmahlzeit zu Mittag und für die Siesta danach. Nur bei uns in Amerika besteht unsere viel gepriesene Lebensqualität darin, dass wir auch beim Mittagessen statt aufzutanken einfach »durcharbeiten«. Überall auf der Welt nimmt man sich Zeit für dieses wichtige tägliche Ritual, und selbst bei weniger begüterten Menschen findet man Zeit, seine Mahlzeiten aus frischen, sauberen, vollwertigen und doch erschwinglichen Produkten zuzubereiten. Wie arm sind wir im Vergleich mit ihnen, wenn wir das Essen zeitsparend in uns hineinschlingen und weltweit führend sind in der Herstellung von teuer verpacktem Junkfood ohne wirklichen Nährwert!

Für mich unterscheidet sich die Zeit der Geschäftigkeit nicht von den Stunden des Gebets, selbst im Lärm und Trubel meiner Küche, wo mehrere Leute gleichzeitig verschiedene Dinge von mir wollen, trage ich Gott in derselben Ruhe und Gelassenheit bei mir, als läge ich auf den Knien vor dem Heiligen Sakrament.

– Bruder Lorenz

Weg mit dem Junkfood

Viele Familien, vor allem in Amerika, ernähren sich täglich mit höchst kümmerlichen, leeren Produkten. Gegen diesen Trend will dieses Buch mobilisieren. Im neuen Jahrtausend, dessen Beginn wir so feierlich begangen haben, wollen viele innehalten, um die Richtung, in die wir gehen, neu zu bewerten, und das nicht nur zum Wohl unserer eigenen Generation, sondern mit Blick auf unsere Kinder und Enkel. Viele möchten versuchen, bewusster zu leben. Fangen wir damit in der eigenen Küche an. Die schlichten, aber lebendigen Mahlzeiten, wie sie in diesem Buch vorgeschlagen und beschrieben sind, können Ihnen und Ihren Kindern gewiss dabei helfen.

Als die Lektorin meines Buches FITONICS mit der Bearbeitung des Manuskriptes fast fertig war, berichtete sie uns, sie sei eines Abends nach Hause gegangen und habe all den Diätplunder, das fettreduzierte Zeug, die Fertiggerichte und Backpulverkekse aus den Küchenregalen hinaus- und in den Müll geworfen. Sie hat sich auf ihre mediterranen Wurzeln besonnen und ihren Kühlschrank und die Speisekammer mit frischen, lebendigen Nahrungsmitteln aufgefüllt, die sie als junges, aus Griechenland stammendes Mädchen in ihrer Jugend gegessen hatte. Nun kauft sie frische Auberginen, Zucchini, kocht würzige Gemüsegerichte, isst saftige, hellrote Tomaten, frischen Fetakäse, Oliven, Lammfleisch und Meeresfrüchte wie in ihrer heimatlichen Inselwelt. Sie hatte Heißhunger auf Weintrauben, Melonen und Feigen, wie sie sie in ihrer Kindheit gegessen hatte.

Und was konnte sie uns einige Zeit später Aufregendes berichten? Dasselbe, was wir auch schon herausgefunden hatten, nämlich dass man in anderen Kulturkreisen gesünder

lebt als bei uns in Amerika. Dort, wo es weniger Fettleibigkeit, Krebs und Herz-Kreislauf-Erkrankungen gibt, essen die
Menschen noch *echte* Lebensmittel, und außerdem kommen
dort vorwiegend die Produkte der eigenen Region und der jeweiligen Jahreszeit auf den Tisch. Sie kaufen alles frisch vom
Markt, holen es aus dem Garten oder direkt vom Bauernhof,
und zwar möglichst zu der Zeit, da Obst und Gemüse gerade
gewachsen und reif geworden sind. Statt für Kunstprodukte
und aufwendige Verpackung, für zahllose chemische Ergän-
zungsstoffe Geld auszugeben, reichern sie ihre einfachen und
preiswerten Gerichte mit frischen Kräutern, mit Knoblauch,
Olivenöl und herzhaften Gewürzen an. Auch wir haben die
Möglichkeit dazu. In kühleren Klimazonen gibt es einfache
Fleischgerichte, Suppen, Eintöpfe und vielerlei Wurzelgemüse, Obst und Kräuter, dazu im Frühling gesundes Wildgemü-
se. In wärmeren Regionen finden wir in den Gärten und auf
den Märkten eine Fülle heimischer Früchte und Gemüse.

Die Menschen mit der höchsten Lebenserwartung leben
auf Okinawa und den umliegenden japanischen Inseln. Obwohl sie gern Schweinefleisch essen und auch Bier trinken,
besteht doch der Hauptanteil ihrer Ernährung aus frischen,
enzymreichen Früchten und Gemüsen. Sie haben kaum
Milchprodukte und trotzdem starke Knochen. Fett nehmen sie
nur in natürlicher Form, in vollwertigen Nahrungsmitteln zu
sich. Den Leuten von Okinawa würden die Speisepläne und
Vorschläge dieses Buches sicher bekannt vorkommen.

Wo sollen wir also anfangen? Am besten auf dem Markt.

Als Erstes streichen wir all die Nahrungsmittel vom Ein-
kaufszettel und Speiseplan, die fabrikmäßig hergestellt werden und künstliche Ersatz- und Zusatzstoffe enthalten, verzichten auf streichfähige Butter, Margarine und Ölersatz.
Statt dessen nehmen wir zwar nur wenig, aber dafür echte

Butter, wenn sie für ein bestimmtes Gericht gebraucht wird. Wir meiden in Zukunft fettarme und fettlose Milchprodukte, denen zwar das Fett entzogen wurde, die aber stattdessen randvoll sind mit dick machendem Zucker und künstlichen Süßstoffen. Wenn wir unseren Joghurt lieber süß mögen, machen wir es wie die Franzosen und geben etwas Honig hinein. Warum mischen wir, wenn wir Lust auf Fruchtgeschmack haben, nicht einfach frisch aufgeschnittenes Obst unter den Naturjoghurt?

Wir streichen weißes Fabrikmehl, süßes Müsli und Weißbrot einfach vom Küchenzettel und kaufen stattdessen gesunde Vollkornprodukte ein. Auch mit einem ganzen Sack voll Weißmehl wären wir vom Standpunkt der gesunden Ernährung Hungerleider. Corncrispies und Cornflakes sind die besten Beispiele dafür, wie unsere Nahrung in den letzten Jahrzehnten immer mehr auf den Hund gekommen ist. Ebenso das schwammartige und wirklich leere Weißbrot. Dazu all die Getreideprodukte mit Zuckerüberzug. Bei ihnen ist die Verpackung fast nahrhafter als der Inhalt! Kaufen Sie lieber die altmodischen Haferkörner oder Weizenkleie, die pro Tasse 4 bis 8 Gramm Faserstoffe enthält.

Lebendigkeit ist wichtiger als volle Regale

Kaufen Sie, wenn möglich, frische Produkte, also keinen Fisch in Dosen, frisches statt haltbar gemachtes Fleisch, nehmen Sie Fleisch aus natürlicher Tierhaltung, Getreide vom biologisch wirtschaftenden Bauern. Finden Sie die zahllosen Möglichkeiten heraus, die Ihnen Tofu bietet. Verzichten Sie ganz auf leere, eingekochte Gemüse und zuckersüße Dosenfrüchte. Kaufen Sie, wenn eben möglich, frische Ware; Tiefgekühltes ist immer noch besser als Konserven, falls Sie in einer klimatisch nicht so begünstigten Gegend wohnen, wo nicht immer Frisches angeboten wird. Frisches, roh gegessenes Obst und Gemüse versorgt Sie mit Faserstoffen und Enzymen, und die sind gleichsam »Seife und Wurzelbürste« für Ihr Innenleben.

Es ist wirklich höchste Zeit, all den Diätprodukten den Rücken zu kehren, die uns mit ihren Zusatzstoffen geradezu süchtig machen und uns gleichsam in einen Teufelskreis der künstlichen Süße zwingen. Künstliche Süßstoffe sind keine Lebensmittel, sondern chemische Stoffe, und sie betrügen den Körper, weil sie immer mehr Hunger erzeugen; sie versprechen Nahrung, haben jedoch selbst nichts zu bieten.

Inzwischen geht der Trend zum Glück weg vom dick machenden Fabrikzucker zu weniger schädlichen, natürlichen Süßstoffen wie Honig, Dattelzucker, Ahornsirup und Rohrzucker. Auch sie sollten sparsam verwendet werden, enthalten aber doch in kleinen Mengen Mineralstoffe, Vitamine und Ballaststoffe, sind also nicht bloße Dickmacher wie der leere Fabrikzucker, der dem Körper das wertvolle Vitamin B und die Enzyme raubt und bewirkt, dass Nährstoffe in Form von Fett gespeichert werden. Falls Sie Ihre Kinder in Gesundheit aufziehen wollen, sollten sie ihnen keine zuckersüßen Süßigkeiten mit künstlichen Farb- und Geschmacksstoffen mehr zum Naschen geben. Sie werden sehen, wenn Sie solches Zeug hinunter in den Garten werfen, verwelken Ihnen die Pflanzen; Ihrer Katze käme das Gähnen, und sie würde sich umdrehen, wollten Sie ihr solche »Leckereien« anbieten. Votieren Sie beim Einkaufen gegen die Hersteller von Junkfood und bringen Sie Ihren Kindern bei, was Nahrungsmitttel sind und was nicht!

Nahrungsmittel als Politikum

*Die größte Entdeckung jeder Generation ist, dass die
Menschen ihr Leben ändern können, indem sie ihre Geistes-
haltung ändern.*

– Albert Schweitzer

Warum Bioprodukte?

Sicher ist Ihnen aufgefallen, dass in Supermärkten mit geho-
benem Sortiment zunehmend Bioprodukte angeboten werden.
Erstaunlicherweise folgen immer mehr Herstellerfirmen –
selbst die Riesen der Branche – diesem Trend. In den letzten
zehn Jahren hat sich die Zahl der Geschäfte, in denen Biowa-
ren angeboten werden, vervielfacht. Es wird also immer leichter für den Verbraucher, Bioprodukte zu bekommen, und wir
möchten Ihnen dringend ans Herz legen, solche Nahrungsmittel zu kaufen, wenn Sie es sich irgend leisten können.

Denken Sie daran, dass Obst und Gemüse die wichtigsten
Ingredienzen der *Fitonics*-Küche sind, sie sollen deshalb so
schmackhaft und nährstoffreich wie möglich sein. Verschiedene Studien haben gezeigt, dass Bioprodukte mehr Nährstoffe enthalten, vor allem Mineralstoffe, und natürlich sind
sie auch weniger entwertet durch Schadstoffe aus chemi-
schen Pflanzenschutzmitteln. Abgesehen von den Bioabtei-
lungen der Supermärkte gibt es vielerorts auch kleine Bau-
ernläden oder -stände, in denen die Produkte der heimischen
Landwirtschaft vermarktet werden. Viele Bauern wirtschaften
inzwischen ohne Einsatz von schädlichen Pflanzenschutzmitteln und stellen ihre Höfe freiwillig unter die Kontrolle einer
der großen Bio-Handelsgesellschaften wie *Demeter, Bioland*
oder *Ernte für das Leben*. Auch schließen sich immer mehr

ernährungsbewusste Verbraucher einer Erzeuger-Verbrau-cher-Gemeinschaft (Food-Coop) an oder beziehen wöchent-lich eine Kiste mit Bio-Obst und -Gemüse der Saison aus hei-mischem Anbau.

Auch wenn man gelegentlich Lust auf exotische Früchte aus fernen Ländern hat, sollte man bedenken, dass solches Obst und Gemüse mit all den Chemikalien behandelt ist, de-nen wir bei uns zu Hause aus dem Wege gehen.

Wer gern gelegentlich ein gutes Stück Fleisch kauft, soll-te sich genau nach der Herkunft der Schlachttiere erkun-digen. Bei Massentierhaltung werden zur Vorbeugung von Krankheiten reichlich Medikamente verabreicht. Vielleicht finden Sie in der Nähe einen Metzger Ihres Vertrauens oder einen Biobauern, der auch Geflügel und anderes Fleisch verkauft.

Für Kinder bedeuten Hormone, Antibiotika und Pestizid-rückstände in Nahrungsmitteln eine besondere Gefahr. Der amerikanische Senator Edward Kennedy schrieb in einer Ausgabe der New York Times in den späten 90er Jahren: »Durch Krebs kommen mehr Kinder unter 14 Jahren zu Tode als durch jede andere Krankheit. Fälle von Gehirntumor und Leukämie (bei Kindern) sind in den letzten zwei Jahrzehnten um 33 Prozent angestiegen, deshalb ist dies sicher nicht der Augenblick, da der Kongress die Restriktionen für Krebs ver-ursachende Chemikalien, speziell in Babynahrung, lockern sollte. (Eltern, die ihren Babys und Kleinkindern die Nahrung selbst zubereiten möchten, sollten sich ein spezielles Voll-wertkochbuch für Kinder zulegen). Allerdings ist es gar nicht so leicht, einwandfreie und für Babynahrung geeignete bio-logische Produkte zu bekommen; Vorsicht bei Erdbeeren, Paprika, Spinat, Kirschen, Pfirsichen, Sellerie, Äpfeln, Apri-kosen, grünen Bohnen, Weintrauben und Gurken. Es gibt üb-

rigens in Naturkostläden fertige Kindernahrung, die frei von
Farb- und Konservierungsstoffen sowie von Pflanzenschutzmitteln ist.

Denken Sie daran, es handelt sich hier um ein Politikum.
Jedes Mal, wenn Sie Nahrungsmittel einkaufen, stimmen Sie
damit über eine bestimmte Politik ab. Je höher die Nachfrage
der Verbraucher nach Bioprodukten ist, desto größer wird das
Angebot, und mit der Zeit werden die Preise für Bioprodukte
fallen. Jetzt kosten gesunde Produkte noch etwas mehr, doch
eines Tages wird eine große Welle übers Land gehen und gesunde Nahrungsmittel für uns alle fordern! Schließen Sie sich
der großen Interessengemeinschaft der Gesundheitsbewussten einfach an, die Situation ist wirklich günstig!

Viel Obst und Gemüse für Kinder

*Geh immer mit dem Strom des Lebens. Versuche nie, gegen
die Strömung zu schwimmen, und versuche auch nicht,
schneller zu sein als sie. Bleib dabei absolut entspannt,
damit du dich jederzeit zu Hause, ausgeglichen und mit dir
selbst im Einklang fühlst.*

– Bhagwan Shree Rajneesh

Tatsächlich ist es gar nicht so schwer, Kinder zum Obst essen
zu bringen (Gemüse ist allerdings ein anderes Kapitel). Bis ins
Teenageralter mögen Kinder Obst eigentlich gern. Das heißt
zwar nicht, dass sie alle Früchte mögen, im Allgemeinen aber
schmecken ihnen zwei oder drei Sorten besonders gut. Kleinkinder sind oft von Beeren ganz begeistert, und das ist ja
durchaus plausibel, denn diese aromatischen Früchte passen
auch von der Größe her am besten zu ihnen. Sie können die

kleinen Kügelchen als eine Art Fingerfood ganz allein essen. Manche Kinder sind aber auch ganz wild auf Bananen, Mandarinen oder Melonen. Fast alle mögen Pflaumen und auch Pfirsiche. Kinder brauchen nicht jedes Obst zu essen, das sage ich den Müttern immer wieder. Wenn Sie wollen, dass Ihre Kinder Obst essen, geben Sie Ihnen doch die Früchte, die ihnen am besten schmecken. Von denen aber reichlich!

Und essen Sie vor allem oft Ihr eigenes Lieblingsobst in Gegenwart der Kinder. Natürlich mit Hintergedanken. Wenn Sie für sich einen Apfel aufteilen, schneiden Sie auch ein paar dünne Scheibchen und legen Sie sie dem Kind scheinbar ganz in Gedanken hin. Fragen Sie aber nicht vorher, ob es auch ein Stückchen Apfel mag. Sie können auch ein bestimmtes Ritual damit verbinden. »Sieh mal, Andy, hier ist ein ganzer Teller voll Mandarinenscheiben. Was meinst du, wie viele ich davon essen kann? Hm, sind die süß! Probier doch mal diese kleine Babyspalte, sie passt genau in deinen Mund.« Wenn Sie mit Ihren Kindern vor dem Fernseher sitzen und die Kinderstunde anschauen, stellen Sie einfach eine Schüssel mit Obst vor sich hin und essen zwischendurch davon, auch wenn die Kinder sich zunächst nicht darum kümmern. Vor dem Fernseher steckt man so manches fast unbewusst in den Mund, am besten natürlich Obst.

Wenn ein Kind Lust auf Obst hat, sollte es die gewünschte Frucht sofort bekommen und soviel davon essen, wie es mag. Am besten kaufen Sie gleich zwei Schalen Erdbeeren, waschen sie gleich, wenn Sie nach Hause kommen und stellen sie den Kindern hin. Mit Genuss werden sie sich die Bäuche füllen. Es macht nichts, wenn sie sich an den Früchten so satt essen, dass sie bei der nächsten Mahlzeit kaum etwas anderes brauchen. Sie können aus den Erdbeeren aber auch eine ganze Mahlzeit zaubern, wenn Sie als eine Art Dip ein

Schüsselchen saure Sahne daneben stellen, die mit etwas Honig verrührt ist, und die Kinder die Früchte darin eintauchen lassen.

Auch Kinder brauchen Entschlackung

Eine ganze Obstmahlzeit wirkt auf Kinder genauso reinigend und energiespendend wie auf Sie selbst. Allerdings werden die meisten einer Obstmahlzeit an Stelle des Frühstücks im Allgemeinen nicht viel abgewinnen. Und das ist gut so, denn das Obst-Frühstück ist ideal für Erwachsene, die abnehmen und zugleich Energie speichern wollen; für Kinder, die morgens hungrig aufwachen und nicht mit halb leerem Magen im Kindergarten oder in der Schule sitzen sollen, hat sie wenig Sinn. Ein Obstfrühstück aber, das Kindern und Erwachsenen jeden Alters gleichermaßen schmeckt, ist das Frisch-Obst-Müsli (»Früsli«) von Seite 119, das mit Nüssen und Milch gemischt wird.

Auch durch einen kunterbunten Obstsalat wie aus dem Malkasten lassen sich Kinder zum Obstessen verlocken. Schneiden Sie die verschiedenen Früchte in feine Scheibchen, damit sich die unterschiedlichen Aromen vermischen können. Am besten lassen Sie die Kinder beim Schneiden mitmachen; achten Sie darauf, dass die Messer nicht zu scharf sind. Kinder kochen gern selber. Sie möchten sich in der Küche nützlich machen. Obst in Stücke schneiden ist für sie ein interessanter Anfang. Geben Sie auch Weintrauben und Rosinen zum Salat, damit er süßer wird. Bereiten Sie im Mixer eine feine Erdbeer-Bananen-Sauce, die mit frisch gepresstem Orangensaft oder Apfelsaft abgeschmeckt ist. Und setzen Sie sich mit den Kindern gemeinsam zum Obstsalat-Essen hin. Wenn in Ihrer Gegend nicht viel frisches Obst der Saison zu haben ist, können Sie eine Sauce aus frischen Äpfeln mit etwas Apfel- oder Orangensaft mixen. Geben Sie Zimt, Honig oder Ahornsirup dazu und auch ein klein wenig Muskat. Sie können Rosinen einweichen und sie zusammen mit den Äpfeln mixen, damit mehr natürliche Süße in die Sauce kommt. Und lassen Sie Ihre Kinder möglichst oft mithelfen. Zeigen Sie ihnen spielerisch, wie man einen Apfel so schält, dass es eine lange Spirale gibt. Wer hat das längste Stück Schale? Die meisten Kinder mögen auch Trockenfrüchte wie Rosinen, Feigen, Apfelringe oder Ananasringe. All dieses Trockenobst kann man klein schneiden und in den Obstsalat mischen. Kaufen Sie aber nur natürlich getrocknete Früchte. Von geschwefeltem Trockenobst kann man nach meiner Erfahrung scheußliches Bauchweh bekommen.

Ein Obst-Snack vor dem Abendessen

Wenn die Kinder kurz vor dem Abendessen Hunger haben, lassen Sie sie vorab ein paar Stückchen Obst oder ein Schälchen Obstsalat essen. Sie können Ihnen auch einen Teller hinstellen, auf dem Käsewürfel und Obststücke mit Zahnstochern zusammengesteckt sind. Damit vertreiben sie sich die Zeit, bis das Abendessen fertig ist. Das konzentrierte Eiweiß, das beispielsweise Käse bietet, liefert zusammen mit saftigen Früchten wie Äpfeln, Orangen, Grapefruits, Erdbeeren, Pfirsichen oder Weintrauben, die bis zu 95 Prozent Wasser enthalten, wichtige Enzyme und nahrhafte Flüssigkeit, die die Verdauung anregen. Sie können auch verschiedenes Obst und kleine Fruchtstücke auf Spießchen stecken. Eine normale Kindermahlzeit enthält mehr Enzyme, wenn man auf ein Marmeladen- oder Nussbutterbrot eine dünne Schicht Bananenscheiben legt. Zu einem Picknick im Grünen, auf das sich die Kinder schon lange vorher freuen, nehmen Sie Obst als kleine Zwischenmahlzeit mit, und im Sommer machen Sie öfter einen Familienausflug, bei dem Sie an Bauernhöfen vorbeikommen, die Obst frisch vom Baum und auch andere bäuerliche Produkte anbieten.

Gemüse-Tricks

So gern Kinder im Allgemeinen Obst essen, so wenig sind die meisten für Gemüse zu begeistern. Doch fast immer gibt es wenigstens eine Gemüseart, die ein Kind mag, und diese muss man ihm unermüdlich anbieten. Viele Kinder essen beispielsweise gern Zuckermais direkt vom Kolben. Kochen Sie die Maiskolben, wenn sie frisch und zart sind. Maiskörner passen auch zu Suppen (Sommerliche Mais-Chowder, siehe Seite 295), in Eintöpfe oder zum Salat. Lassen Sie die Kinder zarte, junge Maiskörner gelegentlich roh essen, und probieren Sie auch davon. Roher Mais schmeckt süß und milchig. Wenn Ihr Kind grüne Bohnen mag, sollten sie öfter auf dem Speisezettel stehen.

Oft habe ich schon beobachtet, dass Gemüse für die Kleinen interessanter sind, wenn sie sich in einem Gericht verstecken, wo man sie gar nicht vermutet. Maiskörner können im Tofu-Gemüse-Auflauf (siehe Seite 208) enthalten sein; verschiedene fein gehackte Gemüsesorten werten auch eine Pasta-Sauce auf. Auch mögen die meisten Kinder Gemüsesuppen lieber, wenn Nudeln darin sind. Kochen Sie das Gemüse aber gut weich, es muss nicht unbedingt Biss haben. Sie können die Gemüsesuppe natürlich auch cremig zart pürieren.

Die meisten Kinder sind nicht übermäßig begeistert von Salaten. Als meine Kinder klein waren, habe ich gekochte Kartoffeln, Chips oder Nudeln unter die Salate gemischt, die sie besonders gern mochten. Wenn die Salatsauce einen leichten Käsegeschmack hat, ist das Gericht vielleicht auch für kleine Salat-Skeptiker interessanter. Außerdem habe ich herausgefunden, dass Kinder die Zutaten lieber klein geschnitten mögen, vor allem wenn der Salat so gute Sachen enthält wie Käse- oder Fleischstückchen. Sehen Sie einen Salat mit heißem Knoblauchbrot als ersten Gang des Essens vor. Wenn Sie einen Familienausflug machen, ist eine Salatbar zu jeder Tageszeit für Kinder ein Anziehungspunkt; dort können sie sich Ihre Salatportionen selbst zusammenstellen. Versuchen Sie es auch einmal mit allerlei rohen Gemüsestückchen und -stäbchen und einem Dip, während die Kinder Hausaufgaben machen oder aufs Abendessen warten. Als meine Kinder klein waren, hatte ich mit diesem Trick ganz besonderen Erfolg, weil ich eigens lernte, Gemüse zu kleinen Blumen und Blättern zu schneiden. So gab es hübsche Körbchen mit Gemüseblumen und Dips dazu. Ich schnitt manche Gemüse in dünne Scheiben und ließ daraus Herzen oder Schmetterlinge entstehen, mit dem Buntmesser geschnitten sahen Möhren- und Zucchinischeiben viel lustiger aus als sonst. Gemüse, das gar nicht wie Gemüse aussah, zog auch die Nachbarkinder an, die eifrig mitdipten.

Legen Sie sich einen Sprossengarten an

Schließlich sollten Sie zusammen mit Ihrem Kind verschiedene Samen sprießen lassen. Am leichtesten lässt sich Alfalfa ziehen. Das Ganze ist ganz einfach. Man bekommt die Keimboxen in jedem Naturkostladen, oder Sie verwenden einfach ein Einkochglas und ein Mulltuch, das mit einem Gummiband fest auf das Glas gebunden wird. Weichen Sie ein paar Esslöffel Alfalfasamen ein paar Stunden in der Keimbox oder in dem Glas ein. Dann werden die Samen gründlich überspült und müssen gut abtropfen, bevor man sie auf mehrere Lagen Küchenpapier gibt, damit alles Wasser abrinnt. Man stellt sie an einen dunklen Platz. Drei Tage lang werden die Samen ein- oder zweimal täglich abgespült, bis die Sprosse etwa 2 cm lang sind. Stellen Sie sie nun ins Tageslicht (aber nicht direkt in die Sonne), damit sie 24 Stunden lang wachsen können. Sie werden dann aus der Box gezogen und in ein Glas Wasser gegeben. Dabei steigen die Samenhülsen an die Wasseroberfläche. Nun können Sie sie gut abschöpfen, spülen die Sprossen noch einmal gründlich und geben sie zugedeckt in eine Plastikschale. Sie werden im Kühlschrank aufbewahrt. Sobald die Sprossenproduktion abgeschlossen ist, können Sie für sich und die Kinder Butterbrote machen und Sprossen darauf streuen.

Gemüse zu essen lernt man am besten durch gutes Beispiel. Wenn Kinder immerzu sehen, wie die Eltern Salat essen, und wenn ständig Gemüse auf dem Tisch stehen, setzt sich mit der Zeit auch bei den Kindern die Idee vom Gemüseessen als etwas Gutem und Wohlschmeckendem allmählich fest. Selbst wenn die Kleinen jetzt noch nicht mit Begeisterung an die Salatschüssel gehen, prägt sich das Vorbild ein, und sobald sie auf eigenen Füßen stehen, fangen sie an, die Gewohnheit zu übernehmen. Vorbild sein ist die wichtigste Erziehungsmethode für Eltern, deren Kinder ins Teenageralter kommen. Bei vielen Kindern beginnt jetzt die Zeit, da der Kampf um Freiheit und Unabhängigkeit rund ums Essen ausgefochten wird. Viele junge Mädchen und Jungen neigen heute der vegetarischen Lebensart zu, doch das ist nicht immer das Gesündeste für sie, wenn sie sonst hauptsächlich ungesunde, raffinierte Nahrungsmittel zu sich nehmen und das Verlangen ihres Blutes nach Nährstoffen damit beantworten, dass sie Süßigkeiten in sich hineinstopfen. Wer Teenager im Haus hat, sollte darauf achten, dass der Kühlschrank immer mit vielen nahrhaften und gesunden Lebensmitteln gefüllt ist, auf die sie schnell zurückgreifen können. Jungen suchen nach Essbarem in Form von gebratenen Fleischbällchen, gekochten Fleischscheiben, Getreidefrikadellen oder gegrilltem Hähnchen. Mädchen mögen schlank machende marinierte Gemüse, die sie gern mit Hüttenkäse oder Joghurt essen, aber auch verschiedene Salate.

Ein Rat zum Schluss: Ich möchte auf keinen Fall, dass Sie unglücklich sind wegen der Essgewohnheiten Ihrer Kinder. Bieten Sie ihnen einfach gute, nahrhafte Sachen an, achten Sie darauf, das sie möglichst wenig Zucker essen, und seien Sie Ihnen vor allem ein Vorbild. Viele Eltern predigen etwas, was sie selbst gar nicht einhalten. Kinder aber sind ausgezeichnete Beobachter. So kann es solchen Eltern kaum gelingen, beim Nachwuchs Fortschritte in Richtung gesunder Ernährung zu erzielen. Wenn Sie sich vernünftig ernähren, tun das Ihre Kinder, früher oder später, auch. Das Beste, was Sie ihnen mitgeben können, ist das gute Beispiel.

Fitonics-Grundsätze: Ihr eigentliches Rüstzeug

Die nachfolgenden Richtlinien ermöglichen Ihnen, eine Fülle reiner, natürlicher Produkte, vollwertiger Nahrungsmittel sowie frisches Obst und Gemüse zu sich zu nehmen. Unsere Rezepte sollen in diesem Sinne wirken und nicht strikte Anweisungen sein, sondern Ihnen gleichsam das Handwerkszeug dazu bieten. Handhaben Sie sie ganz flexibel; wir selbst haben durch eigene Erfahrung gelernt, dass jede Form von Übertreibung, Selbstverleugnung und Fanatismus gegenüber unseren Nahrungsmitteln der Gesundheit schadet. (In Ihrer Küche brauchen Sie keine anderen Lebensregeln als »Gott sei Dank!« und »Lebe glücklich, iss gesund!«)

Wenn Sie sich daran Tag für Tag halten, werden Sie mit der Zeit ganz von selbst abnehmen und außerdem soviel mehr Energie und Wohlbehagen verspüren, dass Ihre Freunde nur kopfschüttelnd feststellen können. »Du siehst einfach toll aus!«.

I. *Halten Sie Ihren Darm sauber mit frischen Säften, Obst, Gemüse sowie ballaststoffreichem Getreide und Hülsenfrüchten.*

Ein sauberer Darm ist der Schlüssel zu besserer Aufnahme und Verwertung der Nahrungsmittel und damit ein wichtiger Faktor der Gewichtsregulierung. Die meisten Leute tragen etwa sechs bis sieben Kilo Abfallstoffe im Darm mit sich herum.

II. *Damit die Enzymversorgung ausreichend und energiereich ist und um den erwünschten Gewichtsverlust zu unterstützen, sollten Sie täglich eine Mahlzeit aus lebendigen Nahrungsmitteln zu sich nehmen. Sie besteht ganz oder überwiegend aus frischem Obst oder rohem Gemüse.*

Ideal ist eine Obstmahlzeit am Morgen oder eine große Schüssel Salat bzw. Obstsalat zu Mittag oder am Abend. Die verschiedenen »Tonics«, aber auch Obstmahlzeiten und »Super-Salate« bieten ideale Möglichkeiten für lebendiges Essen. Wer abnehmen will, sich einen Schuss neuer Lebensenergie wünscht und mit Niedergeschlagenheit und Entschlusslosigkeit aufräumen möchte, sollte nicht mehr als zwei gekochte Mahlzeiten täglich essen.

(Übrigens: Wenn Sie ein paar Löffel Joghurt zu Ihrer Fruchtmahlzeit essen oder die Rohkost mit einem Stück Käse oder Brot anreichern, haben Sie damit keineswegs gegen die Prinzipien verstoßen. Sie sollen sich ja wohl fühlen, wenn Sie soviel Frischkost wie möglich essen.)

III. *Um die Verdauung zu fördern und von den Nahrungsmitteln so gut wie möglich zu profitieren, ergänzen wir gekochte Mahlzeiten durch Enzyme.*
   Enzymgaben sollen jene Enzyme ersetzen, die bei der Bearbeitung und beim Kochen der Nahrungsmittel unwiederbringlich zerstört werden. Gekochte Nahrung muss deshalb ausschließlich mit Hilfe der körpereigenen Verdauungs- und Stoffwechselenzyme aufgespalten werden – doch der Körper tut sich dabei mit zunehmendem Alter immer schwerer. Erleichtern Sie ihm die Verdauungsarbeit und ständige Beanspruchung, indem Sie ihn regelmäßig mit Enzymen versorgen. Durch gute Enzymversorgung aber wird zugleich die Verjüngung und die allgemeine Gesundheit gefördert.

IV. *Wenn Sie vorhaben, abzunehmen und zugleich mehr Energie zu tanken, sollten Sie nicht ständig Eiweiß und Kohlenhydrate bei derselben Mahlzeit genießen. Eine einfache Möglichkeit, Pfunde los zu werden und mehr Energie zu gewinnen, besteht darin, dass Sie, am besten zum Mittagessen, vorwiegend eiweißhaltige Speisen zusammen mit Salat und mit Gemüse essen, das wenig Kohlenhydrate enthält (die Power-Mahlzeit), während Sie*

*abends Kohlenhydrate mit Gemüse und/oder Salat genie-
ßen (das sanfte Abendessen).*

Eiweiß ist ein anregender Nährstoff. Es kann schneller
und wirkungsvoller verdaut werden, wenn Sie dazu enzymreiche Salate und saftige Früchte essen; dafür verzichten Sie auf Beilagen wie Kartoffeln, Nudeln, Reis oder
Brot. Eiweiß ist besonders günstig bei der Mittagsmahl-
zeit, wenn Sie auch am Nachmittag noch alle Ihre Energi-
en brauchen. Kohlenhydrate veranlassen das Gehirn,
Serotonin abzusondern, und dabei werden Sie müde.
Deshalb essen Sie sie am besten abends, wenn Ruhe und
Frieden angesagt sind. Nach einer Kohlenhydratmahlzeit
am Abend kann man nachts besser schlafen. Um eine Eiweißmahlzeit mit Salat zu verdauen, braucht der Magen
etwa vier Stunden. Kohlenhydrathaltige Nahrungsmittel
mit Gemüse sind nach etwa zwei Stunden verdaut. Isst
man Eiweiß und Kohlenhydrate bei derselben Mahlzeit,
kann es bis zu acht Stunden dauern, bis sie aufgespalten
und verarbeitet sind; auf diese Weise wird natürlich wertvolle Energie verbraucht.

V. *Damit der Körper möglichst basisch bleibt, sollten Sie
sich öfter mal einen FUN-Tag gönnen (FUN steht für
Frisch, Ungekocht, Natürlich). An diesem Tag essen Sie
also nur frische, rohe, natürliche Nahrungsmittel wie
Obst, Gemüse, Sprossen, Trockenfrüchte, Nüsse, Samen
sowie frisch gepresste Obst- und Gemüsesäfte.*

Am FUN-Tag gibt es Großreinemachen. An diesem
Tag verlieren Sie Gewicht und gewinnen dafür mehr
Strahlkraft und Energie. (Übrigens: Auch an einem FUN-

Tag beeinträchtigt eine Portion gedämpftes Gemüse, mit dem der Magen angewärmt wird, durchaus nicht die reinigende Wirkung.)

VI. *Überlegen Sie sich zweimal, ob Sie Fabrikzucker und andere künstlich bearbeitete Nahrungsmittel zu sich nehmen.*
Sie führen nämlich zur Zerstörung von Körperenzymen, schwächen das Immunsystem, beeinträchtigen die Knochen, plündern wertvolle Vitamin- und Mineralstoffvorräte, erhöhen den Stress und tragen zur Gewichtszunahme bei. Nehmen Sie stattdessen vollwertige Süßungsmittel, wie sie in der Einkaufsliste (siehe Seite 44-49) empfohlen sind. Und weil die Botschaft von *Fitonics* lautet, dass Gesundheit mehr ist als das Essen auf dem Teller, achten Sie auch auf Folgendes:

VII. *Tun Sie wirklich alles, damit schon am frühen Morgen die geistige Einstellung für den ganzen Tag stimmt; so erhalten Sie sich Gesundheit und Glück.*
Seien Sie dankbar, wenn Sie an all das Positive in Ihrem Leben denken, konzentrieren Sie sich auf das Gute. Sehen Sie auch in Menschen und Situationen, die in Ihrem persönlichen »Theater« den Tag über eine Rolle spielen, vor allem das Gute. Beten oder meditieren Sie, wenn Ihnen danach ist. Vertrauen Sie darauf, dass Sie trotz Mühen und Hektik versuchen werden, jeden Augenblick des Tages zu einem lohnenden Erlebnis werden zu lassen.

VIII. *Damit Sie zu Frieden und Harmonie finden, sollten Sie täglich für 5 bis 20 Minuten Entspannung suchen.*

Besinnen Sie sich auf Ihr spirituelles Sein. Beten Sie, bevor Sie beginnen. Schließen Sie die Augen. Atmen Sie tief, und entspannen Sie sich vollständig. Konzentrieren Sie alle Aufmerksamkeit auf die Gegend um das dritte Auge auf der Stirn. Meditieren Sie, wenn Sie die entsprechende Technik gelernt haben. Versenken Sie sich. Wenn Sie wieder auftauchen, legen Sie alte Programme ab, die ihnen keine Hilfe mehr sind, und schaffen sich eine Wirklichkeit, die Ihren Wünschen entspricht. Regelmäßiges Meditieren und Gebet machen das Herz fröhlich und die Seele ruhig.

IX. *Reinigen und stärken Sie täglich alle Muskeln Ihres Körpers, indem Sie 12 bis 20 Minuten Körperübungen machen.*
Das Blut soll mit Sauerstoff angereichert, alle Muskelgruppen sollen angeregt werden. Muskeln, die man nicht benutzt, verkümmern.

Anregung für den Geist
Wie man die Spiritualität fördern kann

1. Heute richten Sie Ihre Aufmerksamkeit auf den Sitz des höheren Bewusstseins, den Platz zwischen den Augenbrauen und dem Mittelpunkt der Stirn; dabei spüren Sie, wie sich die Stimmung hebt.
2. Machen Sie heute eine Liste mit all dem, was Sie an sich mögen. Lesen Sie sie und ergänzen Sie sie an jedem Tag der Woche.
3. Sehen Sie das Gute in den anderen. Es steckt in jedem

Menschen. Nehmen Sie sich nur ein wenig Zeit, es zu entdecken und zu ergründen.

4. Ihr Tag hat 24 Stunden. Lernen Sie, jederzeit positive und konstruktive Gefühle zu haben. Wenn Sie dann mal herunterschalten, sollten Sie sich auf keinen Fall durchhängen lassen.

5. Gott hilft denen, die sich selber helfen. Heute besteht Ihre Selbsthilfe darin, dass Sie viel frisches Obst und Gemüse essen.

FITONICS-MAHLZEITEN IN KÜRZE

Frühstück:
Ein nahrhaftes Tonic, Obst-Müsli oder Fruchtsalat
Mittagessen:
Eiweißbetonte Kost, Salate und saftige Früchte
Abendessen:
Kohlenhydratbetonte Gerichte (Getreide, Kartoffeln) und Gemüse oder Früchte

Wie Sie mit diesem Buch umgehen

Frisches Obst und Gemüse enthalten, wenn man sie roh, also lebendig, genießt, noch all die Enzyme, die durch das Erhitzen zerstört werden. Essen Sie also abwechselnd süße und fleischige Früchte, knackige, bunte Gemüse, und trinken Sie all die belebenden Säfte, die man aus Früchten und Gemüsen pressen kann; dann enthält Ihre Ernährung reichlich Enzyme. Die aber sorgen für die Lebenskraft des Körpers, sie sind die Arbeitsbrigade des Organismus. Wenn Sie also all diese frischen, natürlichen Nahrungsmittel in ausreichender Menge genießen und außerdem zu gekochten Mahlzeiten als Ausgleich Enzymgaben einnehmen, werden Sie bald spüren, wie Ihre Energie zunimmt, wie überflüssige Pfunde dahinschmelzen und Sie ein Gefühl der Leichtigkeit und Vitalität durchdringt. Es bringt Ruhe und Frieden in Ihr Leben und gibt dem Körper die erwünschte Lebendigkeit. Mit frischer Rohkost haben Sie es im ganzen Buch zu tun, vor allem aber in den beiden ersten Teilen über Tonics und Obstmahlzeiten. Wenn Sie nicht wissen, was Sie essen möchten, und Ihnen das Kochen zuviel Arbeit macht, schlagen Sie diese beiden Kapitel auf. Die dort empfohlenen Mahlzeiten sind so zusammengestellt, dass die Aufnahme von Enzymen optimal ist, Sie den ganzen Tag mit gleich bleibender Energie versorgt werden und am Abend friedlich ruhen können.

Auf den folgenden Seiten finden Sie Rezepte, die zu dreierlei Mahlzeiten passen.

1. **Tonics und Obstmahlzeiten (am besten zum Frühstück)**
   Tonics und Tees
       Tonics zum Frühstück
       Tonics für den ganzen Tag
       Kräutertees und Aufgüsse
   Obstmahlzeiten und Frühstückszutaten
       Sättigendes Frühstück
       FUN-Tage
2. **Power-Mahlzeiten (am besten zu Mittag)**
   Eiweißbetonte Mahlzeiten
       Fisch und andere Meeresfrüchte
       Geflügel und anderes Fleisch
   Eiweißbetonte vegetarische Mahlzeiten
       Tofu- und Gemüsevorspeisen
       Super-Salate
       Saucen und Dressings
3. **Sanfte Mahlzeiten (am besten abends)**
   Pastagerichte und Nudelsalate
   Getreide in Form von Pilaws, Salaten und Gemüsetöpfen
   Kartoffelmahlzeit

Abgesehen von diesen Hauptkategorien, gibt es verschiedene Beilagen, Kapitel zur Zubereitung von kleinen Salaten und Gemüsegerichten, warmen und kalten Suppen, Saucen, Salsas sowie Brot und süßen Sachen. Sie müssen wissen, dass der Speiseplan von *Fitonics* keineswegs starr ist. Wenn Ihnen nach einer Suppe zumute ist, wenn Sie Brot oder lieber Obst zum Abendessen möchten, so steht dem nichts im Wege.

Die so genannten *Tonics* sind konzentrierte Mahlzeiten im Glas, die manchmal noch angereichert werden durch natürliche, vollwertige Superzutaten. Alle sind naturrein, werden vom Organismus sofort aufgenommen und erweisen sich als köstliche Energiequellen. Wenn Sie abnehmen, lästige Verstopfung kurieren oder Ihren Körper entgiften wollen, beginnen Sie den Tag am besten mit einem reinigenden Tonic. Viele dieser Getränke kommen Ihrem Wunsch nach Süßem entgegen und decken Ihren Bedarf für Stunden. Ihr Energiepegel wird gleichmäßig hoch bleiben, und Sie fühlen sich doch ganz ruhig (anders als nach dem Frühstück mit Kaffee, von dem Sie meist nervös und angespannt aufstehen). Auch werden Sie bald feststellen, wie einfach die Tonics zuzubereiten sind. Es kostet Sie nur ein paar Minuten der kostbaren Morgenstunde.

Das *Obst-Frühstück* sorgt auf geradezu magische Weise dafür, dass wir den ganzen Wert und die Fülle der Frühstückskost erfahren; es besteht jedoch ausschließlich aus aufgeschnittenen Früchten, Nüssen und Milchprodukten. Es reinigt und spendet Energie, Sie fühlen sich danach für Stunden angenehm gesättigt. Essen Sie reichlich davon am Morgen. Vielleicht mögen Sie dann nach dem eiweißbetonten Mittagessen mit Salat am Abend nochmals eine Portion Obst. Danach schlafen Sie wie ein Baby, und die Pfunde schwinden nur so dahin.

Ein ganzes Aufgebot von *Power-Mahlzeiten* finden Sie in den Fisch-, Geflügel- und Fleischkapiteln, aber auch bei den vegetarischen Gerichten. Sie kommen sowohl all jenen entgegen, die mittags im Restaurant essen müssen, als auch Leuten, die Zeit genug haben, selbst zu kochen. Die meisten dieser Mahlzeiten lassen sich leicht und schnell zusammenstellen. Eiweißbetonte Gerichte sind anregende Nahrung für den Geist, sorgen dafür, dass Sie am Nachmittag ausgeglichen und auf der Höhe bleiben. Sie sind zusammen mit einem Salat besonders wohlschmeckend und bekömmlich.

Sanfte Mahlzeiten präsentieren sich in Form von delikaten, kohlenhydratreichen vegetarischen Hauptgerichten, zu

denen auch Suppen und Eintöpfe, Super-Salate, frisch geba-
ckenes Brot und gesunde Süßigkeiten gehören. In vielen Kulturen, die dem Spirituellen große Bedeutung beimessen, werden solche vegetarischen Mahlzeiten besonders all jenen
empfohlen, die zu mehr Frieden und bewussterem Leben finden möchten. Vegetarische Gerichte werden für den Abend
empfohlen, weil sie bewirken, dass das Gehirn ausreichend
Serotonin ausschüttet und damit für einen gesunden Schlaf
gesorgt ist. Sie können das am eigenen Leib erfahren. Eine
kohlenhydratbetonte Mahlzeit zu Mittag kann bewirken, dass
Sie einschlafen, wenn Sie nicht einen starken Kaffee trinken.
Am Abend aber kann ein einfaches vegetarisches Mahl genau
das sein, was der Arzt Ihnen verordnet hat. In allen Bereichen
der natürlichen wie der medizinischen Gesundheit können
die von uns empfohlenen, vollwertigen vegetarischen Gerichte (anders als die vom Ernährungsstandpunkt leeren, raffinierten vegetarischen Produkte) als Gesundbrunnen gelten.
Gesteigerte Gesundheit aber führt auch zu natürlichem, leicht
zu erreichendem Gewichtsverlust.

Obwohl wir diese Art des Essens für den ganzen Tag empfehlen, sind Sie damit doch ganz flexibel. Vielleicht möchten
Sie mittags nur ein Tonic zu sich nehmen. Denken Sie daran,
Sie können Obst, Gemüse oder Salat essen, wenn Sie meinen,
etwas Leichtes essen zu sollen. Obstgerichte, Suppen, einfache Salate und Gemüse können eine eigene kleine Mahlzeit
sein und nicht nur Beilagen. Gerade diese neue Art des Um-
gangs mit unseren Nahrungsmitteln kann Ihrem Körper zur
erwünschten Leichtigkeit verhelfen. *Der Wunsch, einfache,
aber Energie spendende Mahlzeiten und weniger Gänge zu
essen und die Betonung auf Obst und Gemüse zu legen, stei-
gert das Wohlbefinden von Körper, Geist und Seele.* Diese
Auffassung ist eine neuere Erkenntnis und lässt auf ein ge-

sünderes Jahrtausend hoffen. Die Betonung von Frischkost ist ein Weg zur Gewichtsabnahme. Für eine bestimmte Zeit isst man einfach nur rohes Obst, nur rohes Gemüse, also nur lebendige Nahrungsmittel.

Die beste Art zu essen und in unserem anstrengenden Informationszeitalter zu bestehen ist nach unseren Erfahrungen eine Mischung aus Neuem und althergebrachten Ideen. Die Tonics sind etwas ganz Neues; diejenigen, die einen ganzen Strauß von vollwertigen Super-Nährstoffen enthalten, sind eine Art geistiger Kraftstoff und zugleich sättigende Mahlzeiten für den Morgen. Früher hatte man es einfacher, weil die Hauptmahlzeit zu Mittag gegessen wurde. Das ist in vielen Bereichen und Ländern auch heute noch der Fall; und meist sind dort die Menschen gesünder und leben länger, außerdem erfreuen sie sich einer höheren Lebensqualität. Denn diese Gewohnheit macht wirklich Sinn. Warum sollten wir die üppigste Mahlzeit schon am Morgen essen? Der Appetit ist um diese Zeit noch gebremst, weil ja die am Vorabend aufgenommenen Kalorien verbrannt werden müssen. Zu Mittag aber meldet sich richtiger Hunger, wir brauchen eine Pause, um uns wieder zu erholen, denn ein Großteil der Tagesarbeit liegt schließlich noch vor uns. Wir benötigen nun entsprechende Nahrung und Treibstoff, damit wir gleichmäßig in Gang bleiben. Deshalb ist eiweißreiche Nahrung zur Mittagszeit besonders günstig. Sie sorgt dafür, dass der Blutzuckerspiegel den ganzen Nachmittag über im Gleichmaß ist, und regt die Gehirntätigkeit an. Zusammen mit rohen Salaten und saftigen Früchten, die reich an Enzymen sind, sind Eiweißbetonte Nahrungsmittel optimale Energielieferanten.

Die meisten Menschen essen am Abend zu viel, weil sie den ganzen Tag über zu wenig zu sich genommen haben. Eine üppige Abendmahlzeit aber beeinträchtigt oft die Nachtruhe. Überall dort, wo man die Mittagspause mit der Hauptmahlzeit des Tages als Unterbrechung der Arbeit einhält, begnügt man sich traditionell mit einem leichteren Abendessen. Eine sanfte, kohlenhydratbetonte Mahlzeit, zum Beispiel eine Gemüsesuppe mit Brot oder Pasta mit Gemüse, verhilft zu einem entspannten Abend und zu gesundem Schlaf. Und noch einmal sei es gesagt: Sowohl zum Abnehmen als auch für die Gesundheit erweist sich ein Obstfrühstück oder eine andere Obstmahlzeit als ausgezeichnete Alternative zur herkömmlichen Morgenmahlzeit. Wenn Sie Gäste haben, können Sie natürlich eine Ausnahme machen, falls Ihre Freunde nicht auch eine vegetarische Mahlzeit schätzen.

Auf dem Markt

Was Sie von Anfang an brauchen

Sie müssen nicht unbedingt losjagen und alles auf einmal einkaufen. Ersetzen Sie einfach nach und nach Ihre Vorräte durch folgende Lebensmittel:

Die Grundzutaten

Ahornsirup. In natürlichem Ahornsirup sind Mineralstoffe und Spurenelemente enthalten, je dunkler er ist, desto mehr. Da es auch Sirups gibt, die zum Großteil aus Zuckerlösung bestehen und nur mit Ahornsirup aromatisiert wurden, sollte man ihn im Reformhaus oder Bioladen einkaufen.

Äpfel. Für Saft, als kleiner Zwischendurch-Imbiss, auch als Kompott. Heimische Äpfel liefern besonders aromatischen Saft.

Apfelessig, naturtrüb. Ein natürliches Antibiotikum, das den Arterien mehr Spannkraft gibt; enthält viel Kalium und hilft bei der Eiweißverdauung. Günstig als Morgentrunk, in Salaten und verschiedenen Gerichten.

Bananen. Ein unbedingtes Muss. Das Gute-Laune-Obst. Sie sollten immer welche zur Hand haben, für Tonics oder für Getreidegerichte. Verwenden Sie die Früchte, bevor sie stark fleckig werden; denn dann haben die Enzyme die Kohlenhydrate bereits in Zucker umgewandelt und sind gerade dabei, die Schale aufzulösen. Sie können geschälte Bananen auch in einem luftdicht verschlossenen Gefäß einfrieren (dabei werden allerdings die Enzyme zerstört).

Butter. Sie wird durch Zentrifugieren aus dem Rahm der Kuhmilch gewonnen, der zum Abtöten der Keime hocherhitzt worden ist. Da aus belastetem Tierfutter Schadstoffe in die Milch gelangen können, empfiehlt sich der Verzehr von Butter und anderen Produkten aus ökologischer Milchwirtschaft.

Carob. Ein fast fettloser Ersatz für Schokolade, hergestellt aus den Früchten des Johannisbrotbaumes; fördert die Verdauung und ist günstig für den Darm. Das handelsübliche Pulver eignet sich für Tonics und Backwaren.

Cayennepfeffer. Verbessert die Blutzirkulation, die Verdauung und die Ausscheidung. In kleinsten Dosen zum Würzen und in Tonics.

Datteln. Bestens geeignet als Snack zwischendurch; schmecken auch in Tonics ausgezeichnet.

Dijonsenf. Vorzüglich zu Salatsaucen und Sandwiches.

Eier. Natürlich von frei laufenden Hühnern. Eine gute, pestizid- und hormonfreie Quelle für tierisches Eiweiß. Nahrung fürs Gehirn. Hart gekochte Eier eignen sich vor allem für Salate, als Brotbelag und für einen schnellen Power-Imbiss.

Gemüsebrühe, Gemüsepaste. Zur Herstellung von Bouillons und Suppen geeignete Brühwürfel oder gekörnte Brühe in Gläsern oder Dosen. Auch zum Abschmecken von Saucen und Gemüsegerichten.

Getreideflocken. Kaufen Sie gleich verschiedene ballaststoffreiche Getreideprodukte, um daraus schnell ein bekömmliches Abendessen zu bereiten, zum Beispiel eine Mischung mit Bananen und Sojamilch.

Gewürze. Zur Grundausstattung gehören Muskatnuss, Zimt, Currypulver, Ingwer. Exotische Würze errreichen Sie mit Kardamom und Koriander. Gewürze nicht zu lange aufbewahren, weil sie an Würzkraft verlieren.

Hafermehl. Am besten kaufen Sie ganze Haferkörner und mahlen sie selbst, damit alle Inhalts- und Ballaststoffe erhalten bleiben. Aus Hafermehl oder -schrot bereitet man einen köstlichen Abendbrei, der mit Zimt, Rosinen, Bananen oder süßen Birnen verfeinert werden kann.

Hefe, Edelbierhefe. Reich an allen wichtigen Vitaminen des B-Komplexes, die ihrerseits für geistige Leistung, Energie und Gelassenheit notwendig sind. Enthält viel Eiweiß und Chrom, dämpft die Lust auf Süßigkeiten. Zutat für verschiedene Tonics.

Honig. Ein ausgezeichneter natürlicher Ersatz für Fabrikzucker. Enthält zwar Vitamine und Enzyme und in kleinen Mengen auch Mineralstoffe, sollte aber trotzdem nur sparsam verwendet werden. Honig besteht überwiegend aus Frucht- und Traubenzucker. Man sollte ihn beim Imker seines Vertrauens oder im Naturkostladen kaufen.

Ingwer. Fördert die Blutzirkulation zum Magen, regt die Verdauung an. Geeignet für Säfte, Tonics, Tees und zum Kochen.

Knoblauch. Ein natürliches Antibiotikum, das zudem auch

noch entgiftende Wirkung hat und der Arterienverkalkung entgegenwirkt. Wer ihn mag, kann ihn zu vielen Gerichten, Gemüsesäften und Tonics verwenden.

Kräuter. Für den Anfang verwenden Sie am besten Schnittlauch, Petersilie, Basilikum, Thymian, Oregano, Dill, Estragon, Kerbel, Lorbeerblatt und Cayennepfeffer.

Kräutersalz. Mit getrockneten, fein gehackten Kräutern verfeinertes Salz, das zu vielen Gerichten passt.

Meersalz. Meist aus einem der Mittelmeerländer importiertes, unraffiniertes Salz; durch Verdampfung und Lufttrocknung gewonnen. Anders als weißes Tafelsalz enthält es noch Mineralstoffe und Spurenelemente.

Miso. In Japan eiweiß- und mineralstoffreiches Grundnahrungsmittel; bei uns wird diese aus Sojabohnen und einem Getreide milchsauer vergorene, schmackhafte Zutat für Suppen, Eintöpfe, Saucen, aber auch als Brotaufstrich verwendet. Möglichst in Gläsern kaufen. In guter Qualität im Reformhaus oder Naturkostladen.

Möhren. Für Säfte, kleine Snacks, Salate und zum Kochen geeignet. Halten Sie immer einen kleinen Vorrat, möglichst aus biologischem Anbau, bereit.

Olivenöl extra vergine. Wirkt günstig auf Leber und Galle. Möglichst in dunklen Flaschen und an einem kühlen, dunklen Platz aufbewahren. Passt zu allen Salaten, zu vielen Saucen, kann auch zum Braten verwendet werden, da es hohe Temperaturen (bis 220°) verträgt.

Rosinen. Die Trauben für die Rosinen sollten möglichst aus ökologischem Anbau stammen. Von guter Qualität sind kalifornische Rosinen. Sie eignen sich gut als Zutat in Fruchtsalaten oder in einer Mischung mit Nüssen (Studentenfutter).

Sellerie. Knollen- und Staudensellerie. Für Suppen und Säfte.

Soja-Lezithin. Zur Regulierung des Cholesterinspiegels, unterstützt die Aufnahme der Nährstoffe in den Blutkreislauf. Zutat zu Tonics.

Sojamilch. Die aus gequollenen Sojabohnen und Wasser hergestellte Milch eignet sich gut für Tonics. Sie enthält viel pflanzliches Eiweiß sowie verschiedene Vitamine. Man kann sie auch selbst herstellen.

Sojasauce leicht. Eine aminosäurereiche Alternative zu normaler Sojasauce, Tamari oder Meersalz; sie wird aus Wasser und Sojabohnen hergestellt.

Succanat. Vollwertiges, trockenes Süßungsmittel aus Zuckerrohrsaft. Günstiger als Fabrikzucker, da noch einige Mineralstoffe darin enthalten sind. Auch als »Ursüße« im Handel.

Tofu. Eiweißlieferant in Form von Sojaquark, wird aus Sojabohnen durch Zugabe eines Gerinnungsmittels hergestellt. Für Tofu gibt es viele Zubereitungsarten, man kann ihn braten, grillen oder backen. Da er mehr oder weniger neutral im Geschmack ist, lässt er sich nach Belieben würzen. Angebrochenen Tofu aus der Packung nehmen und in frisches Wasser legen, das täglich erneuert wird. Im Kühlschrank 5 bis 7 Tage aufzubewahren.

Tomatenmark. Eignet sich, verpackt in Tuben oder Gläsern, für Saucen, Suppen, Fleisch- und Gemüsegerichte. Besonders delikat ist das Mark aus an der Sonne getrockneten Tomaten.

Vollkorncracker, Vollkorn-Knäckebrot. Für einen Imbiss zwischendurch und als Zugabe zu Salaten oder für würzigen Aufstrich gut geeignet.

Vollkornweizenmehl. Das Mehl mit den vielfältigsten Verwendungsmöglichkeiten; günstig zum Backen und zum Kochen. Es sollte möglichst frisch gemahlen sein. Enthält, anders als weißes Fabrikmehl, noch Keime und Randschichten des vollen Korns.

Zitronen. Für vielerlei Zubereitungen, von Tonics bis Salatsauce, bestens geeignet. Man gibt ein paar Tropfen Zitronensaft in Obstsalat, Fruchtsäfte, aber auch zum Gemüse, Fleisch oder Fisch. Unbehandelte Zitronen sollte man immer im Vorrat haben.

Zwiebel. Eines der gesündesten Gemüse, das man zu vielen Gerichten verwenden kann. Ist reich an Vitaminen und wirkt blutreinigend.

Kochen mit den Jahreszeiten

Sicher ist es besser, vor allem solche Nahrungsmittel zu verzehren, die im eigenen Umkreis gewachsen sind oder hergestellt werden. So kann man die Nahrung auch als eine Art Verbindungsglied mit dem Umfeld sehen. Wenn unsere Nahrung aus heimischem Anbau stammt, fühlen wir uns noch fester mit unserem Lebenskreis verwurzelt.

Bestimmte Nahrungsmittel, wie zum Beispiel Obst, das eigentlich im Sommer zur Reife kommt, hat, wenn wir es im Winter verzehren, eine nicht sehr günstige Wirkung auf uns. Wenn Sie in kühleren Regionen leben und es im Winter stürmt und bitter kalt ist, sollten Sie nicht stapelweise exotische Früchte in Ihrer Küche oder Speisekammer haben. Andererseits bekommt Ihnen ein herzhafter Eintopf aus Fleisch und Wintergemüsen gar nicht gut an einem Tag mit brütender Sommerhitze.

Die Märkte in kühleren Regionen haben in der kalten Jahreszeit vor allem verschiedene Wurzelgemüse, wie Kartoffeln, Möhren, Rüben, Rote Bete, Pastinaken, Kohlrüben, zu bieten.

Diese gehaltvollen Gemüse geben im Winter die richtige Wärme. Blattgemüse von guter Qualität wird eher in wärmeren Regionen angeboten, wo man Spinat, Mangold und allerlei exotische Salate fast das ganze Jahr bekommt.

Je mehr Sie sich bei der Auswahl Ihrer Lebensmittel an das Angebot der Jahreszeiten halten, desto eher fühlen Sie sich im Einklang mit Ihrer Umgebung. Das ist eigentlich seltsam, wo wir doch eigentlich jederzeit und an jedem Ort alles verfügbar haben. Natürlich können Sie gelegentlich Ihrem Speisezettel mit etwas Exotischem ein Glanzlicht aufsetzen. Doch normalerweise sollten Sie sich an das jahreszeitliche Angebot Ihrer Region halten; damit entlasten Sie zugleich die Haushaltskasse. Gehen Sie zu einem Bauern in Ihrer Nähe oder auf den nächsten Bauernmarkt, denn dort bekommen Sie die frischesten Produkte zu angemessenen Preisen.

In der Küche

Das Schönste, was wir erfahren können,
ist das Geheimnis.
> *– Albert Einstein*

Mit der Seele kochen

Die Sorge für den Körper und für die Seele sind untrennbar miteinander verbunden, und beide bestimmen das persönliche Verhältnis zu den Lebensmitteln und zum Kochen. Sie sollten Ihre Mahlzeiten mit Begeisterung und Engagement aus möglichst vielen für Sie erhältlichen Zutaten bereiten, um besser leben zu können und damit Körper und Geist intakt zu halten. Schränken Sie sich in der Auswahl der Lebensmittel nicht ein. Lassen Sie sich nicht zu einer Mangelernährung überreden. Lernen Sie, mit den Nahrungsmitteln umzugehen, zu denen Sie Vertrauen haben, also mit echten Lebensmitteln, ganz gleich ob es sich dabei um Fleisch Ihrer Wahl, um Fisch oder Geflügel, um Vollkorngetreide, um die ganze Fülle der Gemüse und frischen Früchte, um frisch gepresste Säfte, gute Milchprodukte oder vollwertige Nachspeisen handelt. Verzichten Sie auf denaturierte Nahrungsmittel und Fabrikprodukte. Halten Sie Ausschau nach reinen, natürlichen Zutaten, wie Sie unsere Spezies zu allen Zeiten verzehrt hat. Wir Menschen sind nun einmal von Natur aus so geschaffen, dass wir unseren Körper mit unverfälschter Nahrung stark und gesund erhalten müssen, also mit denselben Naturprodukten, die unsere Vorfahren so stark gemacht und erhalten haben, dass sie Schwierigkeiten und Herausforderungen bestehen konnten, wie wir von der Technik verwöhnten Zeitgenossen sie uns nicht einmal vorstellen können.

Beleben Sie die Traditionen Ihrer Familie einfach wieder, graben Sie alte Familienrezepte aus. Sie werden sehen, solche Lieblingsgerichte erfreuen nicht nur den Gaumen, sondern auch Herz und Seele. Bereiten Sie alles so frisch und so gesund wie möglich zu. Kaufen Sie frische Lebensmittel, und probieren Sie immer wieder die einfachen Rezepte aus, die wir für Sie ersonnen haben.

FUTTER ZUM DENKEN

Die große Kälte
Das Tiefgefrieren verlangsamt bei den Nahrungsmitteln nur den Prozess des Alterns und Vergehens. Es kann das

Verderben nicht verhindern. Im Allgemeinen lässt sich sachgemäß verpacktes Fleisch bei Temperaturen zwischen –15° und –20° etwa drei Monate aufheben, Brot und Gemüse etwa vier Wochen. Natürlich haben tiefgefrorene Nahrungsmittel nicht mehr die Lebendigkeit von frischer Ware. Besser kauft man Nahrungsmittel immer wieder frisch ein.

Auch in der Küche Atmosphäre schaffen

Bevor wir daran gehen, eine Mahlzeit zuzubereiten, zünden wir uns gern ein Räucherstäbchen oder eine Kerze an, vor allem, wenn der Tag viel Stress mit sich gebracht hat. Auch durch Musik können Sie Ruhe und Atmosphäre in Ihre Küche bringen. Schaffen Sie sich eine Stimmung, in der Sie entspannt sind oder sogar Lust zum Tanzen bekommen. Das eine Mal gelingt das vielleicht mit einem alten Liebeslied von Nat King Cole, ein anderes Mal mit einem Strauß-Walzer oder mit heißen lateinamerikanischen Rhythmen. Jede Musik hat auch eine spirituelle Wirkung. Wählen Sie sie deshalb nach den Empfindungen des Augenblicks aus. Wir sind der Meinung, dass mehr Frieden und Harmonie einkehrt, wenn wir ein Umfeld tieferer Bewusstheit schaffen um all die Nahrungsmittel, die wir sozusagen in den »Tempel der Seele« aufnehmen.

Vielleicht hören Sie lieber geistliche Musik, Lieder oder Gesänge, die Ihre Stimmung beim Kochen heben. Während Sie so vor sich hin summen, werden Sie spüren, wie sich die Energien in der Wohnung wandeln. Falls Sie Kinder haben, finden die sich möglicherweise in Ihrer Nähe ein, um etwas von der nährenden Liebe und Zuwendung aufzunehmen, die Sie in ihre Richtung aussenden. Wenn Sie allein sind, füllt sich Ihre Wohnung mit einer spirituellen Kraft, die behaglich und einladend wirkt und sicher bald andere anzieht. In der Zeit, da Sie einen Topf Suppe kochen, kann Ihnen kaum Besseres passieren und nichts wohler bekommen. Während Sie einen Auflauf zubereiten oder Brötchen oder etwas Süßes backen, auf das Sie Lust haben, können Sie sich bereits auf das Dessert freuen. Bestimmt hat ein solcher Nachtisch aus besten natürlichen Zutaten und erfüllt mit all der liebevollen Energie, die Sie ihm mitgegeben haben, eine besonders positive Wirkung.

Ob jemand gut kochen kann, hängt mehr von ihrer oder seiner Energie und Einstellung ab als von bestimmten Fertigkeiten. Wir können Ihnen ein paar Feinheiten mitgeben, mit deren Hilfe Sie ganz anders an die Arbeit in der Küche herangehen.

1. Ziehen Sie etwas Leichtes und Bequemes an, bevor Sie anfangen, damit Sie mit den Kleidern auch die Mühen des Tages ablegen.
2. Bevor Sie anfangen, sollten Sie am offenen Fenster ein paar »Körper-Tonics« machen, also ein paar Übungen zur Entspannung, mit denen Sie sich auf die Arbeit einstimmen. Sie sorgen dafür, dass mehr Sauerstoff ins Blut kommt, die Müdigkeit von Ihnen abfällt, Sie voller Energie sind und das Kochen genießen. Vielleicht regt es Sie auch an, noch etwas gesünder zu kochen.

Etwas Neues bricht an. Die aufreibenden Maßstäbe für gutes Aussehen und angepasstes Essen sind uns nicht mehr so wichtig; es geht darum, dass wir uns wohl fühlen. Auf das Gefühl des Glücks kommt es an. Jeder Körper hat andere Bedürfnisse und braucht etwas anderes. Während Sie entspannt übers Essen nachdenken, kommen Sie darauf, dass es ganz leicht ist, Übergewicht loszuwerden, und wie wunderbar man sich fühlt, wenn man ausgeglichen ist und sich auf das Gute im Leben konzentriert. Wenn Sie die spirituelle Komponente auf den Familientisch bringen, wird sich Ihr Leben – das versprechen wir Ihnen auf Grund eigener Erfahrung und der Erlebnisse vieler Freunde – aufs Schönste verändern.

Die Grundlagen beherrschen

Wenn Sie bislang noch keine größeren Erfahrungen beim Kochen gesammelt haben, fühlen Sie sich vielleicht von dem Gedanken überfordert, bei der Zubereitung der Mahlzeiten eine neue, aktive Rolle spielen zu sollen. Es erscheint Ihnen höchst unwahrscheinlich, dass Sie selbst bald gesunde und köstliche Mahlzeiten kochen werden. Als häufigste Ausrede hören wir von Leuten, die nicht kochen, sie hätten keine Zeit dazu.

Dabei verbringt jemand, der wirklich gut kocht, gar nicht allzu viel Zeit in der Küche. Sie oder er denkt sich ein einfaches Essen aus, das in weniger als einer Stunde auf dem Tisch steht. Und selbst wenn die eigentliche Kochzeit länger dauert, so ist doch die Zubereitungszeit viel kürzer. Der Schlüssel zum Spaß am Kochen liegt in der Beherzigung des folgenden Satzes: *Essen, das gut schmeckt und dem Körper gut tut, lässt sich auch in kurzer Zeit zubereiten.*

Wie Sie lernen können, in Ihrer Küche bei der Zubereitung von Mahlzeiten, die Ihnen mehr Lebensqualität schaffen, schnell und umsichtig zu schalten? Fangen Sie damit an, sich die folgenden Schritte einzuprägen.

Eine einfache Mahlzeit planen

Wenn es um eine Eiweißmahlzeit geht, möchten Sie vielleicht einen üppigen Salat als Vorspeise zusammenstellen. Soll es aber eine beruhigende, kohlenhydratbetonte Mahlzeit sein, haben Sie vielleicht Lust auf ein Stück von dem frischen Vollkornbrot, das Sie gerade eingekauft haben; vielleicht möchten Sie auch Brötchen oder Muffins backen. In diesem Fall brauchen Sie als sättigendes Hauptgericht bei kaltem Wetter nur einen Topf voll herzhafter Suppe. Bei heißem Sommerwetter aber besteht die ideale Begleitung von Brot oder Kleingebäck in einer großen Portion Salat, zu dem allerlei interessante Zutaten gehören.

Wenn Sie schließlich damit anfangen, regelmäßig selbst zu kochen, sollten Sie nur echte, natürliche Zutaten verwenden, die Ihnen wirklich gut bekommen. Anfänger, die eine schnelle und einfache, eiweißbetonte Power-Mahlzeit zusammenstellen wollen, könnten zum Beispiel Rührei, Tomatenscheiben, Hüttenkäse und Spargelstücke in Olivenöl und Zitronensaft vorsehen. Andererseits ist nichts einfacher, als eine Scheibe frischen Lachs zu dämpfen und dazu Weißkohl oder Blumenkohl zu reichen. Ein sanftes, bekömmliches Abendessen für Einsteiger könnte aus breiten Bandnudeln bestehen, die mit einer Sauce auf Olivenöl-Zitronen-Basis mit Tomatenmark und Knoblauch sowie gedünstetem Brokkoli, gebratenen Pilzen und einem Esslöffel geriebenem Fetakäse angereichert werden. Das einfachste sanfte Abendessen nach einem anstrengenden Tag und ein wahres Power-Mahl aber ist eine Schüssel dampfender, mit Zimt gewürzter Haferbrei, mit saftigen gekochten Birnen und Rosinen und mit etwas Ahornsirup versüßt. Sie können ihn wie alle Eintopf-Breie in einer großen »Guru-Schale« anrichten. Sie passt auch zu

Reis- und Gemüsegerichten. Zum Haferbrei empfiehlt sich ein Glas heiße Sojamilch, zur Pasta besser ein Glas Rotwein, zu Reis mit Gemüse ein aromatischer Kräutertee. Gedämpftes oder blanchiertes Gemüse, das noch heiß in einer Mischung aus Olivenöl und ein paar Tropfen Zitronensaft gewendet wird, ergibt einen köstlichen lauwarmen Salat und ist zugleich eine vorzügliche Beilage zu jedem pikanten Hauptgericht. Ein Abendessen aus Getreidebrei oder Muffins lässt sich optimal mit gebratenen Bananen, aber auch mit Trockenfrüchten aufwerten.

Wenn Sie Ihre Küche so weit vereinfachen, dass Sie bloß noch ein oder zwei Gerichte auf den Tisch bringen, werden Sie nicht nur das Erlebnis des Kochens, sondern auch die einfachen, frischen, selbst gemachten Speisen immer mehr genießen.

FUTTER ZUM DENKEN

Die Guru-Schale

In die Guru-Schale gehört ein Eintopfgericht, das an die klösterliche Tradition erinnert, schlichte Mahlzeiten aus einer Holz- oder Keramikschüssel zu essen. In der fernöstlichen Küche benutzt man auch Essstäbchen. Im Mittleren Osten und in Indien verwendet man einen Löffel oder ein Stück Fladenbrot, wie beispielsweise Chapati (im Mittelosten flache, runde Fladen aus Weizenmehl, die an dicke Tortillas erinnern; man bekommt sie in Spezialgeschäften) oder Pita, um das Essen von der Schüssel in den Mund zu befördern. Viele unserer Gerichte – vom Obst-Getreide-Frühstück und Riesensalaten bis zu Pastagerichten, Suppen und Eintöpfen – passen in eine solche Schale. Dahinter steckt die Idee, gelegentlich das Gefäß zu wechseln, um die Bewusstheit des Essens zu vertiefen.

Am besten bekommt jedes Mitglied der Familie seine eigene Schale, die dann verwendet wird, wenn das Tempo beim Essen verändert werden soll, damit alle ein bisschen bewusster essen. Außerdem bietet sich damit eine wunderbare Möglichkeit, die Portionen zu begrenzen. Da ein normaler Magen zwischen drei und vier Tassen voll aufnehmen kann und man ihm auch noch etwas Platz für die Aufarbeitung der Speisen lassen sollte, kommen nicht mehr als zweieinhalb bis drei Tassen eines Gerichtes in die Guru-Schale. Man kann das Essen dann langsam und in Ruhe genießen, vor allem wenn man mit Stäbchen isst, und bringt damit eine Atmosphäre der Ruhe und Spiritualität in die Mahlzeit. Wir pflegen die Gewohnheit mit der Guru-Schale schon seit zwei Jahrzehnten und haben beobachtet, dass Kinder für eine gesunde Mahlzeit, die sie aus ihrer eigenen Schale und mit dem eigenen Löffel oder einer Gabel einnehmen, besonders empfänglich sind. Außerdem ist damit ein Energiespareffekt verbunden, der heute auch nicht zu verachten ist. Man braucht weniger Geschirr, weniger Zeit zum Aufräumen, und die Kinder können leichter helfen.

Dieser alte Brauch, der seinen Ursprung in einem spirituellen Leben hat, führt uns zurück in Zeiten, als die Menschen es leichter hatten, und weist zugleich auf den Wert friedlicher sozialer Interaktion, die die Bekömmlichkeit der Nahrungsmittel, die wir zu uns nehmen, so erstaunlich steigern kann.

ACHTEN SIE AUF AUSREICHEND ENZYME!

Es ist ganz leicht, mehr Gesundheit ins Essen zu bringen. Noch bevor Sie mit dem Kochen beginnen, machen Sie sich ein großes Glas frischen Obst- oder Gemüsesaft, der voll mit Energie spendenden Enzymen ist. Beim Kochen nippen Sie immer wieder daran. Jeder Saft, der auch Ingwer enthält, fördert die Verdauung, zum Beispiel ein Apfel-Ingwer-Zitronen-Saft oder Möhren-Rote Bete-Ingwer-Saft. Oder Sie verzichten auf Salat als Vorspeise und schneiden oder raspeln statt dessen rohes Gemüse oder frisches Obst, und Sie sowie jedes Familienmitglied bedienen sich, während Sie noch kochen im Vorübergehen davon. Wenn Sie das regelmäßig machen, werden Sie durch die Wirkung auf sich selbst bald feststellen, dass die Vorteile viel größer sind, als Sie dachten. Der frische Saft oder die Obst- und Gemüsestückchen sind Nahrung für Körper und Geist zugleich. Sie fühlen sich beim Kochen viel besser, die Energiezufuhr wirkt sich positiv aus. Außerdem spendet das Glas Saft oder die Rohkost Ihrem Körper die Nahrung, nach der er hungert. Danach brauchen Sie viel weniger von der gekochten Mahlzeit, denn Sie haben Ihrem Appetit mit dem denkbar gesündesten Vor-Snack sozusagen die Spitze genommen.

1. **Schaffen Sie sich einen gut organisierten Arbeitsplatz.** Stellen Sie sich vorher all die Utensilien zusammen, die Sie für ein Rezept brauchen, also Messer, Messbecher, Schüssel, Salatschüssel, Knoblauchpresse und anderes Kochgerät. Wenn nötig, sollten Sie auch die Küchenmaschine, den Mixer oder Handmixer zur Hand haben. Stel-

len Sie sich schließlich eine Abfallschüssel hin für Gemüseabfälle und anderes. Platzieren Sie all diese Dinge in der Nähe der Kochstelle und des Schneidbretts.

2. **Bereiten Sie alle rohen Zutaten vor.**

   Waschen Sie Obst und Salat. Trocknen Sie Blätter in der Salatschleuder. Waschen Sie die Gemüse, die gedünstet oder zu Suppen und anderen Gerichten verwendet werden. Spülen Sie Fisch, Geflügelteile oder Fleischstücke ab und tupfen Sie sie mit Küchenpapier trocken. Waschen Sie sich gründlich die Hände, wenn Sie mit Fisch, Geflügel oder Fleisch umgegangen sind. Geben Sie alle vorbereiteten rohen Zutaten in Siebe, Schalen oder auf Teller, stellen Sie sich Kräuter, Öl, Gewürze, Knoblauch und andere Würzmittel in Ihren Arbeitsbereich.

3. **Fangen Sie mit dem Gericht an, das am längsten kochen muss.**

   Das scheint zwar plausibel, ist aber für Anfänger nicht selbstverständlich. Wenn Sie Fisch sautieren oder Kartoffeln und Geflügel anbraten wollen, um sie dann im Backofen fertig zu garen, wenn Sie Reis oder Nudeln kochen oder ein Steak grillen, machen Sie das, was am längsten dauert, zuerst. Ganz zuletzt stellen Sie den Salat zusammen oder dämpfen das Gemüse. Im Idealfall haben Sie, wenn das Hauptgericht kocht, 15 bis 20 Minuten, um ein schnelles Gemüsegericht zuzubereiten und den Tisch zu decken. Wenn Sie aber ein einfaches Mahl planen, das aus einem Salat und einer Käse-Obst-Platte besteht, brauchen Sie nur die Zubereitungzeit für den Salat einzuplanen.

Einfache Kochtechniken

Für einen schnellen Salat empfiehlt sich die Eine-Schüssel-Methode

Nehmen Sie eine große Schüssel zur Hand. Geben Sie die Grundzutaten für die Salatsauce, wie Olivenöl, Zitronensaft, ausgepressten Knoblauch, Kräutersalz, Dijonsenf und Joghurt gleich in die Schüssel und schlagen Sie mit dem Schneebesen eine glatte Creme auf. Zupfen Sie die gewaschenen und trocken geschleuderten Blätter in mundgerechte Stückchen, hacken Sie andere Zutaten mit dem Messer auf einem Schneidbrett fein. Wenn Sie ein eiweißbetontes Hauptgericht haben, reichern Sie den Salat beispielsweise mit Tomatenscheiben oder saftigen Früchten wie Orangen, Grapefruit oder Erdbeeren, reifen Papayas oder Kiwis an. Sie können aber auch fein geraspelte Gemüse wie Möhren oder Weißkohl oder dünne Scheiben von Radieschen, Zwiebeln, Gurken oder Chicoree hinzufügen. Dazu kommen nach Wunsch Sprossen, in Scheibchen geschnittene Oliven oder gegrillte und abgezogene rote Paprikaschoten; Scheiben von getrockneten Tomaten, Artischockenherzen, gekochte Kidneybohnen oder weiße Bohnen, schließlich geriebener oder geschnittener Käse reichern den Salat aus Blättern und Früchten an, der zu einer eiweißreichen Mahlzeit gegessen wird. Gekochte Bohnenkerne im Salat sorgen für zusätzliche Ballaststoffe.

Salate, die zu Kohlenhydratmahlzeiten passen, können aus stärkehaltigen Früchten, etwa aufgeschnittenen Feigen, Datteln, Bananen, Mango oder Heidelbeeren und fein geschnittenem oder geraspeltem Gemüse bestehen. Wenn der Salat pikanter sein soll, kommen klein geschnittene oder gehackte rohe Gemüse mit Olivenscheibchen und Artischockenherzen hinein. Bei der Kohlenhydratmahlzeit kann auch ganz wenig vollfetter geriebener Käse das Gericht sinnvoll ergänzen. Ob es sich nun um eine Eiweißmahlzeit – mit Fleisch, Geflügel, Tofu, Fisch oder Käse – oder um eine Kohlenhydratmahlzeit (Brot, Kartoffeln, Reis, Nudeln) handelt, Sie können, um das Ganze abzurunden, auch gedämpfte oder gedünstete Gemüse wie Blumenkohl, grüne Bohnen, Erbsenschoten, Brokkoli, Spargel, Zucchini, Mais oder Mangold mit in die Salatschüssel geben. Wenn Sie eine Eiweißmahlzeit zubereiten, passen auch gebratene Tofuscheiben dazu; dann ist das den Cholesterinspiegel erhöhende Fleisch entbehrlich.

Besteht Ihr Hauptgericht aber vorwiegend aus Kohlenhydraten, ergänzen Sie den Salat nach Geschmack mit gekochten Kartoffelwürfeln, gekochtem Reis, kleinen Würfeln von geröstetem Knoblauchbrot oder gekochten Nudeln. Als Faustregel gilt, dass die Zutaten zu einem Salat, der nur als Beilage dient, auf drei oder vier beschränkt werden; dazu kommt dann die Sauce. Sobald alle Zutaten in der Schüssel sind, wird gut durchgemischt und sofort serviert. In den Kapiteln »Einfache Salate« und »Gemüse als Beilage« finden Sie viele köstliche Ideen für ungewöhnliche und aufregende Salate.

Die einfachste von allen Ein-Gericht-Mahlzeiten ist Salat als Hauptgericht, also der Super-Salat, der aus Blattsalaten, gekochtem und rohem Gemüse und, je nach Wunsch, aus eiweiß- oder kohlenhydrathaltigen Zutaten besteht. Das Ganze wird angemacht und gewürzt durch die Salatsauce. Die Möglichkeiten sind praktisch unbegrenzt. Die Zeit für die Zubereitung und für die Aufräumarbeiten ist minimal. Die Energiezufuhr wie auch die Chance zum Abnehmen sind unvergleichlich, denn dieses Hauptgericht enthält vorwiegend enzymreiche, energiesteigernde Rohkost. Im ganzen Buch verteilt finden Sie Rezepte für Salate als Hauptgerichte.

Die Kunst, schnell ein Eiweißgericht zu bereiten

Fischfilets lassen sich besonders rasch sautieren oder dämpfen; und die schnellste Zubereitungsart von Hühnchen besteht darin, es in Olivenöl leicht anzubraten und es dann – je nach Größe und Portionierung – bei Mittelhitze im Backofen in 10 bis 30 Minuten fertig zu garen. Sautieren bietet den Vorteil, dass Sie zunächst würzen und dann das Gericht ganz nach Wunsch noch geschmacklich abrunden können. Wenn Sie es schärfer mögen, bestäuben Sie die Hühnerbrust mit Cayennepfeffer und legen dann eine Scheibe geräucherten Mozzarella darauf, um sie schließlich mit Zitrone und Tomatensaft zu glasieren. Fischfilets können Sie sautieren und dann mit einer Salsa bestreichen, oder auch dämpfen und mit einer Creme aus Gurken, Dill und Joghurt verfeinern. Bis solche einfachen Gerichte gar sind, lässt sich bequem ein Salat bereiten oder eine Gemüsebeilage dämpfen oder dünsten. Solche und ähnliche schnelle Fischgerichte finden Sie auf den Seiten 146-165.

Die einfache Kunst, eine Suppe zu kochen

Die Möglichkeiten, aus Gemüse köstliche cremige Suppen zu bereiten, sind praktisch unbegrenzt. Die Grundtechnik ist dabei immer dieselbe. Gehackter Knoblauch, Stangensellerie in Stücken und Möhrenscheiben werden in etwas Olivenöl angeröstet. Dann kommt das gewünschte Gemüse, geputzt und grob zerkleinert, dazu und wird, ebenso wie verschiedene Kräuter, kurz mitgedünstet. Schließlich gießen Sie soviel Gemüse- oder Hühnerbrühe auf, dass das Gemüse gut bedeckt ist. Das Ganze wird etwa 15 bis 20 Minuten gekocht und dann im Mixer püriert. Die jeweiligen Gewürze bestimmen dann den Geschmack der Suppe. Zur französischen Blumenkohlcreme passt am besten Thymian. Wenn Sie statt dessen Curry dazugeben, haben Sie eine indische Suppe. Eine Möhrencremesuppe würzen Sie entweder mit Zimt und Koriander oder pikant mit reichlich frischem Basilikum. Eine Menge zusätzliche Würzmittel und Beigaben bieten sich an, etwa Chutneys, Joghurt, saure Sahne, Schnittlauchröllchen, gehobelter Parmesan, fein geraspelte Möhren, gehackter Fenchel, Knoblauch-Croutons, fein gehackte rote Zwiebel, geriebener Käse, Pfannkuchenstreifen, in kleine Würfel geschnittene gekochte Hühnerbrust, kleine Erbsen oder kurz angebratene Pilzscheiben.

Eine leichte klare Suppe, die zugleich auch gesundheitlich wertvoll ist, lässt sich aus Miso zubereiten. Sie bringen das Wasser zum Kochen und geben das vorbereitete Gemüse, etwa verschiedene Kohlarten, Zwiebeln, Shiitakepilze, abgezogene und entkernte Tomaten, verschiedene Meeresalgen, dazu, es können aber auch kleine Tofustückchen, Fisch oder Garnelen oder auch dünne Scheiben Hühnerbrust oder mageres Schweinefleisch sein. Nach wenigen Minuten Kochzeit schöpfen Sie eine halbe Tasse Flüssigkeit ab und lösen darin die Miso-Paste auf. Die Miso-Lösung kommt dann zurück in die Suppe und wird mitgekocht.

Saubere Küche

Alle Profi-Köche kennen das Geheimnis, Hausfrauen und Hausmänner, die es ausprobiert haben, wissen, dass die Arbeit in einer sauberen, aufgeräumten Küche viel angenehmer ist. Denn es gibt nichts Deprimierenderes, als sich zum Tisch zu setzen mit der Gewissheit, dass nach dem Essen eine verwüstete Küche wartet. Räumen Sie aber, wenn das Essen fertig ist, erst noch die Küche auf, ist das Essen kalt, bis Sie sich an den Tisch setzen. Die einzig mögliche Lösung heißt, alle Gefäße und Geräte sofort nach dem Benutzen wieder abzuwaschen und wegzuräumen. Zutaten kommen, gleich nachdem sie verwendet wurden, zurück an ihren Platz in Kühlschrank oder in der Speisekammer. Die wenigen Utensilien, die für die endgültige Zubereitung noch gebraucht werden, geben Sie ins Spülbecken, dort werden sie nach dem Essen zusammen mit dem Geschirr abgewaschen.

Grundregeln und Küchenhygiene

Wichtig ist bei der Zubereitung des Essens für andere Menschen, dass Sie die fertigen Speisen richtig abschmecken. Oft probiert ein Anfänger gleich vom Kochlöffel oder von der Gabel und gibt diese anschließend wieder zurück in den Topf. Das ist gesundheitlich nicht unbedenklich. Wenn Sie von einem Löffel probiert haben, kommt dieser in den Abwasch und wird ungereinigt nicht mehr verwendet.

Wechseln Sie jeden Tag die Geschirrtücher. Wechseln Sie auch die Abwaschtücher alle paar Tage, Topfkratzer und Bürsten alle paar Wochen. Reinigen Sie Kunststoff-Schneidbretter und Bürsten regelmäßig mit Spülmittel, Holzbretter werden am besten mit Zitronensaft gereinigt.

Das Essen genießen

Wenn Sie gelernt haben, wie Sie all die gesunden Zutaten zubereiten können, sollten Sie sich auch noch dazu erziehen, bei Tisch zu verweilen, den Geschmack und die Konsistenz der Speisen zu genießen und das kunstvoll hergestellte Essen gleichsam zu zelebrieren. Zünden Sie eine Kerze an, spielen

Sie sanfte Hintergrundmusik, freuen Sie sich am Gespräch, an einem Glas Wein. Am Ende der Mahlzeit sollten Sie noch sitzen bleiben, vielleicht mit einer Tasse würzigem Kräutertee.

Geben Sie Ihrem Organismus Gelegenheit, mit den Speisen fertig zu werden, bevor Sie aufspringen und sich in die nächste Arbeit stürzen. Lassen Sie sich Zeit. Denken Sie über den Tag nach und auch darüber, wie gut es Ihnen im Leben geht. Schicken Sie die Nahrung in bester Stimmung auf den Weg. Sie sollten wissen, dass eine gute Atmosphäre mindestens so wichtig ist für die Verdauung wie die Qualität des Essens.

Techniken, die vieles einfacher machen

Wie Sie Gurken leicht entkernen können. Halbieren Sie die Gurke der Länge nach. Nehmen Sie einen kleinen Löffel und kratzen Sie das Kerngehäuse von oben nach unten heraus. So entsteht eine kleine Rille in der Mitte der Gurkenhälfte, die Kerne aber sind weg. Verfahren Sie so bei Gurken für Salate und Suppen.

Wie man Paprika röstet und häutet. Heizen Sie den Ofen auf 200 °C vor. Legen Sie die Paprikaschoten auf Backpapier. Backen Sie die Früchte etwa 45 Minuten. Nehmen Sie die Schoten heraus und geben Sie sie zum Ausdampfen und Abkühlen für weitere 15 Minuten in eine Papiertüte. Jetzt lässt sich die Haut durch leichtes Reiben abziehen. Wenn die Haut abgezogen ist, teilen Sie die Paprika in Streifen, entfernen Kerne und Scheidewände. Die Streifen halten sich etwa eine Woche. Geben Sie jeweils fünf oder sechs in ein Glas, gießen Sie nach Wunsch Olivenöl darüber, und stellen Sie sie in den Kühlschrank. Sollen sie länger aufgehoben werden, friert man sie, ohne Öl, in Gefrierbeuteln ein.

Wie Porree geputzt und gehackt wird. Entfernen Sie die dunkelgrünen äußeren Blätter sowie die Wurzelenden. Teilen Sie die Stangen der Länge nach in zwei Hälften. Schneiden Sie die Hälften in etwa 1 cm breite Stücke. Waschen Sie den Porree in einer Schüssel mit Wasser gründlich, damit Erde und Sand ausgespült werden. Sie können das Gemüse in der Salatschleuder trocknen oder auf Küchenpapier abtropfen lassen.

Wie Sie Ananas auswählen und aufschneiden. Achten Sie beim Kauf auf goldbraune Früchte mit angenehm süßem Duft, die noch nicht anfangen zu gären. Untersuchen Sie sie auf weiche oder verdorbene Stellen. Ziehen Sie an einem der inneren Blätter. Wenn es sich leicht löst, ist die Ananas reif.

Zwar gibt es spezielle Geräte zum Schälen und Ausschneiden von Ananas, doch kann man sie auch leicht mit dem Messer schälen. Schneiden Sie den Blattschopf mit einem großen scharfen Messer oder mit dem Sägemesser. Stellen Sie die Frucht auf das glatte Ende und schneiden Sie von oben nach unten die Schale rundherum ab. Achten Sie darauf, dass Sie dabei tief genug schneiden, damit auch die tief sitzenden, borstigen Augen entfernt werden. Nun wird das untere Ende weggeschnitten und die Frucht der Länge nach geviertelt. Schneiden Sie die harte Mitte in einem Dreieck von oben bis unten aus. Danach kann das Fruchtfleisch in Scheiben oder Stücke geteilt werden.

Wie Gurken streichholzdünn geschnitten werden. Schälen Sie die Gurke und schneiden Sie sie diagonal im Winkel von etwa 45 Grad in $1/2$ cm dicke Ovale. Dann wird jedes Oval der Länge nach in dünne, gleichmäßige Streifen geschnitten.

Wie Sie Früchte nachreifen lassen können. Geben Sie Bananen, Birnen, Mangos und Papayas zum Nachreifen in braune Papiertüten und lagern Sie sie bei Zimmertemperatur. Auf diese Weise wird das Äthylen, das die Früchte abgeben, genutzt, um den Reifungsprozess zu fördern. Dasselbe Prinzip funktioniert auch bei Tomaten, Avocados und Kernobst.

Wie Sie mit einer Vanilleschote umgehen. Mit einem scharfen kleinen Küchenmesser die Schote in ganzer Länge aufschlitzen und die Seiten nach außen drücken. Mit der Messerspitze die Samen herauskratzen und zum Aromatisieren verwenden. Mit der leeren Schote können Sie trockenen Süßungsmitteln einen Vanillegeschmack geben oder auch Flüssigkeiten aromatisieren.

Wie eine Backform eingefettet und bestäubt wird. Beträufeln Sie ein Stück Küchenpapier oder Pergamentpapier mit Öl, zum Beispiel mit Sonnenblumen- oder Distelöl, die keinen Eigengeschmack haben und auch bei höheren Temperaturen nicht rauchen. Reiben Sie die Backform damit sorgfältig aus. Dann streuen Sie eine Hand voll ungebleichtes Mehl in die Form und drehen Sie sie so nach allen Seiten, dass sie überall bestäubt wird. Klopfen Sie überschüssiges Mehl wieder aus.

Teil 1

Tonics
und
Kräutertees

FUTTER ZUM DENKEN

Apfelessig

Der problematischste Inhaltsstoff in weißem Essig, Weinessig und sogar in den teuersten Balsamico- und Beeren-Essigen ist die Essigsäure. Häufiger Genuss kann nämlich rote Blutkörperchen zerstören und zu Anämie führen. Essigsäure stört den wirksamen Abbau der aufgenommenen Nahrung im Körper, weil sie die Verdauung hinauszögert und die richtige Assimilation behindert. Essigsaurer Essig übersäuert den Körper. Sie wissen ja, ein übersäuerter Körper ist ein alternder, reizbarer, gestresster Körper.

Nur die wenigsten Menschen wissen, dass roher, unbehandelter Apfelessig, ein milchsäurevergorener Essig, der aus Äpfeln hergestellt wird und meist in Holzfässern gelagert wird, der Gesundheit besonders förderlich ist.

Apfelessig ist eine wichtige Quelle für Kalium, das für die weichen Gewebe des Körpers dieselbe Bedeutung hat wie Kalzium für die Knochen. Man könnte Kalium auch das »Mineral der Jugend« nennen. Es sorgt dafür, dass die Arterien elastisch und voller Spannkraft bleiben. Ich habe die Erfahrung gemacht, dass ein Teelöffel Kalium in einem Viertelliter Wasser pro Tag einen auf eine Weise in Schwung bringt, wie Wasser eine welkende Pflanze aufrichtet. Doch Vorsicht mit der Dosis, ein Zuviel bringt nichts.

Unsere Gesundheit hängt ab von unserer inneren Reinheit. Nach Dr. Patricia Bragg (»Apple Cider Vinegar: Miracle Health System«) wirkt Apfelessig als innerer Stimulator, als natürliches Antibiotikum, das den Kampf aufnimmt mit Bakterien und Viren und den Körper reinigt, indem es Giftstoffe aus den Organen, Geweben, Drüsen und dem Lymphsystem abzieht. Man hat ihn auch schon lokal zur Behandlung von Krampfadern eingesetzt. Mit Heilerde angerührt und als Gesichtspackung verwendet, wirkt er gegen Unreinheiten der Haut und schließt die Poren. Man sollte gelegentlich eine Tasse voll ins Bad gießen, weil er den Körper entgiftet und einen für die Haut günstigen pH-Wert schafft. Wer unter Magensäuremangel leidet, der eine Störung der Eiweißverdauung und erhöhten Blutdruck nach sich zieht, sollte während der Mahlzeit Apfelessig zu sich nehmen (1 Teelöffel auf 1 Glas Wasser), um die Verdauung zu normalisieren und den Blutdruck zu senken. Drei Pioniere der Naturheilkunde, Dr. N. W. Walker sowie Dr. Paul und Dr. Patricia Bragg empfehlen Apfelessig wegen seiner vielfältigen Anwendungsmöglichkeiten und weisen immer wieder überzeugend auf seine Bedeutung zur Erhaltung der Homeostasis (inneres, harmonisches chemisches Gleichgewicht) im Körper und der Erhaltung der von ihnen so genannten »body competence« hin.

Apfelessig hat einen relativ neutralen, reinen Geschmack. Trinken Sie ihn zusammen mit etwas Honig in Wasser als Aufwach-Getränk, genießen Sie ihn in Säften, Saucen und Salatsaucen. Achten Sie darauf, naturtrüben Essig zu bekommen. Er ist in Naturkostläden und Reformhäusern erhältlich. Sie sollten ständig eine Flasche griffbereit im Kühlschrank haben.

Tonic bei Tagesanbruch

Genießen Sie diesen Tonic gleich beim Aufstehen, noch bevor Sie Ihre Morgengymnastik (oder *Bodytonik*-Übungen, wie sie in unserem Buch »Fitonics fürs Leben« beschrieben sind) machen, damit sich Ihr Körper auch von *innen* frisch und jung fühlt. Sie wissen ja, dass naturtrüber Apfelessig und Honig viel Kalium enthalten; Kalium aber sorgt dafür, dass Arterien und Gewebe elastisch bleiben. Sie können diesen Tonic auch tagsüber, vielleicht auf Eis, trinken. Manche Historiker behaupten, dass die altrömischen Krieger durch ein Getränk aus Essig und Wasser stark und bei Kräften gehalten wurden, wenn ihnen der Wein ausgegangen war.

1 Portion
1 TL Honig
$^1/_4$ l kaltes Wasser
1 TL naturtrüber Apfelessig

Lösen Sie zuerst den Honig im Wasser und rühren Sie dann den Essig ein.

1. Tonics zum Frühstück

Seealgen-Tonic

Hier finden Sie das Grundrezept für ein reinigendes Frühstück, das eine Art Ernährungsversicherung darstellt. Auch wenn Sie mit Ihrer Nahrung Vitamine, Mineralstoffe und Enzyme einnehmen und auch reichlich Rohkost essen, so sollten Sie doch außerdem regelmäßig eine zusätzliche Gabe vollwertiger Nährstoffe zu sich nehmen, wie sie in diesem Tonic enthalten sind. Achten Sie darauf, dass Sie reichlich Bananen für den Tonic im Vorrat haben, und verwenden Sie frisch gepressten Orangen- oder Apfelsaft – je nach Saison. Sie können auch außer Banane noch eine Birne, ein paar Beeren oder einen Pfirsich dazugeben, wenn Sie Lust auf mehr Früchte haben.

Sehen wir uns einmal an, welche Wohltaten dieser reinigende Tonic uns zu bieten hat. Der frische Orangensaft ist reich an Vitamin C, Enzymen und Antioxidantien. Er entgiftet den Körper auf natürliche Weise. Der frische Apfelsaft aber steckt voller Enzyme, Apfelsäure, Kalium und Pektine, die als eine Art Lösungsmittel wirken, indem Sie Abfallstoffe aus der Gallenblase und anderen Organen aufweichen und beseitigen. Bananen enthalten viel Kalium, Enzyme, Ballaststoffe und natürliche Zucker, wie sie das Gehirn als Brennstoff benötigt. Sie geben diesem Tonic die nötige Masse, damit er Sie für mehrere Stunden sättigt.

Kalt gepresstes Leinöl oder Sonnenblumenöl sind eine jederzeit nutzbare pflanzliche Quelle für essenzielle Fettsäuren, die wir für unzählige Prozesse in unserem Organismus benötigen, zum Heilen wie zur Reparatur, zur Regulierung des Cholesterinspiegels im Blut bis zur Stärkung des Immunsystems, der Atmung, Verdauung und des Nervensystems. Solche Fettsäuren sind in Zeiten der Fetthydrierung, also der gehärteten Fette, und in unseren industrialisierten Nahrungsmitteln viel zu wenig enthalten.

Ein ausgezeichnetes Algenpulver ist eine nahrhafte Mischung aus hoch nährstoffhaltigen Algen, wie beispielsweise Chlorella und Spirulina, zusammen mit verschiedenen Gräsern und Getreiden. Solche vollwertigen Pulver enthalten viel Chlorophyll, das im Körper eine Wirkung entfaltet wie flüssiger Sonnenschein, ihn in Form von Sauerstoff für die Zellen gleichsam »erleuchtet«. Je mehr Sauerstoff im Innern ist, desto gesünder sind wir!

Lezithin benötigt unser Organismus zur Emulgierung von Fetten, zur Regulierung des Cholesterins und zur Aufnahme der Nährstoffe. Täglich eine Gabe Soja-Lezithin ist sehr empfehlenswert, da Lezithin in den meisten industriell hergestellten Nahrungsmitteln, die wir zu uns nehmen, nicht mehr enthalten ist.

Bierhefe ist eine reiche, natürliche Vitamin- und Eiweißquelle. Bei regelmäßiger Einnahme von einem Esslöffel Hefeflocken täglich beugt man Hautproblemen vor. Innerhalb von zwei bis drei Wochen sollten Sie auf diese Menge kommen.

Vitamin C erhält jung! Statt es über den Tag verteilt einzunehmen, kann man es in Pulverform in die Tonics mischen. Dank der Pufferwirkung ist Vitamin C in Pulverform magenverträglicher.

3 Portionen
3 Tassen frisch gepresster Orangen- oder Apfelsaft
2 Bananen
2 EL Algenpulver
2 EL kalt gepresstes Leinöl

2 TL Vitamin C in Pulverform
2 EL Soja-Lezithin
2 TL Hefeflocken (nach Wunsch)
2 TL kalt gepresstes Sonnenblumenöl

Alle Zutaten in den Mixer geben und etwa eine Minute lang mixen. Langsam und mit Genuss trinken. Es handelt sich hier nicht nur um ein Getränk, sondern um eine ganze Mahlzeit.

Flower Power

Immer wenn uns ein besonders harter Tag bevorsteht, oder wenn wir am Abend vorher nur eine ganz leichte und reinigende Mahlzeit zu uns genommen haben, genießen wir diesen aufbauenden Tonic. Wir geben zur Nährstoffanreicherung Lezithin-Granulat dazu. Soja-Lezithin verleiht allen Tonics und sanften Getränken ein natürliches malziges Vanille-Aroma. Es wirkt zugleich als eine Art Emulsion und unterstützt den Körper beim Abbau tierischer Fette und von Cholesterin im Blut. Es kann auch Fettablagerungen in der Leber in winzige Partikel spalten.

Wir haben eine besondere Vorliebe für Bierhefe, die heute nicht mehr aus den Brauereifässern kommt, sondern auf Melasse und Molke gezüchtet wird. Diese Nährhefe ist besonders reich an leicht absorbierbaren vollwertigen Vitaminen des B-Komplexes, fördert also die allgemeine Leistungsfähigkeit und Widerstandskraft gegen Stress. Außerdem stellt sie leicht verwertbares Eiweiß bereit und liefert ein ganzes Spektrum von Aminosäuren sowie von Vitaminen und Mineralstoffen.

Bananen sind Gute-Laune-Früchte. Sie enthalten viel Kalium, Enzyme, Ballaststoffe und Fruchtzucker als Energielieferanten. Viele Pioniere einer natürlichen Ernährung haben die wichtige Rolle erkannt, die Bananen für die Körperkraft spielen. (Erinnert sei an die bananenreiche Ernährung der mächtigen Silberrückengorillas, deren Verdauungstrakt dem des Menschen am ähnlichsten ist.) Charles Atlas, der das Bodybuilding auf natürliche Weise betrieb, aß jeden Morgen Bananen zum Frühstück und konnte noch mit mehr als neunzig Jahren täglich 250 Liegestütze machen. Jack LaLanne empfiehlt Bananen und Soja-Milch als Mahlzeit zum schnellen Abnehmen, wenn man keine Zeit hat für eine längere Zubereitung und schnell etwas Nahrhaftes und Sättigendes braucht.

Carob wirkt verdauungsfördernd; es kann ebenfalls eine Mahlzeit ersetzen und für mehrere Stunden sättigen.

2 Portionen
3 Tassen Soja-Milch mit Vanillegeschmack
2 Bananen
$1/2$ bis 1 EL Hefeflocken
2 EL Soja-Lezithin
2 TL kalt gepresstes Leinöl
2 TL kalt gepresstes Sonnenblumenöl
4 TL Carobpulver
2 TL Vitamin C in Pulverform

Alle Zutaten in den Mixer geben und 30 bis 60 Sekunden mixen.

Variation
Statt der Bananen 1 Tasse Erdbeeren zugeben.

FUTTER ZUM DENKEN

Vitamin B und Hefe

Hochwertiges Vitamin B, wie es in Bierhefe oder Hefeflocken enthalten ist, die auf einem vollwertigen Nährboden, wie Melasse oder Molke, gezogen wurden, kann in der Ernährung unserer Zeit wahre Wunder wirken, und man sollte solche Wunder täglich erleben. Die Vitamine des B-Komplexes haben eine interessante Geschichte. Lange bevor die ganzheitliche Medizin in Fachkreisen akzeptiert war, leisteten Abram Hoffer, Humphrey Osmond und Linus Pauling mit ihren Studien Pionierarbeit im Bereich der so genannten orthomolekularen Medizin, um die Wirkung der Nährstoffe auf die geistige Gesundheit zu erforschen. Von Linus Pauling stammt auch der Begriff »orthomolekular«. Ein Fall nach dem anderen wurde dokumentiert, bei Schizophrenie, Depression sowie Stress-Problemen, aber auch bei allen anderen Krankheiten im geistig-seelischen Bereich kam man bald weiter, wenn ausreichend große Mengen Vitamin B verabreicht wurden. Da aber Vitamine relativ preiswert waren und sich die pharmazeutischen Firmen davon keinen besonderen Gewinn versprachen, bot man den Menschen statt dessen ein ganzes Füllhorn von Antidepressiva und stimmungsaufhellenden Medikamenten an. Den Ärzten aber wurden von den Verkaufsmanagern der pharmazeutischen Industrie die hochpreisigen Antidepressiva zur Verordnung empfohlen. In den medizinischen Zeitschriften ignorierte man lange Zeit Forschungsergebnisse über Ernährungstherapie mit Vitamin-B-Gaben, die keinerlei Nebenwirkungen hatten, außer dass sich die Patienten gesünder fühlten. Doch wenn es ein gesundheitliches Problem gibt, das sich möglicherweise mit Hilfe von Vitamin B lösen lässt, so ist es nur vernünftig, dies zu versuchen.

Heute aber sollten wir angesichts der seelischen Leiden so vieler Menschen eher nach Lösungen Ausschau halten, die eine vernünftige Ernährung verspricht, als nach Pillen und Pulvern. Nach unserer Erfahrung hilft eine durch Vitamin B angereicherte Ernährung mit vollwertigen Nahrungsmitteln beträchtlich bei der Behandlung von Problemen, die durch Stress, Schlaflosigkeit und Verlust des seelischen Gleichgewichts verursacht werden.

Doch es gibt noch andere Gründe, auf eine ausreichende Versorgung unseres Körpers mit Vitamin B zu achten. Die Ernährungsforscherin Adele Davis war der Meinung, dass Vitamine besser direkt aus der Nahrung bezogen werden sollten statt aus dem Labor, weil sie in vollwertigen Lebensmitteln in vollkommener Synergie der Elemente enthalten sind. Nachdem sie regelmäßig ihre tägliche Dosis Hefeflocken mit der Nahrung eingenommen hatte, wurden ihre grauen Haare nicht nur wieder dunkler, sondern zugleich glänzender, stärker und gesünder als je zuvor. In der Zucht von Rassepferden, Hunden und Katzen weiß man, dass hohe Vitamin-B-Gaben dem Fell der Tiere mehr Glanz und Schönheit geben und somit den Züchtern zu Preisgeldern verhelfen. Und auch Sie wissen ja, dass gesundes Haar und saubere Haut auf den Gesundheitszustand des gesamten Körpers schließen lassen.

Sowjetische Athleten und amerikanische Bodybuilder kennen ebenfalls seit den Fünfzigerjahren des 20. Jahrhunderts das Geheimnis von Vitaminen des B-Komplexes, die zu mehr Kraft und Energie, aber auch zu größerer Spannkraft der Muskeln verhelfen. Diese Zusammenhänge aber sollte auch die breite Öffentlichkeit kennen lernen. Eine regelmäßige Versorgung mit Vitamin B, vor allem aus vollwertigen Nahrungsmitteln, verhilft zu mehr sportlicher Leistungsfähigkeit und seelischem Wohlbefinden.

Es gibt zahlreiche Missverständnisse über den Zusammenhang zwischen Hefe und verschiedenen Pilzinfektionen wie Candida. Doch nach Aussage von Dr. William Cook, dem Spezialisten und Bestsellerautor über Candida, ist keinerlei Zusammenhang zwischen Hefe in Backwaren oder den Hefeflocken, die man der Nahrung zusetzt, und der unangenehmen Krankheit Candida zu entdecken. Da Bierhefe und Hefeflocken viel Vitamine des B-Komplexes enthalten, lässt sich damit ein Vitamin-B-Mangel beheben, der oft sogar eine der Ursachen von Candida ist.

Zu den wertvollen Inhaltsstoffen von Bierhefe gehört aber auch Chrom, das ein gutes Mittel ist, Gelüste auf Süßigkeiten zu überwinden. Mit einem Esslöffel, der 18 bis 20 Gramm reines, sofort nutzbares Eiweiß enthält, hat man eine ausgezeichnete Versorgung mit Aminosäuren und natürlicher RNS und DNS. Auf Grund seiner Forschungsarbeiten ist Dr. Benjamin S. Frank (»No-Aging Diet«) der Meinung, dass RNS und DNS aus vollwertiger Ernährung den Alterungsprozess hinauszögern können und zu mehr Jugend und Vitalität verhelfen. Mehr muss dazu wohl nicht gesagt werden!

Insel-Tonic

Was weckt eigentlich unsere Sehnsucht nach exotischen Inseln? Warum stellen wir unwillkürlich eine Verbindung zwischen Insel und innerem Frieden oder Zuflucht her? Wirkt tropisches Klima und sind tropische Düfte ein Therapeutikum für Leib und Seele? Dieser Frucht-Tonic bietet Ferien im Glas und verhilft Ihnen bestimmt zu sonniger Laune.

Naturheilkundler haben herausgefunden, dass das Ferment Bromelin aus frischer Ananas günstig ist für alle, die unter Arthritis oder anderen entzündlichen Krankheiten zu leiden haben. Wenn Sie einen Entsafter für Obst und Gemüse haben, schälen Sie die Ananas und entsaften dann die ganze Frucht, einschließlich des festen Inneren. Andernfalls verwenden Sie ungesüßten Ananassaft aus Flaschen oder Dosen.

2 Portionen
1 Tasse ungesüßter Ananassaft, frisch gepresst oder aus der Dose
1 Mango, entkernt, geschält und in Stücken
Saft von $\frac{1}{2}$ Limone
1 TL Honig
1 Banane
$\frac{1}{2}$ Tasse Eiswürfel

Alle Zutaten in den Mixer geben und pürieren.

Variation
Auch mit frischem Orangen- oder Mandarinensaft anstelle von Ananassaft schmeckt dieser Tonic ganz köstlich.

Tonic als Eiweißbombe

Bestimmt gehen Sie jede Wette ein, dass Sie einen Milchshake trinken! Er hat nämlich genau den Geschmack, den auch die Kids so gern mögen, und enthält all die Nährstoffe, nach denen ihr Körper verlangt. Die enzymreichen, eingeweichten Mandeln enthalten jede Menge Eiweiß, Vitamine, Mineralstoffe und die fürs Herz so günstigen ungesättigten Fettsäuren. Wenn Sie geschälte Bananen tiefgefroren zur Hand haben, ist der Drink in Minutenschnelle fertig. Er eignet sich bestens, um ihren Kindern die Lust auf Schokolade und Kakao zu nehmen.

2 Portionen
1 frische oder gefrorene Banane, geschält
2 EL ungesüßtes Carobpulver
2 entkernte Datteln
$1/4$ Tasse enzymreiche eingeweichte Mandeln oder Sonnenblumenkerne (siehe Seite 84 und 118)
1 EL Soja-Lezithin-Granulat
1 Msp. Naturvanille
1 EL Erdnuss- oder Mandelbutter (nach Geschmack)
2 Tassen Soja-Milch oder Magermilch

Alle Zutaten in den Mixer geben und fein pürieren.

FUTTER ZUM DENKEN

Honig
Er ist nicht nur eine gesunde Alternative zum raffinierten weißen Zucker, sondern hat auch eine antibiotische Wir-

kung. Deshalb wurde er schon in den alten Hochkulturen als Heilmittel genutzt. Außerdem wirkt er mildernd und unterstützt die Verdauung von scharf gewürzten Speisen (deshalb taucht er als Zutat in so vielen würzigen Gerichten, zum Beispiel der mexikanischen Küche, auf). Auch als mildes Beruhigungsmittel leistet er gute Dienste. Wenn man am Abend vor dem Schlafengehen einen Teelöffel Honig in eine Tasse Kräutertee einrührt, schläft man besser und hat sicher schöne Träume.

Reiner Bienenhonig enthält auch einige Mineralstoffe und scheint deshalb den Zähnen weniger zu schaden als weißer Zucker. Doch auch Honig sollte man in Maßen genießen. Dank seiner hohen Süßkraft kann man mit ihm zudem sparsamer umgehen als mit Zucker. Achten Sie aber darauf, Qualitätshonig zu bekommen. Am besten kaufen Sie ihn bei einem Imker in ihrer näheren Umgebung oder im Naturkostladen. Versichern Sie sich vorher, dass der Honig nicht hoch erhitzt wurde, weil sonst die Enzyme und Vitamine zerstört werden. Je nach den Blütenpflanzen, die die Bienen besucht haben, bekommt der Honig seine spezielle Geschmacksnote. So gibt es ganz verschiedene Blütenhonige, die Sie nach Ihrem Geschmack auswählen sollten. Viele Honigsorten, die im Supermarkt zu günstigen Preisen angeboten werden, sind pasteurisiert und damit, was die Inhaltsstoffe angeht, weniger wertvoll. Man sollte sie allenfalls zum Kochen und Backen verwenden.

Übrigens: Kleinkinder unter einem Jahr sollten noch keinen Honig bekommen; sie beziehen ihre Süße allein aus Muttermilch und Früchten.

EIN SPRITUELLER ASPEKT ...

Alles was wir essen, ist eine Gabe Gottes zur Erhaltung unseres Lebens. Der Honig hat auch eine lange spirituelle Tradition, die zurückgeht auf verschiedene Bibelzitate. Zwei von ihnen sind im Buch der Sprüche nachzulesen:

Kap. 25 Vers 16 *Hast Honig du gefunden, iss nur, was dir gut tut, damit du ihn nicht satt bekommst und brechen musst!*
Kap. 25 Vers 27 *Zu viel vom Honig essen tut nicht gut; so spare mit den Worten eitler Ehre!*

Dieses Nahrungsmittel sollte man mit viel Respekt genießen, denn auf seine Bereitung ist viel Energie verwendet worden. Um etwa 500 Gramm Honig zu erzeugen, müssen rund 600 Bienen zum Sammeln ausschwärmen. Sie legen dabei eine Strecke zurück, die länger ist als eine Erdumrundung.

FUTTER ZUM DENKEN

Enzymreiche Mandeln
Obwohl die Mandel eigentlich zur selben Familie wie beispielsweise der Pfirsich gehört, gilt sie doch als »Königin der Nüsse«. In 500 Gramm Mandeln sind 93 Gramm hochwertiges Eiweiß enthalten. Wenn Sie also bei einer Mahlzeit 50 Gramm Mandeln essen, nehmen Sie damit 9 Gramm ausgezeichnetes Eiweiß zu sich. Mandeln ent-

halten auch reichlich Kalium, Kalzium, Phosphor, Eisen und Niazin, deshalb sind sie für Zähne und Knochen günstig. Und nicht zuletzt wegen ihres reichlichen Anteils an Vitaminen des B-Komplexes gehören Mandeln zu den natürlichen Nahrungsmitteln, die helfen können, Stress abzubauen, Haare und Nägel zu kräftigen und für geistige Frische zu sorgen.

Um die positive Wirkung noch zu verstärken, werden die Mandeln eingeweicht. Das Einweichen ist bei allen Nüssen und Samen mit Schalen wie Haselnüssen, Sesamsamen oder Sonnenblumenkernen zu empfehlen. Es bewirkt, dass die Enzymhemmer ausgeschaltet werden. Geben Sie die Mandeln für 30 bis 60 Minuten in sauberes Wasser und gießen Sie die Kerne dann auf ein Sieb, wo sie an der Luft trocknen sollen. Dann sind die Enzymhemmer entfernt, die die Natur den Mandeln mitgegeben hat, damit sie nicht zu früh, also bei zu trockener Witterung keimen. Durch das Einweichen wandelt sich auch das Fett in leicht verwertbare ungesättigte Fettsäuren um.

Essen Sie Mandeln mit saftigen Früchten oder mit Gemüse-Rohkost; sie ergeben eine nahrhafte Mahlzeit für morgens, mittags oder abends. Geben Sie Ihren Kindern als Imbiss zwischendurch eine Mischung aus Obst und Mandelkernen, und Sie werden sehen, wie gut ihnen solche Mahlzeiten bekommen. Aus einer halben Tasse eingeweichten Mandeln, die Sie mit zwei Tassen Wasser und einem Esslöffel Honig im Mixer fein pürieren, können Sie köstliche Mandelmilch bereiten. Zum Schluss wird sie durch ein feines Sieb gegossen.

FUTTER ZUM DENKEN

Carob

Aus dem getrockneten Fruchtfleisch vom Johannisbrot wird das kakaoähnliche Pulver hergestellt. Der Name des Baums soll an Johannes den Täufer erinnern. Carob ist vor allem für den Darmbereich günstig und erleichtert die Verdauung. Das Pulver eignet sich für Kleinkinder wie für Erwachsene. Ähnlich wie Schokolade stillt Carob die Lust auf Süßes, hat aber nur 2 Prozent Fett, während Schokolade 52 Prozent davon enthält! Anders als Schokolade, die im Blut sauer wirkt, hat Carob eine basische Wirkung. Wenn wir mehr Carob verwenden, lässt sich der Anteil an sauer reagierenden Nahrungsmitteln in unserer Ernährung reduzieren. Außerdem enthält die Frucht Mineralstoffe wie Kalzium, Kalium, Phosphor, Magnesium, Silizium und Eisen. Sie liefert Vitamin A und Niazin, enthält natürlichen Zucker und wenig Kohlenhydrate.

Carob eignet sich für Mixgetränke und Sojamilch sowie zum Süßen verschiedener Süßspeisen, die Sie mit noch mehr Appetit essen, wenn Sie wissen, dass sie gesund sind. Drei Esslöffel Carobpulver und zwei Esslöffel Wasser entsprechen einem Kästchen Schokolade.

Yogi-Tonic

Yogis bezeichnen die Kombination von Früchten und reinen, natürlichen Milchprodukten als *Satthwic*. Sie gilt als Lebensmittel, das Nahrung für die Seele ist und der Reinheit des Körpers dient. Empfohlen wird sie Menschen, die meditieren, aber auch allen, die den Stress in ihrem Leben verringern wollen. Die Verbindung von Milchprodukten und Früchten soll zu einem Aussehen wie Milch und Honig verhelfen. Acidophilus, dieses »freundliche« Bakterium, das in probiotischem Joghurt enthalten ist (hergestellt mit lebendigem *Lactobacillus acidophilus* und nicht wie landläufige Joghurts, die industriell gefertigt und oft mit viel zu viel Zucker angereichert sind), sorgt dafür, dass im Verdauungstrakt das mikrobielle Gleichgewicht erhalten bleibt und man sich ganz allgemein gesünder und vitaler fühlt. Acidophilus-Joghurt wirkt auch gegen Pilzinfektionen der Scheidengegend. Achten Sie darauf, dass Sie nur Joghurt aus lebendigen Acidophilus-Kulturen bekommen. Papaya enthält das natürliche Verdauungsenzym Papain, in frischem Ananassaft findet sich das Verdauungsferment Bromelin. Beide regen die Verdauung des im Joghurt enthaltenen Eiweißes an.

1 Portion
$1/2$ Tasse ungesüßter Joghurt
$1/2$ Papaya, geschält und entkernt
2 entkernte Datteln (nach Wunsch für mehr Süße)
1 Tasse ungesüßter frischer Ananassaft (oder Saft aus der Flasche)

Alle Zutaten in den Mixer geben und so lange mixen, bis das Getränk schön sämig ist.

Zen-Tonic

Die Japaner erfreuen sich im Durchschnitt eines besonders langen Lebens und geben doch nur etwa halb so viel für ihre Gesundheit aus wie die Amerikaner. Zum traditionellen japanischen Frühstück gehört immer eine Miso-Suppe und damit ein basisch wirkendes Getränk, das viele Aminosäuren enthält. Die in der japanischen Küche reichlich verwendeten Algen wiederum sind reich an Mineralstoffen. Ingwer sorgt für die erwünschte Hitze des Körpers und dazu für gute Durchblutung des Verdauungstraktes, der so viel besser funktioniert. Wer weiß, vielleicht werden die Japaner deshalb so alt, weil sie den Tag mit basischem Miso beginnen und nicht wie wir mit sauer wirkendem Kaffee.

2 Portionen
2 Tassen Wasser
4 cm frische Ingwerwurzel
1 EL Miso-Paste

1. In einem kleinen Topf das Wasser zum Kochen bringen. Den Topf vom Feuer nehmen und den Ingwer mit der Knoblauchpresse hineinpressen. Einige Esslöffel Ingwerwasser mit Miso gut verrühren.
2. Aufgelöstes Miso ins Ingwerwasser gießen. Nicht mehr erhitzen.

Variation
Um aus diesem Getränk ein sättigendes Frühstück zu machen, sollten Sie noch vor den anderen Zutaten eine halbe Tasse Tofuwürfel ins Wasser geben und kurz mitkochen.

FUTTER ZUM DENKEN

Miso

Miso ist eine häufig verwendete basische Zutat der asiatischen Küche und in Japan sogar Grundnahrungsmittel. Vor allem durch die makrobiotische Küche fand es weite Verbreitung. Es gibt sogar spezielle Misoläden, die die Paste in zahlreichen Variationen anbieten. Bei uns sollte man Miso in guten Naturkostläden kaufen. Besser als in Kunststofffolie verpackte Ware ist Miso in Gläsern, das oft aus kleinen Familienbetrieben stammt.

Man kann Miso aus Sojabohnen, Reis, Gerste bereiten. Paste aus Sojabohnen ist oft recht salzig, deshalb sollte man sie als Würzmittel sparsam verwenden. Reis- und Gersten-Miso weisen einen stärkeren Gärgeschmack auf.

Wenn Sie Miso-Suppe zubereiten, geben Sie einen gehäuften Teelöffel Paste auf eine Tasse Wasser, für eine Portion brauchen Sie also etwa anderthalb Teelöffel (1 Teller Suppe). Da beim Kochen nicht nur die wertvollen Enzyme zerstört werden, sondern die Brühe auch an Geschmack verliert, darf das Wasser nicht kochen, sondern nur leicht erhitzt werden. Am besten rühren Sie die Miso-Paste in einer Tasse mit wenig von dem heißen Wasser an, nehmen den Topf vom Herd und gießen die Mischung unter Rühren ein. Sofort servieren.

2. Tonics für jede Tageszeit

Zitronen-Rosmarin-Tonic

Rosmarin wird in der modernen Kräuterheilkunde bei vielen körperlichen wie seelischen Leiden als Heilmittel eingesetzt. Das Super-Heilkraut wirkt anregend, macht den Kopf klar und ist ein hervorragendes Stärkungsmittel. Es hat eine ähnliche Wirkung wie ein Waldspaziergang, besänftigt und belebt zugleich.

1 bis 2 Portionen
1 bis 2 TL Honig
1 1/2 Tassen Wasser
Saft von 1/2 Zitrone
1 Zweiglein frischer Rosmarin

1. In einem kleinen Topf bei mittlerer Hitze den Honig in Wasser auflösen und den Zitronensaft zugeben. Den Herd ausschalten und den Rosmarinzweig in den Sud legen. Zugedeckt 20 Minuten ziehen lassen.
2. Die Flüssigkeit erhitzen, aber nicht kochen lassen. Den Rosmarinzweig entfernen und das Getränk heiß in kleinen Schlucken trinken. Bei heißem Wetter als Erfrischung gekühlt auf Eis genießen.

Beerentonic mit Minze

Minze gehört zu den beliebtesten Heilkräutern. Dabei ist sie keines der seit der Antike bekannten klassischen Kräuter. Sie wurde vielmehr erst vor 300 Jahren in England gezüchtet. Nur wenige Menschen wissen, dass Pfefferminze viel Kalzium enthält und deshalb als Basenbildner im Körper die Säuren neutralisieren kann. Minze löst Muskelverspannungen, hilft bei Verdauungsbeschwerden, Übelkeit, Halsschmerzen und allgemeinem Unwohlsein nach dem Genuss von zuviel Säurebildenden Speisen. Trinken Sie dieses durstlöschende Getränk mit viel Genuss. Und bereiten Sie sich regelmäßig eine Tasse Pfefferminztee, um Ihren Körper im Gleichmaß zu halten.

3 bis 4 Portionen
2 Tassen klares Wasser
2 Hand voll frische Blätter von Pfefferminze oder Grüner Minze
2 bis 4 TL Honig
1 Tasse Eiswürfel
500 g frisch entstielte Erdbeeren

1. Das Wasser zum Kochen bringen. Die gewaschenen Minzeblättchen abzupfen und in eine hitzefeste Schüssel geben. Das Wasser über die Blätter gießen. Honig einrühren und den Sud 15 Minuten ziehen lassen.
2. Das Minzewasser auf Zimmertemperatur abkühlen lassen. Zusammen mit dem Eis und den Erdbeeren in den Mixer geben und das Ganze sämig pürieren.

FUTTER ZUM DENKEN

Pfefferminztee
Nahrungsmittel sind die beste Medizin.

In China verordnen die Ärzte Pfefferminze gegen Erkältung, Kopfschmerzen, Halsweh und Blutandrang. Heißer Pfefferminztee sollte Sie durch die kalte Jahreszeit begleiten, in der solche Leiden gehäuft auftreten. Empfohlen wird auch eine Mischung von Minze mit anderen aromatischen Heilpflanzen, aus denen man sich mehrmals am Tag eine Tasse Tee bereiten sollte, wenn man einen Anflug von Erkältung oder gar Grippe spürt.

Sonnentonic

Diese kräftige Dosis Chlorophyll kann den Körper buchstäblich mit Licht erfüllen. Man kann es nicht oft genug wiederholen, dass Chlorophyll für den Organismus so etwas wie flüssiger Sonnenschein ist. Viele Pioniere der Naturheilkunde haben die Begeisterung für grüne Getränke von Dr. Bernard Jensen übernommen, auf den die Chlorophyll-Therapie zurückgeht. Wenn Sie dieses Getränk häufiger zu sich nehmen, sind Sie besser gewappnet gegen krank machende Bakterien, die sich anschicken, in Ihren Körper einzuziehen. Solche Bakterien gedeihen nämlich nicht im Sonnenlicht und finden auch keinen guten Nährboden in Ihrem Körper, wenn Sie viel Frisches und Grünes zu sich genommen haben.

Für diesen Tonic brauchen Sie einen Gemüse-Entsafter, der es Ihnen ermöglicht, aus grünen Gemüsen Säfte zu pressen. Der grüne Paprika liefert Vitamin C. Sellerie ist ein natürliches Blutreinigungsmittel. Dr. N. W. Walker, der als Hundertjähriger in Arizona lebte und forschte, hat empfohlen, an heißen Tagen (oder nach anstrengender Arbeit) Sellerie zu essen, um den Verlust von Natrium auszugleichen, der durch starkes Schwitzen verursacht wird. So kehrt neue Frische in den schlaffen Körper ein. Grünes Algenpulver, eine Mischung aus enzymreichen Super-Nahrungsmitteln wie Algen, Weizengras, Alfalfa und Gerste, enthält besonders viel Chlorophyll. Man bekommt dieses Pulver in guten Naturkostläden.

1 Portion
4 Selleriestangen, gewaschen, ohne Blätter
5 grüne Äpfel, ungeschält und geviertelt
1 grüne Paprikaschote, geviertelt, mit Kernen
1 EL grünes Algenpulver

Sellerie, Äpfel und Paprika in der Zentrifuge entsaften. Dann den Gemüsesaft zusammen mit dem grünen Algenpulver im Mixer sämig pürieren.

Aloe-Tonic

Dieses durch die Wüstenpflanze *Aloe vera* verstärkte Tonic ist ein wahrer Vitamin-C-Stoß. Die Droge hat, innerlich angewendet, eine besonders wohltuende Wirkung. Seit mehr als 3500 Jahren gilt die Pflanze in vielen Kulturen als Heilpflanze, ist sie doch der beste Feuchtigkeitsspender, den die Natur zu bieten hat. Schon Kleopatra nutzte diese Wirkung zum Schutz ihrer Haut gegen die sengende Sonne. Wüstenbewohner werden mit der erschlaffenden Sommerhitze besser fertig, wenn sie den Saft der Aloe trinken. *Aloe vera* bedeutet soviel wie »wahre Medizin«. Als Mineralstoffspender ist die Pflanze aber auch ein natürliches Laxativ, das sich als Heilmittel für den Verdauungstrakt bewährt.

2 bis 3 Portionen
1 Tasse frisch gepresster Orangensaft
1 Tasse frisch gepresster Grapefruitsaft

1 Tasse frische oder tiefgekühlte Erdbeeren, entstielt
3 EL Aloe-vera-Saft

Alle Zutaten in den Mixer geben und zu einem cremigen Tonic mixen.

Walker-Tonic

Dr. N. W. Walker, der das letzte seiner zwölf Bücher im Alter von 105 Jahren schrieb, hat herausgefunden, dass junge Männer, die wegen ihres schlechten Sehvermögens nicht zum Militärdienst zugelassen wurden, ihr Augenlicht durch regelmäßigen Genuss von Möhrensaft stark verbessern konnten. Er gilt als Vater der Möhrensaft-Therapie und ist zugleich der Erfinder des ersten Gemüseentsafters. Er heilte seine eigene schwere Krankheit im Alter zwischen 20 und 30 mit Möhrensaft und Rohkost, und Tausende sind in seine Fußstapfen getreten. Um den heilsamen Saft zuzubereiten, brauchen Sie eine Frischsaftzentrifuge.

Dieses Tonic ist ein Antioxidans, das innere – und damit auch äußere – Schönheit und Wohlbefinden zurückbringt. Außerdem kann man damit sein Gewicht reduzieren. Cayenne dient hier als Mittel, Vitamine in den Blutkreislauf zu befördern. Wenn Sie in einer besonders kalten, unwirtlichen Region leben, kann Ihnen Cayennepfeffer eine große Hilfe sein, da er im Körper Hitze erzeugt und den Kreislauf ankurbelt. Dank seiner Wirksamkeit wird dieses Gewürz auch medizinisch bei durch extreme Kälte ausgelösten Krankheiten genutzt. Doch seien Sie anfangs sehr sparsam, wenn Sie Cayennepfeffer in Ihren Tonic geben. Erst nach einer Zeit der Gewöhnung können Sie die Dosis allmählich erhöhen.

Seit langem gilt Rote Bete als Heilmittel gegen viele Krankheiten und zum Schutz vor Infektionen. Sie haben eine blutreinigende Wirkung. Keime aus Alfalfa oder Sonnenblumenkernen bewirken den Chlorophyll-Effekt, reichern das Blut mit Sauerstoff an und reinigen es. Paprika enthält viel Vitamin C.

1 Portion
5 mittelgroße Möhren, gebürstet und in Stücken
1 rote Paprikaschote, geviertelt, mit Kernen
2 Tassen Keimlinge von Alfalfa und Sonnenblumenkernen
Saft von $^1/_2$ Zitrone
1 Prise Cayennepfeffer

Die Gemüse entsaften und mit dem Zitronensaft mischen. Cayennepfeffer zugeben und gut durchrühren.

FUTTER ZUM DENKEN

Weintrauben
Roter Traubensaft ist besonders gesund. Auch im Rotwein sind es ja die roten Trauben, die den Cholesterinspiegel so günstig beeinflussen. Oligo-Proanthocynidine sind wirksame Antioxidantien, die in Traubenkernen und Kiefernrinde gefunden wurden. Sie sind im roten Traubensaft wie im Rotwein vorhanden. Diese Wirkstoffe schützen den Körper vor Herz- und Gefäßerkrankungen, weil sie verhindern, dass sich in den Arterien dort Ablagerungen bilden, wo freie Radikale Verletzungen verursacht haben. Die Wirkung gegen Antioxidantien soll fünfzig mal stärker sein als die des Vitamin E.

Jüngste Forschungen an der University of Illinois in Chicago scheinen darauf hinzuweisen, dass eine in Weintrauben enthaltene Substanz namens Resveratrol möglicherweise Bildung und Wachstum von bösartigen Tumoren verhindert. Trauben enthalten zudem reichlich Boron, ein Mineral, das nicht nur an der Assimilierung von Kalzium im Körper seinen Anteil hat, sondern auch bei Frauen zur Erhaltung eines gesunden Östrogenspiegels beiträgt. Bereiten Sie sich den Traubensaft jeweils ganz frisch mit Hilfe einer Saftzentrifuge zu, und verwenden Sie kernlose rote Trauben (Traubenkerne können nämlich den Saft bitter machen). Oder kaufen Sie fertigen Traubensaft in Flaschen, der nicht pasteurisiert und nicht aus Konzentrat hergestellt sein soll. Außerdem darf er keine Zusatz- und Süßstoffe enthalten. Da die meisten Trauben vielfach gegen Schädlingsbefall behandelt sind, sollten Sie darauf achten, Früchte aus biologischem Anbau zu bekommen.

Dr. Ehrets Jungbrunnen-Tonic

Auch Professor Arnold Ehret, der schon 1920 seine Heilernährung entwickelte und damit Tausenden von Patienten geholfen hat, glaubte an die reinigende Wirkung von Traubensaft. Ebenso Dr. August Rollier, der bekannte Naturheilkundler aus der Schweiz, der Trauben als Heilmittel einsetzte, um damit die Vitalität seiner Patienten zu steigern. Alle Nahrungsmittel, die in den Körper gelangen, müssen in Glukose umgewandelt werden, damit das Gehirn sie als »Brennstoff« nutzen kann. Weintrauben sind die einzigen Früchte, die bereits Glukose, und nicht Fruktose, *enthalten.* Sie liefern damit den idealen Treibstoff fürs Gehirn. Dieser Tonic ist mit seinem hohen Gehalt an Vitamin C aber auch reich an Eisen. Zitronenmelisse ist eine Wohltat für das Nervensystem, man sagt ihr nach, dass sie verjüngt und Ängste vertreibt. Der Tonic kann zu jeder Tageszeit getrunken werden. Dank der natürlichen Süße dämpft er zugleich die Lust auf weniger gesunde Süßigkeiten.

4 bis 6 Portionen
1 l Wasser
2 Hand voll Blätter der Zitronenmelisse
Saft von 1 Zitrone
2 Tassen ungesüßter Traubensaft aus der Flasche

1. Das Wasser zum Kochen bringen und über die Melisseblätter gießen. Zugedeckt 15 bis 20 Minuten ziehen lassen.
2. Den Tee durchsieben und ihn mit den übrigen Zutaten in einem Krug vermischen. Eiskalt servieren.

Oaxaca-Tonic

Unsere Lektorin Fran McCullough kam von einem Urlaub im mexikanischen Oaxaca zurück und berichtete, dass sie auf einem kleinen Dorfmarkt diesen Tonic getrunken habe. Sie brauchen dafür einen Entsafter.

1 Portion
$^1/_2$ frische Ananas, geschält, aber mit dem harten Kern
2 Orangen
1 Teelöffel Honig
2 Hand voll Alfalfasprossen

1. Die Ananashälfte entsaften.
2. Die Orangen auf der Zitruspresse entsaften oder schälen und zusammen mit dem verbleibenden weichen Inneren in den Entsafter geben.
3. Die Säfte mit dem Honig und den Sprossen im Mixer cremig pürieren.

Cremiger Möhren-Tonic

Wenn Sprossen im Mixer püriert werden, bekommen sie einen überraschend cremigen, süßen Geschmack. Der Energie spendende und reinigende Tonic schmeckt wirklich köstlich.

1 Portion
4 mittelgroße Möhren, gebürstet und in Stücke geschnitten
5 kleine Äpfel, geviertelt
1 bis 2 Hand voll Alfalfa- oder Kleesprossen
2 gehäufte EL Lezithin
1 TL Ester-C-Pulver (natürliches Vitamin C)
1 EL kalt gepresstes Öl, z.B. Leinöl oder Sonnenblumenöl

1. Möhren und Äpfel entsaften.
2. Die Säfte zusammen mit den übrigen Zutaten in den Mixer geben und zu einem cremigen Tonic mixen.

Grippe-Tonic

Vielleicht sind Sie wetterfühlig, oder Sie möchten etwas zur Stärkung Ihrer Abwehrkräfte tun. In jedem Fall erweist sich Ingwer als Stärkungsmittel. Er verstärkt den Blutfluss zum

Magen, schreckt schädliche Bakterien ab, lindert Schnupfen, Übelkeit, Beschwerden und Schmerzen; außerdem hilft er gegen Blutansammlung. Auch Cayennepfeffer verstärkt die Blutzirkulation des Magens und hat zudem antibakterielle Wirkung. Dazu enthält er reichlich Vitamin C. Verwenden Sie aber Cayennepfeffer behutsam, und würzen Sie damit nur in winzigen Dosen.

Echinacea, ein pflanzliches Antibiotikum, wird aus medizinischen Gründen zugegeben. Denn dieser heilsame Tonic wird nicht als täglicher Drink, sondern nur eingenommen, wenn Grippe oder eine andere Infektion im Anzug ist.

1 bis 2 Portionen
2 Tassen Wasser
1 bis 2 Prisen Cayennepfeffer
2 EL Honig oder Ahornsirup
1 Stück frischer Ingwer, klein gehackt oder gerieben
20 bis 30 Tropfen Echinacea-Extrakt

1. Wasser mit Cayennepfeffer, Honig und Ingwer in einen kleinen Topf geben. Zum Kochen bringen und die Herdplatte ausschalten. Zugedeckt 15 Minuten ziehen lassen. Danach nochmals erwärmen, aber nicht kochen lassen.
2. Die Flüssigkeit durch ein feines Sieb gießen, alle Ingwerreste aussieben. Echinacea-Extrakt einrühren. Heiß trinken.

Tonic für bessere Abwehr

Ein Entsafter für Obst und Gemüse macht dieses Labsal für die Gesundheit erst möglich. Die Investition in eine Saftzentrifuge ist auf die Dauer wahrscheinlich lohnender als eine Krankenversicherung! Die heilsamen Eigenschaften des Knoblauchs (der eigentlich zu den Heilkräutern gehört) sind wirklich verblüffend. Er wirkt als starkes, natürliches Antibiotikum und stärkt zudem das Immunsystem. Knoblauch hat blutreinigende Wirkung und sorgt für eine Absenkung des Cholesterinspiegels. Dr. Norman W. Walker, der zwölf Bücher über natürliche Heilmethoden geschrieben hat und selbst 109 Jahre alt geworden ist, behauptete, dass die würzigen Knoblauchzehen die Parasiten in den Gedärmen umbrächten. Er nahm täglich einen solchen Abwehr-Drink. Doch seien Sie vorsichtig, roher Knoblauch kann empfindliche Mägen reizen. Spinat oder Sprossen von Sonnenblumenkernen sorgen in diesem Tonic für eine Dosis Chlorophyll. Die Wirkung von Chlorophyll auf unseren Organismus ist übrigens kaum zu überschätzen. Es ist das Transportvehikel für Sauerstoff, der den krank machenden anaeroben Bakterien den Kampf ansagt. Im Hippocrates Health Institute in West Palm Beach, Florida, bekommt man täglich diese grünen Säfte mit Ingwer und Knoblauch.

2 Portionen
6 Möhren, gebürstet und in Stücke geschnitten
1 Tomate
2 Stangen Sellerie, gewaschen, ohne Blätter
1 rote oder grüne Paprikaschote, mit Kernen
1 Rote Bete, geschält und in Stücke geschnitten
1 Tasse Spinatblätter oder Sprossen von Sonnenblumenkernen
1 Gärtnergurke mit Schale, in Stücke geschnitten
1 bis 3 Knoblauchzehen (je nach Magenverträglichkeit)
$1/2$ Zitrone

Alle Zutaten bis auf die Zitrone in einer Zentrifuge entsaften. Die Zitronenhälfte auspressen und unter den Saft rühren.

Sommer-Tonic

Die Melone, der ultimative Schlankmacher, ist unter den uns zur Verfügung stehenden Nahrungsmitteln die Frucht mit der stärksten Reinigungskraft. Doch gilt für alle, die abnehmen wollen, eine wichtige Regel: Melone immer nur bei leerem Magen essen. Die hochwirksame Flüssigkeit, die diese Frucht enthält, durchspült unseren Körper nur dann, wenn sie ungehindert durch den Magen fließen kann. Genießen Sie diesen Tonic vorwiegend im Sommer, und zwar indem Sie einen ganzen Tag lang nichts als Melone zu sich nehmen. Trinken Sie diesen Tonic langsam und in kleinen Schlucken und lassen Sie sich das Getränk in seiner erfrischende Süße schmecken. Wenn Sie den ganzen Tag nur Melonenstücke essen, macht es Spaß, zwischendurch diesen Saft zu trinken.

1 Portion
2 Tassen Wasser- oder Honigmelonenstücke
(ohne Rinde und Kerne)

Die Melonenstücke mixen, bis der Tonic schön schaumig ist. Nach Wunsch auch eine Hand voll frische Erdbeeren in die Mixtur dazugeben.

Tonic – grün und cremig

Viele Leute mögen den Geschmack von Weizengras nicht besonders. Doch in diesem Rezept ist die Zutat wirklich schmackhaft, ja sogar delikat. Sehen Sie sich im Naturkostladen nach einer 30-ml-Dose Weizengrassaft um. Sie brauchen für diesen Tonic einen Entsafter.

2 Portionen
8 saftige Äpfel, geviertelt
1 Stück frischer Ingwer (8 cm lang), geschält
1 ganze Zitrone, geschält
3 EL Soja-Lezithin
2 EL Leinöl
60 ml Weizengrassaft
1 ganze Orange, geschält

1. Entsaften Sie Äpfel, Ingwer, Zitrone und Orange in der Saftzentrifuge.
2. Den Saft, Lezithin und Weizengras in den Mixer geben und mixen, bis der Tonic schön grün und cremig ist.

Viktors Tonic

Viktor Kulvinskas, der Autor des Buches »Survival into the 21. Century«, war ein Pionier der Sprossen- und Weizengrassaft-Therapie. Er hat uns mit diesem angenehmen Weizengrastrunk bekannt gemacht. Weizengras hat einen strengen Geschmack, der nicht jedermanns Sache ist; bei diesem Tonic wird er durch Apfel, Ingwer und Zitrone als Begleitaromen überdeckt. Wenn Sie einen Entsafter besitzen und die Möglichkeit haben, sich Weizengrassaft zu besorgen, sollten Sie sich dieses Getränk zubereiten, denn das chlorophyllreiche Weizengras wirkt blutreinigend und blutbildend. Man bekommt frisch gepressten Weizengrassaft in 30-ml-Gefäßen in guten Naturkostläden. Nach Marcia Acciardo, einer bekannten Vertreterin der Naturheilkunde, sind »Chlorophyllzellen den Hämoglobin-Blutzellen in unserem Körper sehr ähnlich. Krank machende Bakterien können in Gegenwart von Sauerstoff oder Sauerstoffproduzenten wie Chlorophyll nicht existieren. Grüne Säfte sind daher die beste Krankenversicherung, die es gibt.«

Nach unserer Erfahrung werden bereits kurze Zeit, nachdem man Weizengrassaft getrunken hat, die Augen klarer und strahlender. Man fühlt sich voller Energie und von Wohlbehagen durchströmt; der Körper aber macht einen Riesenschritt in Richtung Gesundheit.

1 Portion
8–10 Äpfel, geviertelt
1 Stück Ingwerwurzel (5 cm lang), geschält
1 Zitrone
30 bis 60 ml Weizengrassaft (je nach Verträglichkeit)

1. Äpfel und Ingwer in einer Zentrifuge entsaften.
2. Die Zitrone schälen und ebenfalls, einschließlich der weißen Haut, entsaften (Zitronenschale enthält zwar toxisches Senföl, die weiße Haut aber ist reich an Vitamin C, sie sollte also nicht mit der gelben Schale abgeschält werden).
3. Den Weizengrassaft in die Saftmischung gießen und gut verrühren.

Gute-Laune-Tonic: ein gesunder Cocktail

Bloody Mary verzehrt sich vor Gram. Mit ihr ist es aus und vorbei! Zeit für den Gute-Laune-Tonic. Dieser herzerfrischende Cocktail wurde kreiert, um mit dem kaliumreichen Apfelessig, den enzymhaltigen Tomaten und Gurken den hohen Blutdruck zu senken. Estragon aber kann als natürliches Diuretikum mithelfen, den Körper zu entwässern. Zitrone reinigt die Leber auf natürliche Weise.

2 bis 3 Portionen
2 mittelgroße Tomaten, in Stücke geschnitten
$^1/_2$ bis 1 Gärtnergurke, ungeschält und in Stücken
1 Tasse Wasser
1 EL frische Estragonblätter oder $^1/_2$ TL getrocknete
Saft von $^1/_2$ Zitrone oder 1 EL Apfelessig
1 Prise Cayennepfeffer
1 Selleriestange, gewaschen (zur Garnierung)

1. Die Zutaten bis auf die Selleriestange in den Mixer geben und zu einer cremigen Masse pürieren. Wenn Sie einen Gemüseentsafter haben, die Gurke in großen Stücken hineingeben und entsaften. Das Wasser dann weglassen. Die Tomaten und die übrigen Zutaten im Mixer pürieren und mit dem Gurkensaft vermischen.
2. Den Cocktail in ein hohes Glas gießen und mit der Selleriestange garnieren. Vor dem Essen in kleinen Schlückchen genießen.

Gute-Nacht-Tonic

Bananen enthalten Tryptophan, und dieser Wirkstoff hilft beim Einschlafen. Zusammen mit der süßen, basischen Sojamilch wird daraus ein gesundes Schlafmittel. Wenn Sie dazu auch noch ein altes Hausmittel (heiße Milch vorm Zubettgehen) anwenden wollen, erhitzen Sie die Sojamilch, ohne dass sie kocht, mixen Sie sie dann mit Banane und Zimt.

1 Portion
1 $^1/_2$ Tassen Sojamilch (nach Geschmack auch mit Vanille)
1 Banane
1 Prise Zimt

Die Zutaten im Mixer pürieren, bis die Mischung schön cremig ist.

Noch ein Gute-Nacht-Tonic

Dieser heiße Tonic ist ein Stück Gute-Nacht-Therapie. Der Duft von Zimt hat eine erstaunlich besänftigende Wirkung auf die Psyche. Die Portugiesen haben dieses Gewürz einst von der Insel Ceylon in den Westen gebracht. Es wird heute in vielen tropischen Regionen angebaut. Zimt wird auch zur Muskelentspannung genützt, denn es vermittelt ein Gefühl des Wohlbehagens. Kamille macht das Bäuchlein glücklich, verbreitet Ruhe und gibt diesem Abendtrunk noch mehr entspannende Kraft.

1 Portion
1 TL Honig
³/₄ Tasse Wasser
1 Stück Zimtrinde
2 TL frisch gepresster Zitronensaft
1 Beutel Kamillentee (oder 2 TL getrocknete Teeblätter)

1. Honig, Wasser und Zimtrinde in einem kleinen Topf zum Kochen bringen. Vom Herd nehmen, Zitronensaft und Teebeutel (oder Teeblätter) zufügen. 3 bis 5 Minuten zugedeckt ziehen lassen.
2. Zimtrinde und Teebeutel entfernen (oder die Teeblätter absieben). Ein Bad nehmen und dazu schluckweise den Tee genießen.

Grundrezepte für Säfte

Für diese Saftmischungen brauchen Sie einen Entsafter und eine Zitruspresse.

Äpfel müssen nicht entkernt werden. Die nachfolgenden Rezepte sind für eine Portion berechnet (30 bis 35 ml). Wenn zwei Personen davon trinken sollen, gießen Sie den Saft in Weingläser. Trinken Sie alle diese Säfte unbedingt vor einer Mahlzeit, also wenn der Magen leer ist, zum Beispiel bei der Vorbereitung des Mittagessens.

Errötender Möhren-Trunk

8 Möhren, gebürstet und in Stücken
Saft von $1/2$ Zitrone (nach Wunsch)
1 kleine Rote Bete, geschält und in Stücken
1 Stück frischer Ingwer (5 cm lang), geschält

Apfel-Zitronen-Reinigungsdrink

8–10 Äpfel, gewaschen, geviertelt
Saft von $1/2$ Zitrone

Energietrunk aus Apfel, Sellerie und Sprossen

Ein wunderbares Stärkungsmittel an brütend heißen Tagen, durch den Sellerie wird das herausgeschwitzte Salz ersetzt.

8 Äpfel, gewaschen, geviertelt
2 Stangen Sellerie, gewaschen
1 Tasse Sprossen von Sonnenblumenkernen

Krafttrunk aus acht Zutaten

6 Möhren, gebürstet und in Stücken
1 kleine Rote Bete, geschält und in Stücken
1 Tomate
1 rote oder grüne Paprikaschote, geviertel, mit Kernen
2 Selleriestangen, gewaschen
1 Knoblauchzehe
$1/2$ Gärtnergurke, ungeschält, in Stücken
Saft von $1/2$ Zitrone

Schaumiger Melonen-Drink

Ohne Schale ist der Saft der Wassermelone kaum mehr als Zuckerwasser. In der Rinde aber stecken Nährstoffe und Chlorophyll. Trinken Sie den Saft nur bei leerem Magen, also vor einer Mahlzeit.

Saft von $1/8$ Wassermelone, mit Samen und Schale entsaftet

3. Kräutertees und -aufgüsse

Tipps für Tees

Angesichts des riesigen Angebots an Kräutertees ist es nicht schwer, zu einer guten Tasse Tee zu kommen. Die Hersteller geben auf den Packungen deutliche Hinweise, welche günstigen oder gar heilsamen Wirkungen ein bestimmter Tee hat. Es gibt Teemischungen zum Einschlafen, zur Beruhigung, gegen Kratzen im Hals, zur Energiesteigerung oder zur besseren Verdauung einer Mahlzeit. Und alle diese Tees werden auch in Beutelform angeboten, damit der Verbraucher noch weniger Arbeit hat. Nachfolgend ein paar Regeln für die Teezubereitung, auf dass der Genuss noch vollkommener wird.

▶ Bei Verwendung von Teebeuteln den Beutel in die Tasse geben, kochendes Wasser aufgießen und drei bis fünf Minuten ziehen lassen. Vor dem Trinken den Beutel herausnehmen.

▶ Bei Tee aus frischen Kräutern 2 Esslöffel Blätter pro Tasse rechnen. Blätter in einem Krug zerkleinern. Das Wasser nur so weit erhitzen, dass Blasen aufsteigen, es aber noch nicht richtig kocht, und über die Blätter gießen. Kochendes Wasser würde die empfindlichen Inhaltsstoffe der Kräuter zerstören. 15 bis 20 Minuten ziehen lassen, damit das Wasser die Aromen aufnehmen kann. Nochmals kurz erhitzen oder kalt auf Eis servieren.

▶ Bei getrockneten Blättern, wie beispielsweise von Pfefferminze, einen Esslöffel trockenes Kraut für jede Tasse rechnen und einen Esslöffel für die Kanne. Die Kräuter in einen Teebeutel geben, der in die Kanne gehängt wird, oder direkt in die Kanne. Das Wasser nicht ganz zum Kochen kommen lassen und aufgießen. Zugedeckt 15 Minuten ziehen lassen und in Tassen oder Becher gießen (durch ein Sieb, falls kein Beutel verwendet wurde).

▸ Bei getrockneten Wurzeln oder Samen, wie beispielsweise Süßholz oder Kardamom, 1 Teelöffel pro Tasse in einen kleinen Topf geben und das Wasser abgemessen aufgießen. Zum Kochen bringen und sofort vom Herd nehmen. 15 bis 40 Minuten ziehen lassen. Durch ein Sieb in Tassen gießen.

▸ Zur Bereitung von Sonnen-Tee Ihren Lieblingstee als Beutel in ein Glas geben und kaltes Wasser aufgießen. Mehrere Stunden an einem sonnigen Platz stehen lassen.

▸ Um heißen Tee schnell abzukühlen, für kurze Zeit ins Gefrierfach stellen.

▸ Denken Sie daran, dass raffinierter Zucker ein Nährstoff- und Energieräuber ist. Honig wirkt dagegen beruhigend und ist in Maßen nahrhaft. Verwenden Sie nur solche Süßungsmittel, die für Sie bekömmlich sind.

▸ Um Ihren Kräutertee noch mehr genießen zu können, lassen Sie bei der Zubereitung Ihre Fantasie schweifen. Sie sehen im Geist sich selbst, wie Sie heilsamen Tee trinken, durchatmen, sich entspannen. Vor Ihrem inneren Auge erscheinen Sie gesund und vital und wissen, dass der Tee das Seine zu diesem Bild beiträgt. Setzen Sie sich ein paar Minuten in aller Ruhe hin, während Sie Ihren Tee genießen, denken Sie über all das Schöne in Ihrem Leben nach. Kaffeepausen sind meist hastig und laut. Machen Sie aus Ihrer Teepause ein wirkliches Innehalten. Sie soll Ihnen für den Rest des Tages das erwünschte Wohlgefühl geben.

Die besten Kräuter- und Grüntees

Heilpflanze	Wirkung	Teebereitung	Tipps
Kamille	Bei Verdauungsstörungen; beruhigend, lindernd; für Mundspülungen; auch für Kinder geeignet	2 Tassen kochendes Wasser auf 1 gehäuften TL Blütenköpfe gießen und zugedeckt 10 bis 15 Minuten ziehen lassen. Bei Darmproblemen 3 bis 5 Tassen täglich zwischen den Mahlzeiten trinken. Günstig vor dem Schlafengehen	Die besten Tees enthalten die ganzen Blütenköpfe
Echinacea	Fördert die Abwehrkräfte; entgiftend, antibiotisch; schweißtreibend; antiallergisch, blutreinigend, entzündungshemmend, regt die Blutzirkulation an. Günstig für alle, deren Immunsystem geschwächt ist und die ständig unter Infektionen leiden	1 Tasse kochendes Wasser auf 2 EL Kraut gießen; doch nicht alle Wirkstoffe sind wasserlöslich, deshalb besser als Tinktur zum Tee geben	Die stärkste Wirkung erreicht man, wenn man den Tee nicht länger als 8 Wochen hintereinander innerlich oder äußerlich anwendet. Wer allergisch auf sonnenblumenähnliche Pflanzen ist, könnte Reaktionen zeigen.
Ingwer	Regt die Blutzirkulation an; hilft bei Blutandrang; fördert die Verdauung; Antioxidans; entgiftend; lindert Übelkeit und Blähungen; gegen Menstruationsstörungen; krampflösend, stärkt die Fort-	Entweder fertigen Tee kaufen oder eine Abkochung aus der Wurzel bereiten: im Mörser zerstoßen, dann mit etwas Wasser zum Kochen bringen, zugedeckt 10 Minuten köcheln lassen und absieben	Ingwer kann Wärme erzeugen und eignet sich nicht für Leute, die Hitze schlecht vertragen, für Personen mit Magengeschwüren oder chronischer Gastritis

Heilpflanze	Wirkung	Teebereitung	Tipps
Ingwer (Fortsetzung)	pflanzungsorgane; senkt Blutdruck und Cholesterinspiegel; lindert morgendliches Erbrechen; wirkt entzündungshemmend	$1/2$ l Wasser auf 30 g Ingwerwurzel	
Grüntee	Grüner Tee wirkt als Antioxidans. In Japan sehr beliebt, gehört zu den drei meistgetrunkenen nichtalkoholischen Getränken	2 Tassen kochendes Wasser auf 1 gehäuften TL Tee gießen. 5 Minuten stehen lassen. Längeres Stehen macht den Tee bitter	Enthält Koffein
Süßholz (Lakritz)	Zur Behandlung von Magengeschwüren; fiebersenkend; günstig in der Menopause; stärkt die Widerstandskraft gegen Stress, natürliches Stärkungsmittel; günstig für die Leber; mildes Abführmittel, beruhigt die Verdauungsorgane; gegen Heuschnupfen mit allen allergischen Begleiterscheinungen	$1/2$ Tasse kochendes Wasser auf 1 TL Kraut gießen, 5 Minuten köcheln lassen. Täglich nach den Mahlzeiten trinken	Sollte nicht über längere Zeit eingenommen werden. Nicht geeignet für Kinder und ältere Menschen. Nicht während der Schwangerschaft trinken
Pfefferminze	Lindert Blähungen; Verdauungsmittel; regt die Lebensgeister an, gegen Ängste und Spannungen; günstig für Leber und Galle	$2/3$ Tasse kochendes Wasser auf 1 TL Kraut gießen, 5 bis 10 Minuten ziehen lassen. Bei Magenbeschwerden 3- oder 4-mal täglich diese Menge zwischen den Mahlzeiten trinken	Pfefferminzöl nicht bei Babys und Kleinkindern verwenden. Für Kinder eignet sich Grüne Minze besser

Heilpflanze	Wirkung	Teebereitung	Tipps
Himbeerblätter (Brombeerblätter mit ähnlicher Wirkung)	Geeignet zur Behandlung von Verdauungsproblemen, z.B. Durchfall; wirksam gegen Schwangerschaftsbeschwerden wie Erbrechen am Morgen und Wehenschmerzen	2 Tassen kochendes Wasser auf 1 bis 2 TL Blätter gießen. 10 bis 15 Minuten ziehen lassen. Oder Teeblätter 1 bis 2 Stunden in kaltem Wasser einweichen, dann absieben. Gegen Durchfall bis zu 6-mal täglich 1 Tasse Tee trinken	Wenn Durchfall länger als zwei oder drei Tage anhält, ist er wahrscheinlich nicht mit Kräutertee zu behandeln
Hagebutten	Enthält viel Vitamin C, Hilfe bei Verdauungsstörungen; anregend für die Blase	2 Tassen kochendes Wasser auf 1 TL Hagebutten gießen. 10 bis 15 Minuten stehen lassen. Durchsieben, nochmals zum Kochen bringen, heiß trinken	
Rosmarin	Fördert die Blutzirkulation zum Gehirn, hilft bei Menstruationsschmerzen, lindert Blutandrang; wirkt antibakteriell und schafft Erleichterung bei Grippe und Erkältung	2 Zweige Rosmarin mit 2 Tassen kochendem Wasser übergießen, 15 bis 20 Minuten ziehen lassen. Die Kräuter entfernen und nochmals erhitzen. Schlückchenweise warm trinken	Zur Behandlung von Erkältungen ein paar Zweige Rosmarin ins heiße Bad geben und 20 Minuten darin lassen
Thymian	Wirksam bei Fieber, Kopfschmerzen und Blutandrang; heilsam für das Atmungssystem	1 EL frische Thymianblättchen oder 1 TL getrocknete verwenden. In 2 Tassen kochendem Wasser 10 bis 15 Minuten ziehen lassen. Absieben, mit 1 TL Honig süßen und schluckweise trinken	Zitronenthymian ist eine Züchtung, die heilkräftig und dazu auch als Küchenkraut besonders aromatisch ist

Teil 2

Obstmahlzeiten und Frühstücks- vorschläge

4. Ein Frühstück, das satt macht

Apfel-Nuss-Mahlzeit

Hier das Beispiel für ein richtiges »Frucht-Frühstück«. Die geraspelten Äpfel, Bananenstücke, geriebene Nüsse, Kokosflocken und die Rosinen ergeben eine wunderbare Konsistenz. Die verschiedenen Süßmacher der Früchte und des Sirups sorgen zusammen mit würzigem Zimt für ein Aroma wie bei einem feinen Dessert. Eine solche Fruchtmahlzeit am Morgen – oder auch zu jeder anderen Tageszeit – ist einfach wunderbar.

Was sind dagegen die zuckersüßen Frühstücksangebote der Supermärkte.

2 Portionen
1 große Banane, geviertelt und in Scheiben geschnitten
2 große Äpfel, grob geraspelt
2 EL enzymreiche Mandeln (siehe Seite 84)
2 EL ungesüßte Kokosflocken
1 TL Ahornsirup
$\frac{1}{2}$ TL Zimt
4 EL Rosinen oder Korinthen
3 EL fettarme Milch, Soja-Milch mit Vanille oder Apfelsaft

1. Zerkleinerte Banane und Äpfel in eine mittelgroße Schüssel geben.
2. Die Mandeln grob hacken.
3. Mandeln und Kokosflocken über das Obst streuen. Ahornsirup, Zimt und Rosinen mischen und in die Obstschüssel geben.
4. Die Mischung auf kleine Schüsseln verteilen und mit Milch oder Saft beträufeln.

Florida-Obstfrühstück

4 Portionen
1 frische Ananas, geschält, das Fruchtfleisch in kleine Würfel geschnitten
2 Bananen, in Scheiben geschnitten
1 Mango, geschält, entkernt, in kleinen Stücken
200 g Erdbeeren, entstielt
1 Orange
1 TL Mohn
3 EL Joghurt, ungesüßt
2 TL Honig
frische Minzeblättchen zum Garnieren

1. Zerkleinerte Ananas, Bananen und Mango in eine große Schüssel geben. Obenauf die Erdbeeren.
2. 1 Teelöffel Orangenschale abreiben, die Orange auspressen. Saft und Schale mit Mohn, Joghurt und Honig verrühren. Die Mischung über die Früchte gießen und mit Minzeblättchen garnieren.

Frühstücks-Gazpacho

Manchmal möchten Sie sicher den Tag nicht gern mit etwas Süßem beginnen. In diesem Fall bereiten Sie sich, vor allem im Sommer, diese pikante Mahlzeit, bevor Sie in den Tag starten. Sie können den Gazpacho trinken oder mit dem Löffel essen.

2 Portionen
4 Eiertomaten
1 Hand voll Rucola

1 kleine Gärtnergurke, gewaschen und gebürstet
2 Selleriestangen, gewaschen
$^1/_2$ Tasse Alfalfa-Sprossen
1 Tasse Möhrensaft (nach Wunsch) oder Wasser
1 TL frisch gepresster Zitronensaft
$^1/_2$ Avocado

1. 3 Tomaten, Rucola, Gurke, Sellerie, Sprossen und Möhrensaft oder Wasser in den Mixer geben und pürieren.
2. Den Zitronensaft einrühren. Die restliche Tomate und die halbe Avocado in kleine Stücke schneiden und in die erfrischende Morgen-»Suppe« rühren.

Feigen-Pudding

2 Portionen
6 getrocknete Feigen (für 1 bis 2 Stunden in $^1/_2$ Tasse Wasser eingeweicht)
1 mittelgroße Navelorange, geschält
$^1/_2$ Tasse Orangensaft oder das Einweichwasser der Feigen oder beides
3 EL Rosinen
1 TL Zimt
3 EL Haferflocken
2 TL Erdnussbutter

Sämtliche Zutaten in den Mixer geben und pürieren. In Kelchgläsern servieren.

Sonnenfrühstück aus Obst und Kernen

Die Menge reicht für eine ganze Familie. Für eine Person genügt ein Viertel dieser Zutaten. Das Ganze ist eine reinigende Morgenmahlzeit, ersetzt aber auch ein Abendessen. Schmeckt fein zu Kamillen-Ingwer-Tee.

4 Portionen
1 Ananas, geschält, das Fruchtfleisch in Stücke geschnitten
(siehe Seite 66)
400 g Erdbeeren, entstielt
2 Orangen, geschält, halbiert, in Scheiben
8 getrocknete Feigen, in Stücken, oder 3 EL Rosinen
4 Kiwis, geschält, in Scheiben
4 Bananen, in Scheiben geschnitten
2 Tassen enzymreiche Sonnenblumenkerne (siehe unten)
1 1/2 Tassen Soja-Milch
Saft von 2 Orangen
je 1 Prise Zimt und Kardamom

1. Das vorbereitete Obst in eine große Schüssel geben. Die Sonnenblumenkerne darüber streuen und alles gut durchmischen.
2. Den Salat auf 4 kleine Schüsseln verteilen. Sojamilch, Orangensaft und Gewürze verrühren und über das Obst gießen.

FUTTER ZUM DENKEN

Sonnenblumenkerne
Früher galten sie vorwiegend als Vogelfutter, doch sind geschälte Sonnenblumenkerne inzwischen immer belieb-

ter geworden – als Zutat zu Fruchtmahlzeiten, aber auch als Nascherei; und das ist richtig so. Sonnenblumenkerne sind reich an Nährstoffen. Sie enthalten 27 Prozent Eiweiß und reichlich Kalzium, Eisen, Magnesium, Phosphor und Kalium. Außerdem sind sie eine gute Quelle für Vitamine des B-Komplexes, aber auch für Vitamin A und D. Sie sollten sie für mindestens eine Stunde in klares Wasser geben, um die Enzymhemmer auszuschalten und das Fett in gut verwertbare Fettsäuren umzuwandeln. Die nun enzymreichen Kerne nach dem Einweichen gründlich waschen und gut abtrocknen lassen. Sie werden in einem verschließbaren Gefäß im Kühlschrank aufbewahrt.

Sprossen aus Sonnenblumenkernen eignen sich für Tonics, Obst- und Gemüsesalate, aber auch für verschiedene Gemüsegerichte. Streuen Sie Sonnenblumenkerne über Aufläufe oder verwenden Sie sie zum Backen. Eine nährstoffreiche Sonnenmilch können Sie aus 1 Teil Sonnenblumenkernen, 4 Teilen Wasser und 1 Esslöffel Honig im Mixer zubereiten.

Apfel-Möhren-Früsli

Noch eine Obstmahlzeit. Früsli statt Müsli, denn in dieser Mischung ist kein Getreide enthalten. Die Möhren liefern Farbe und dazu wichtige Ballaststoffe.

2 Portionen
1 Möhre, geschält und fein gehackt
3 mittelgroße Äpfel, mit Schale gerieben

2 EL ungesüßte Kokosflocken
2 EL Rosinen oder Korinthen
2 EL enzymreiche, gehackte Pekannüsse oder Mandeln
(siehe Seite 84)
$1/_2$ TL Zimt
1 Prise Kardamom
1 Tasse Soja-Milch oder fettarme Milch

1. Alle Zutaten außer der Milch in einer Schüssel mischen.
2. Auf zwei kleine Schüsseln verteilen und die Milch darüber gießen.

Klassisches Bircher-Müsli

Müsli ist eine rohe Frühstücksmahlzeit, die Dr. Max Bircher-Benner in seiner berühmten Klinik in Zürich entwickelt hat. In dieser 1897 gegründeten Einrichtung wurden erstmals nicht mehr nur Krankheiten therapiert, sondern man praktizierte ganzheitliche Behandlung. Bis zum heutigen Tag werden in der Bircher-Benner-Klinik zahlreiche Krankheiten durch eine lebendige, enzymreiche Kost behandelt, die die inneren Heilungskräfte aktivieren soll. Das traditionelle Bircher-Müsli ist eine Mischung aus rohem Getreide, das geschrotet und in Wasser oder in frischer Rohmilch oder Buttermilch eingeweicht wird. Dazu kommen geriebener Apfel und gemahlene Nüsse. In der Schweiz war Bircher-Müsli ursprünglich die Abendmahlzeit der Bergbauern. Man nannte sie auch das »tägliche Brot«. Wenn Sie sich morgens beim Aufstehen nicht ganz auf der Höhe fühlen, ist dies genau das richtige Frühstück für Sie, es eignet sich aber ebenso gut für andere Mahlzeiten des Tages. Man kann von dem eingeweichten Getreide auch gleich mehrere Portionen machen und bis zum folgenden Tag im Kühlschrank aufheben. Geben Sie die zerkleinerten Früchte und Nüsse erst kurz vor dem Anrichten zum Getreidebrei. Es ist günstig, immer ein Schüsselchen Müsli zur Hand zu haben, wenn man den Wunsch nach einer schnellen, gesunden Mahlzeit hat. Nachfolgend das Originalrezept von Bircher-Benner, dazu ein paar Vorschläge für Variationen. Empfehlenswert ist Getreide aus dem Naturkostladen.

1 Portion
1 EL Getreide
3 EL kaltes Wasser
1 EL Zitronensaft
1 EL Milch oder Sojamilch
1 Apfel, mit Schale gerieben
1 EL enzymreiche Haselnüsse oder Mandeln, gemahlen

1. Das Getreide am Vorabend schroten und bis zum nächsten Morgen im Wasser einweichen. Saft und Milch zufügen und den Brei gut verrühren.
2. Den Apfel gleich in den Brei reiben und sofort unterrühren, damit der Apfelbrei nicht braun wird. Nüsse zufügen und sofort essen.

Variationen
Fügen Sie eine der folgenden Zutaten hinzu: 1 EL Honig; statt der Milch 3 EL Joghurt oder Sauerrahm; statt Apfel zerdrückte Erdbeeren, Himbeeren, Heidelbeeren, Brombeeren, Pfirsiche, Aprikosen oder Bananen; eingeweichte getrocknete Früchte.

FUTTER ZUM DENKEN

Joghurt

Nur Joghurt, der *Lactobacillus acidophilus* und *Lactobacillus bulgaricus* enthält, kann als Naturjoghurt gelten, das heißt, hier handelt es sich um »freundliche« Bakterien, die eine gesunde Verdauung unterstützen, antibiotische Wirkung haben und zur Stärkung des Immunsystems beitragen. Naturjoghurt enthält dank *L. acidophilus* und *L. bulgaricus* das Enzym Laktase, das die Aufspaltung von Laktose in Glucose und Galaktose steuert. Laktose wiederum ist der in Milchprodukten enthaltene Milchzucker, der für manche Menschen unverdaulich ist. Joghurt ist reich an Kalzium und Eiweiß, ideal für Kinder, aber auch zum Kochen, für Salatsaucen, Suppen und Saucen, in Tonics und in Backwaren. In einigen der gesündesten Küchen der Welt, in Griechenland, Indien, Frankreich und im Mittleren Osten wird besonders viel Naturjoghurt verwendet.

Verwenden Sie keine gesüßten Joghurts und achten Sie bei der Liste der Inhaltsstoffe darauf, ob der Joghurt Acidophilus- und Bulgaricus-Kulturen enthält. Sie sollten nicht durch andere, weniger wirksame ersetzt sein. Wenn Sie aromatisierten Joghurt mögen, sollten Sie selbst Obstkompott, Honig, Ahornsirup oder frisches Obst unter den Naturjoghurt mischen.

Ahorn-Granola mit Birnen und Joghurt

Es ist nicht schwer, sich Granola, eine Mischung aus gerösteten Haferflocken und Nüssen, selbst zu machen. Bereiten Sie gleich die doppelte Menge zu, Granola hält sich in einer geschlossenen Dose bis zu einem Monat. Es ist, zusammen mit Obst, ein Frühstück für besondere Anlässe.

4 Portionen
1 Tasse Rosinen
2 Tassen heißes Wasser
4 Tassen Haferflocken
1 Tasse gehackte Pekannüsse
2 EL Distelöl
$1/2$ Tasse kaltes Wasser
$1/2$ Tasse Ahornsirup
$1/4$ TL Meersalz
4 feste Birnen, geschält
2 Zimtstangen
1 EL Gewürznelken
1 Vanillestange, der Länge nach aufgeschlitzt
2 EL Honig
1 Zitrone (unbehandelt), geviertelt
2 Tassen Naturjoghurt oder Buttermilch
Frische Beeren zum Garnieren (nach Wunsch)

1. Die Rosinen in eine Schüssel geben und das Wasser darüber gießen.
2. Den Backofen auf 190 °C vorheizen.
3. Haferflocken, Pekannüsse, Öl, kaltes Wasser, Ahornsirup und Salz in eine Schüssel geben und gut verrühren, damit die Haferflocken gut durchfeuchtet werden. Auf ein mit Backpapier

ausgelegtes Backblech geben und das Blech in den Ofen schieben. Alle 5 Minuten gut durchrühren, bis das Granola trocken und goldgelb ist. Das dauert etwa 25 Minuten.

4. Inzwischen die Birnen zusammen mit den Zimtstangen, Gewürznelken, Vanillestange, Honig und Zitronenvierteln in einen großen Topf mit kochendem Wasser geben und etwa 15 Minuten köcheln lassen; die Birnen sollen nicht zu weich werden. Die Früchte aus dem Sud heben und abkühlen lassen.

5. Die Birnen vorsichtig in Viertel schneiden und das Gehäuse entfernen. Granola auf 4 Schüsseln verteilen. Die Rosinen abgießen. Jeweils $1/2$ Tasse Joghurt oder Buttermilch auf jede Schüssel gießen, die Birnenviertel und die Rosinen darauf verteilen. Je nach Wunsch und Jahreszeit mit frischen Beeren garnieren.

Ganz einfach: Obst mit Sahne oder Sauerrahm

In Indien gilt eine Mischung aus Früchten und Milchprodukten traditionell als etwas Spirituelles und Besänftigendes, man nennt es *sathwic*. Wenn Sie am Abend einmal einen schnellen Imbiss auf den Tisch bringen wollen, sollten Sie an diese Kombination denken. Sie macht satt und schmeckt wirklich köstlich. Vor allem aber fühlen Sie sich am nächsten Morgen leicht und glücklich. Genießen Sie zur Fruchtschale zum Beispiel einen Möhren-Ingwer-Trunk.

Erdbeeren mit saurer Sahne

Gewaschene Erdbeeren auf einen Glasteller geben; daneben einen Klecks saure Sahne setzen, die mit etwas Dattelzucker oder Ahornsirup verrührt ist. Jede Erdbeere einzeln in die Sahne tauchen und genießen.

Pfirsich mit Joghurt-Creme

Pfirsiche waschen und in kleine Stücke schneiden. Joghurt mit etwas Honig verrühren und mit den Pfirsichen mischen.

Bananen mit saurer Sahne

Bananen schälen und in Scheibchen schneiden, eine Hand voll Rosinen darüber streuen und das Ganze mit saurer Sahne verrühren. Eine Prise Kardamom über die Mischung stäuben.

Heidelbeeren in saurer Sahne

Die gewaschenen, gut abgetropften Heidelbeeren so lange mit saurer Sahne verrühren, bis die Beeren aufplatzen. Das Ergebnis: eine blaue Speise für gesteigertes Bewusstsein.

Marilyns Pfirsich Melba

Wenn ich besondere Lust auf Eis habe, esse ich es zum Abendessen, und zwar mit vielen Früchten. Warum auch nicht? Einfache Mahlzeiten lassen sich leichter verdauen. Warum soll ich das Eis nach allerlei gekochten Speisen in meinen Magen schaufeln? Das Obst sorgt dafür, dass das Eis schnell durchläuft. Ich schlafe danach wie ein Baby an der Mutterbrust. Natürlich ist das folgende Rezept nichts für alle Tage, sondern bildet eine Ausnahme für besondere Gelegenheiten.

1 Portion
1 Banane, der Länge nach halbiert
Pfirsichspalten (oder Erdbeeren, wenn keine Pfirsichsaison ist)

1 dicke Kugel Vanilleeis
1 EL Heidelbeermarmelade, mit Fruchtsaft gesüßt, verdünnt mit
1 EL Wasser
1 EL enzymreiche Mandeln (nach Wunsch), gemahlen
(siehe Seite 84)

In der »Guru-Schale« Bananenstreifen und Pfirsichspalten
hübsch arrangieren. Die Eiskugel obenauf geben und die flüssige
Marmelade darüber träufeln. Mit geriebenen Mandeln bestreu-
en. Tee dazu trinken und die wunderbare Mahlzeit genießen.

Vielleicht bekommen Sie irgendwo Vanilleeis, das mit Rohrzucker
statt mit Fabrikzucker gesüßt ist.

5. »FUN«-Food für »FUN«-Tage

Eine der Besonderheiten von *Fitonics* ist der »FUN«-Tag, den Sie ganz nach Wunsch einschieben können und an dem es nur Frische Ungekochte Natürliche Mahlzeiten gibt. Ein solcher Tag hat bei heißem Wetter seinen ganz besonderen Reiz, zumal es in der warmen Jahreszeit auch vielerlei frisches Obst und Gemüse gibt. Ein solcher Tag kann aber auch Teil einer reinigenden Frühjahrskur sein, nachdem Sie im Winter doch schwerer und fetter gegessen haben und nun vielleicht ein paar Kilo abspecken möchten.

Wenn Sie einen ganzen Tag lang nur Rohkost essen, überfluten Sie ihr Blut mit lebendigen Nährstoffen und Enzymen und erhalten Ihrem Körper seine ganze Energie. Wie das funktioniert? Lebendige, rohe Nahrung ist so reich an Enzymen, dass sie sich wie von selbst verdaut und dazu keinerlei Enzyme oder Verdauungsenergie des Körpers verbraucht. Da für die Verdauung mehr Energie notwendig ist als für irgend etwas anderes, das Sie tun, werden Sie erleben, welche Energiemenge ein solcher Tag einspart, die auf andere, die Vitalität steigernde Prozesse verwendet werden kann, beispielsweise auf die Verjüngung, auf Reparaturarbeiten des Organismus oder auf Gewichtsabnahme. Sie wissen ja, auch Abnehmen setzt Energie voraus.

Sie können einen solchen FUN-Tag unter ganz verschiedenen Aspekten sehen. So bietet er zum Beispiel die optimale Möglichkeit, sich nur auf die Nahrungsmittel der Region zu beschränken. Nachfolgend ein paar Vorschläge:

▶ Sie können einen ganzen Tag lang ausschließlich frische Fruchtmixgetränke und Tonics zu sich nehmen. Um Heißhunger auf kompaktere Nahrungsmittel gar nicht erst aufkommen zu lassen, sollten Sie den Tag morgens mit einem nahrhaften, dicken, schaumigen Tonic beginnen. Trinken Sie Ihre Säfte und Tonics immer im Abstand von etwa zwei Stunden, und beenden Sie den Tag wiederum mit einem dicken, schaumigen Abendtrunk.

▶ Natürlich können Sie aber auch den ganzen Tag über Obst essen, und zwar verteilt auf drei, vier oder fünf Mahlzeiten. Das kann einmal ein Teller mit Orangen- oder Mandarinenspalten sein, später eine Schale mit Apfelscheiben, Weintrauben, getrockneten Feigen und Rosinen oder auch eine Platte mit zweierlei oder gar dreierlei Melonen.

▶ Oder Sie trinken morgens einen Tonic und essen zwischendurch ein paar Pfirsiche; zu Mittag gibt es Birnen, Stangensellerie und enzymreiche Mandeln. Abends wartet dann eine große Salatplatte mit einer halben Avocado auf Sie.

▶ Sie können sich morgens ein großes Stück Melone zu einer Suppe pürieren, mittags rohes Gemüse in eine Salsa oder Guacamole dippen und abends einen Salat aus klein gehacktem Gemüse in große Blätter Römischen Salat einrollen. Vor dem Schlafengehen gibt es dann noch eine Banane.

In den vorangegangenen Kapiteln haben wir Ihnen vielerlei neue Vorschläge für Tonics und Obstfrühstücke gemacht, in diesem Abschnitt liefern wir Ihnen einfache Salatrezepte. Wenn Sie unter Antriebsmangel leiden oder sich ein paar Pfunde zuviel angefuttert haben, ist ein solcher FUN-Tag das beste Mittel zum Abnehmen und zur Revitalisierung. Essen Sie lebendige Nahrungsmittel, damit Ihr Körper lebendiger wird.

Reinigende Obstmahlzeit

Dieser tolle Obstsalat tut am Morgen nach einem zu ausgiebigen Abendessen besonders gut. Die Salatsauce aus Zitrussäften sorgt für ein quietschlebendiges Gefühl der Reinheit. Die Minze wirkt besonders erfrischend.

2 bis 3 Portionen
1 Tasse frische Ananaswürfel
1 Orange, geschält und in Würfel geschnitten
1 rosa Grapefruit, geschält und in Würfel geschnitten
1 Birne, ohne Kerngehäuse, Fruchtfleisch in Würfeln
2 frische Minzeblättchen (nach Wunsch), fein geschnitten

Salatsauce
Saft von ¹/₂ Zitrone
Saft von ¹/₂ Grapefruit
Saft von 1 Orange

1. Die Fruchtwürfel mit der Minze in einer großen Schüssel mischen.
2. Die fruchtige Sauce über den Salat träufeln und gut umrühren.

Ananas Surprise

Diese Mahlzeit ist wirklich erfrischend, sättigend und ideal, wenn es Avocados gibt. Die Tomate bildet einen interessanten geschmacklichen Kontrast zu den Ananaswürfeln, die Khakipflaume aber kann zusätzliche Süße liefern. Der in Streifen geschnittene Kopfsalat gibt dem Ganzen eine aparte Konsistenz, sorgt für Ballaststoffe und Farbe. Mischen Sie ruhig öfter Salatblätter unter Ihre Obstsalate, auch zum Frühstück. Das hat eine zusätzliche gute Wirkung.

2 Portionen
2 Tassen frische Ananaswürfel (siehe Seite 66)
1 Avocado, halbiert, entkernt, geschält und in Würfel geschnitten
1 Tomate, in Scheiben, oder 1 Khakipflaume, aufgeschnitten
1 Tasse Salatblätter, in Streifen
Saft von 1 Orange

Mischen Sie die Zutaten zum Salat und beträufeln Sie ihn mit Orangensaft.

Frühstücks-Fruchtplatte

Morgens vor einer Fruchtplatte zu sitzen vermittelt einem ein Gefühl besonderer Tugend. Dass man »etwas richtig Gutes« für sich tut, wird vom Körper sogleich belohnt; uns steht ein angenehmer Tag voller Energie und Unternehmungsgeist bevor. Doch probieren Sie es einfach selbst. Der Stress in Ihrem Umfeld hat auch mit dem Stress in Ihnen selbst zu tun. Obst und Nüsse sind Nahrungsmittel, mit denen man dem Stress begegnet. Natürlich nicht, wenn Sie zu viele Nüsse essen!

Vielleicht wundern Sie sich an dieser Stelle über den Sellerie, doch er spielt eine wichtige Rolle, da er Säure neutralisiert. Er passt übrigens genauso gut zum Obst wie zu einem anderen Salat oder einem Dip.

1 Portion
1 Birne, ohne Kerngehäuse, in Scheiben geschnitten
einige große Erdbeeren, in Scheiben
1 Papaya oder 1 Kiwi
einige Selleriestangen
2 EL enzymreiche Mandeln, Haselnüsse oder Sonnenblumenkerne
(siehe Seite 84 und 118)

1. Halbieren Sie die Papaya oder Kiwi und legen Sie die Frucht zum Auslöffeln auf die Platte.
2. Verteilen Sie das übrige Obst und Nüsse oder Samen darum.

Winterliche Obstplatte

Nicht überall findet man auch im Winter ein größeres Angebot an frischen Früchten. Deshalb sollten Sie solchem Obst den Vorzug geben, das besonders konzentriert und sättigend ist. Jetzt ist die richtige Jahreszeit für Trockenfrüchte. Sie liefern genau den Energie-Kick, den man im Winter öfter braucht. Genießen Sie zu Ihrer Frucht-Mahlzeit eine heiße Tasse Tee oder ein Glas warme Sojamilch, die mit etwas Kardamom gewürzt ist. Am Anfang aber sollte stets ein Glas Orangensaft stehen.

1 Portion
1 Banane
2 getrocknete Feigen oder 1 Hand voll Rosinen
1 Traube blaue oder weiße Weintrauben
2 Selleriestangen, gewaschen, oder 1 Möhre, geviertelt

1. Die Banane schälen und in Scheiben schneiden.
2. Alle Früchte auf einer Platte hübsch arrangieren.

Bananen-Birnen-Salat mit Mandelbutter

Mandelbutter ist die einzige basisch wirkende Nussbutter. Sie wissen ja, basenbetonte Nahrungsmittel halten Ihren Körper im Gleichgewicht. Mandelbutter enthält auch weniger Fett als andere Nussbutter und hat zudem einen ungewöhnlich milden, angenehmen Geschmack. Man bekommt sie in guten Naturkostläden und in gut sortierten Delikatessgeschäften. Sie ist etwas teurer, aber Sie wollen ja nicht jeden Tag davon essen; also leisten Sie sich manchmal etwas davon, und genießen Sie sie.

2 Portionen
2 Bananen, geschält, in dünnen Scheiben
2 Birnen, geschält, entkernt und in dünnen Scheiben
2 El Rosinen, in $^1/_2$ Tasse warmem Wasser eingeweicht
1 Prise Zimt
1 Prise Kardamom
2 EL Kokosflocken (nach Wunsch)
1 $^1/_2$ EL Mandelbutter
1 getrocknete Dattel (nach Wunsch)

1. Die Obstscheiben und die Rosinen (Einweichwasser aufheben) mit Zimt und Kardamom würzen. Nach Wunsch mit Kokosflocken bestreuen.
2. Die Mandelbutter mit dem Einweichwasser der Rosinen und der Dattel im Mixer cremig pürieren. Über das Obst gießen.

Energie-Rollen

Wenn Sie frische, ungekochte Naturkost essen, wird Ihnen ein FUN-Tag zu besonderem Wohlbefinden verhelfen. Genießen Sie diese Rollen zu Mittag oder am Abend mit einer der vorgeschlagenen Obstmahlzeiten.

1 bis 2 Portionen
1 kleiner Kopf Salat
1 große Avocado, halbiert, entkernt und geschält
1 Tomate, in Scheiben
2 EL rote Zwiebeln, in dünnen Ringen
Sprossen
1 winzige Prise Chilipulver oder etwas Cayennepfeffer

1. Die Blätter vom Salat zupfen, gründlich waschen und trocken schleudern.
2. Die Avocado zerdrücken und mit den übrigen Zutaten mischen.
3. Die Salatblätter mit der Mischung füllen und aufrollen. Genüsslich verzehren.

Sommerlicher Obstsalat mit dreierlei Melonen-Sorbet

Dieser Fruchtsalat ist genau das Richtige zum Brunch an einem heißen Sommertag, wenn eine schwere Mahlzeit Sie umwerfen würde. Frieren Sie die Melonen nach Sorten getrennt ein, wenn sie gerade Saison haben; vorher werden sie geschält, entkernt und in kleine Stücke geschnitten. Dann haben Sie immer gefrorene Melonen zur Hand.

4 Portionen
2 Tassen tiefgefrorene Netzmelonenstücke
2 Tassen tiefgefrorene Wassermelonenstücke
2 Tassen tiefgefrorene Charentais- oder Kantalupmelonenstücke
2 Kiwis, geschält und in Scheiben geschnitten
1 Papaya, geschält, entkernt und in keilförmige Ecken geschnitten
2 Tassen Erdbeeren, entstielt
2 Tassen Heidelbeeren
2 Pfirsiche oder Birnen, geschält und geviertelt

1. Pürieren Sie die Melonenstücke nach Sorten getrennt in einem Mixer, so dass sich ein dickes, cremiges Sorbet ergibt. Geben Sie die drei Sorbets noch einmal in getrennten Gefäßen für eine Stunde ins Tiefkühlgerät. Wenn Sie eine Sorbetiere besitzen, können Sie die Sorbets darin zubereiten.
2. Arrangieren Sie die aufgeschnittenen Früchte auf vier hübschen Tellern. Geben Sie von jedem der drei Sorbets eine Kugel auf jeden Teller.

FUTTER ZUM DENKEN

Melonen und Monodiät
Haben Sie schon von der Monodiät gehört? Sie besteht darin, dass man über einen bestimmten Zeitraum nur ein einziges frisches Nahrungsmittel zu sich nimmt. Das ausgewählte Nahrungsmittel kann eine Obstsorte, ein bestimmter Saft oder rohes Gemüse sein. Die Monodiät gönnt dem Körper eine Ruhepause, wobei er jedoch mit einer hohen Konzentration von Enzymen und reinigenden Vitalstoffen versorgt wird. Von Dr. Paul Bragg und

Dr. Patricia Bragg stammt die Idee einer Reinigungskur mit Melonen. Sie schlagen vor, sich im Sommer beispielsweise auf eine Berghütte zurückzuziehen, sich auszuruhen, zu wandern und sich dabei an saftigen, süßen Melonen gütlich zu tun. Das Ganze könnte eine Woche oder länger dauern. Da wir bereits mehrmals eine solche mehrtägige Monodiät mit Melonen gemacht haben, können wir zu dieser wohltuenden Reinigungskur nur von Herzen raten. Wir konnten feststellen, dass die Monodiät mit Melonen die Augen heller strahlen lässt, uns verjüngt und ein Gefühl des Wohlbehagens verleiht. Ein Hinweis auf die spirituelle Kraft, die den Melonen innezuwohnen scheint, ist die Tatsache, dass Wassermelonen zu den bevorzugten Nahrungsmitteln des Mahatma Gandhi gehörten, der sich auf seinen langen Märschen oft ausschließlich von diesen saftigen Früchten ernährte.

Wenn Sie unter Energiemangel leiden, wenn Sie eine Reinigungskur brauchen und es Ihnen an Schwingung fehlt, auch wenn Sie ein paar Kilo abspecken möchten, können Sie sich auch bei nur einer Mahlzeit oder einen Tag lang auf ein einziges Nahrungsmittel beschränken. Melonen sind für diese Ernährungsform besonders gut geeignet. Als günstig haben sich aber auch Weintrauben erwiesen.

Gurken-Wakame-Salat

Warum sollten wir nicht auch einmal mit Wakame oder einer anderen Algenart experimentieren? Sie schmecken jedenfalls neu und interessant, und das Ergebnis ist höchst erfreulich, denn Meeresalgen enthalten Mineralstoffe, Vitamine und Eiweiß. Wakame ist eine wohlschmeckende Algenart mit durchscheinend grünen, ganz dünnen Blättern; die Zubereitung ist nicht schwierig. Sie gibt der Mahlzeit etwas typisch Asiatisches. Soba ist eine japanische Nudelart, die man, wie die anderen Zutaten für dieses Gericht, in Läden für asiatische Nahrungsmittel oder auch in entsprechend sortierten Naturkostläden bekommt.

2 Portionen
2 große Schlangengurken
Meersalz
1 EL Sesamöl
1 EL Sesamsamen
$^1/_2$ Tasse Wakame-Stückchen
1 EL Reisessig
1 TL geröstetes Sesamöl
japanische Buchweizen-Soba

1. Die gewaschenen, ungeschälten Gurken schräg in nicht zu dünne Scheiben schneiden. Dann jede Scheibe in dünne Streifen teilen. Leicht salzen und auf einen Teller geben. Einen zweiten Teller darüber decken und 30 Minuten durchziehen lassen, bis die Gurken Saft ziehen. Das Sesamöl in einem Pfännchen erhitzen, die Sesamsamen darin kurz anrösten und abkühlen lassen.

2. Wakame-Stückchen 10 Minuten in 2 Tassen Wasser einweichen. Abtropfen lassen und grob hacken. Das Wasser abgießen. Die Gurken leicht auspressen und mit den Algen mischen. Den Essig und den gerösteten Sesamsamen sowie das Sesamöl aus dem Pfännchen darüber geben. Auf einem Nudelbett als leichte Sommer-Mahlzeit servieren.

Chinesischer Krautsalat

Ein köstlicher Salat, der es an Wohlgeschmack mit jedem Schweinskotelett aufnehmen kann. Die Bohnensprossen sind eine besonders interessante Geschmackszutat.

2 Portionen
3 EL Mungbohnensprossen
1 Tasse Spinatblätter, in Streifen
$1/2$ Tasse Rotkohl, fein geschnitten
1 Schalotte, fein gehackt
1 Möhre, geschält und geraspelt
1 EL frische Korianderblätter, gehackt
$1/2$ TL Sesamsamen

Salatsauce
2 EL Gemüsebrühe
1 TL geröstetes Sesamöl
1 EL frischer Limonensaft
$1/2$ TL Ingwer, fein gehackt
1 TL Tamari (Sojasauce)

1. Alle Salatzutaten in einer Schüssel gut vermischen.
2. Die Zutaten für die Salatsauce in einer kleinen Schüssel gut verrühren, über den Salat gießen und untermischen.

Cremiger Apfel-Möhren-Salat

Äpfel und Möhren müssen Sie nicht unbedingt schälen, der Salat sieht allerdings hübscher aus, wenn beides geschält wird.

2 bis 3 Portionen
2 Tassen Möhren, geraspelt
1 Apfel, entkernt und grob gerieben
2 EL Pekannüsse, grob gehackt, oder gehackte, enzymreiche Mandeln (siehe Seite 84)
2 EL Rosinen, 15 Minuten in warmem Wasser eingeweicht (Einweichwasser aufheben)
2 EL Tahini (Sesampaste) oder Naturjoghurt
$1/4$ TL Zimt

In einer Schüssel Möhren, Äpfel, Nüsse und Rosinen mischen. In einer kleineren Schüssel die übrigen Zutaten mit einigen Esslöffeln des Einweichwassers für die Rosinen zu einer glatten Sauce verrühren. Die Sauce über den Salat gießen und alles gut mischen.

Waldorf-Salat meiner Art

Stellen Sie von diesem Salat gleich eine größere Menge her, er schmeckt mittags ebenso gut wie abends. Und Sie werden sehen, die Pfunde schmelzen dahin.

2 Portionen
2 Äpfel, entkernt und in Stücken
1 große oder 2 mittlere Selleriestangen in kleinen Würfeln
$1/2$ Tasse Pekan- oder Walnüsse, grob gehackt

2 EL Nussbutter oder Tahini
Saft von 1 Orange
2 EL Wasser
Zimt zum Abschmecken
2 EL fein gehackte Petersilie

1. In einer Schüssel Äpfel, Selleriewürfel und Nüsse miteinander mischen.
2. Nussbutter oder Tahini mit Orangensaft, Wasser und Zimt im Mixer pürieren oder mit dem Schneebesen aufschlagen.
3. Die Sauce über den Salat gießen. Die gehackte Petersilie darüber streuen und das Ganze gut durchmischen. Nach Wunsch einige Stunden gut kühlen.

Teil 3

Power-Mahlzeiten
mit viel Eiweiß

Die Zusammenstellung der verschiedenen Nahrungsmittel bestimmt ihren Energiehaushalt wesentlich mit. Wenn Sie Eiweiß mit Gemüse oder einfachen Salaten richtig kombinieren, erreichen Sie ein Maximum an Energie und werden zudem auch noch abnehmen.

Gesunde Mitnehm-Mahlzeiten

Vor allem, wenn es zum Frühstück nur Obst oder ein Tonic gegeben hat, kann das Mittagessen ruhig zur Hauptmahlzeit des Tages werden. Machen Sie eine wohlverdiente Pause, und gönnen Sie sich ein kräftiges Mittagessen. Wenn Sie keine Gelegenheit haben, etwas zu kochen oder irgendwo essen zu gehen, können Sie aus folgenden Vorschlägen auswählen:

▸ Leckere Brote aus Vollkorntoast mit vegetarischem Belag; dazu eine Thermoskanne mit Suppe, Möhren- und Selleriestifte, Vollkornknäckebrot. Außerdem Mango, Banane oder Birne. Als Brotbelag empfehlen sich
   1. Dijonsenf, geröstete rote Paprikaschoten, Emmentaler Käse, dünne Gurkenscheiben und Alfalfasprossen
   2. Cremiger Frischkäse, Oliven, Sprossen und geraspelte Möhren
   3. Mandel- oder Erdnussbutter, Honig, Sprossen und dünn geschnittene Bananen
   4. Hommos mit Sprossen, Zwiebeln und Gurkenscheiben
   5. Avocado, geröstete rote Paprikaschoten, Käse, Mayonnaise oder Senf und Blattsalat
▸ Gesunde Crudités (verschiedene rohe Gemüse) mit Hommos und Vollkornknäckebrot, Apfel-Möhren-Salat

▸ Heiße Suppe in einer Thermoskanne, Vollkornbrötchen, dazu Avocado zum Draufstreichen

▸ Apfel-Möhren-Salat oder Waldorfsalat – eine ganze Schüssel voll, zum Abnehmen und für mehr Energie

▸ Nudelsalat, Vollkornbrötchen und Avocado

▸ Ein energiereiches und schlank machendes Lunchpaket aus Avocado, roter Paprikaschote, Möhren, Selleriestangen, Gurke, Tomate und Obst nach Wahl

▸ Saftiges frisches Obst und eine kleine Käseauswahl

▸ Gut gewürztes kaltes Hühnerfleisch, Gemüsesalat, Kiwi und Erdbeeren

▸ Eine sättigende, große rosa Grapefruit, hart gekochte Eier, Thunfischsalat, rohes Gemüse und Kirschtomaten

▸ Enzymreiche Mandeln oder Sonnenblumenkerne, Apfel und Stangensellerie

▸ Antipasti aus kaltem Fleisch, Käse, Oliven und Artischockenböden

▸ Schlank machende Tortillas mit Belag nach Wunsch, Suppe aus der Thermoskanne:

  1. Gedämpfter Brokkoli, Avocado, würzige Grillsauce, eingelegtes Gemüse und reichlich Sprossen

  2. Gegartes Putenfleisch und Käse, geraspeltes, rohes Gemüse und Senf

  3. Senf, Avocado, Ziegenkäse, Sprossen und Gurkenscheiben

  4. Gekochtes Hühnerfleisch, aufgeschnittene Oliven, Blattsalat, Sprossen, Gurke und Mayonnaise mit Dill

FUTTER ZUM DENKEN

Ein Tomaten-Tipp

Wenn Sie sich Brote zum Mittagessen herrichten, sollten Sie keine Tomatenscheiben darauf geben. Die Säure in den Tomaten bringt sonst das Brot zum Gären (tatsächlich fangen die Enzyme sofort an, die Tomatenscheiben wie auch das kohlenhydratreiche Brot aufzulösen). Statt Tomatenscheiben sollten Sie besser geröstete Paprikascheiben auf die Brote geben. Packen Sie aber reife Eier- oder Kirschtomaten im Ganzen ein.

6. Fisch und andere Meeresfrüchte

Fünf Möglichkeiten, mit Fisch umzugehen

1. Braten oder Grillen

Braten oder Grillen sind besonders gut geeignete Gartechniken für fettere Fischarten wie Lachs oder Heilbutt, aber auch für Fischfilets, die mindestens 2 cm dick sind. Die Filets mit Olivenöl einpinseln, mit Salz und Pfeffer würzen und in den auf 200 °C vorgeheizten Backofen stellen, und zwar so lange, bis die Mitte fest und nicht mehr durchscheinend ist. Manche Fischarten wie Seebarsch brauchen etwas länger als beispielsweise Lachs, weil sie besser schmecken, wenn sie völlig durchgegart sind.

2. Pochieren

Traditionell wird Fisch in einer kräftigen Brühe (court bouillon) pochiert:

$1/2$ Tasse Weißwein
1 EL Apfelessig
4 Tassen Fischfond oder Wasser
1 EL frische Estragonblättchen oder 1 TL getrocknete
$1/2$ Zwiebel, grob gehackt
1 Selleriestange, grob gehackt
Saft von 1 Zitrone oder Orange

Alle Zutaten für die Kräuterbrühe in einen großen Topf geben, zum Kochen bringen und etwa eine halbe Stunde bei ganz schwacher Hitze mehr ziehen als kochen lassen. Sie können sich diese Brühe auch gleich in größerer Menge auf Vorrat zubereiten. Im Kühlschrank hält sie sich in einem geschlossenen Gefäß etwa 4 Tage, lässt sich aber auch einfrieren.

Wenn Sie den Fisch in der Brühe pochieren wollen, gießen Sie die Bouillon in einen größeren Topf und legen die Filets in die warme, noch nicht heiße Brühe (kommen die Fischfilets in zu heiße Brühe, garen sie außen zu schnell, und die Filets werden trocken). Bringen Sie die Flüssigkeit zum Kochen und schalten Sie dann zurück, damit der Fisch gar ziehen kann. Er soll nicht mehr durchscheinend, aber auch nicht gummiartig zäh sein. Nehmen Sie die Filets mit einem Schaumlöffel vorsichtig aus dem Sud, und zwar kurz bevor sie die ideale Konsistenz haben, denn sie garen noch etwas nach.

3. Dämpfen

Geben Sie eine beliebige Mischung aus Kräutern und Gewürzen in einen Dämpfer und bedecken Sie diese 5 cm hoch mit Wasser. Darauf stellen Sie den Dämpfeinsatz. Bringen Sie das Wasser zum Kochen und legen Sie den Fisch, mit der Hautseite nach unten, auf den Einsatz. Der Fisch muss nun zugedeckt dämpfen, bis er sich fest anfühlt und Ihren Wünschen entspricht. Mit Salz und Pfeffer nach Geschmack würzen und etwas von der würzigen Dämpfflüssigkeit darüber schöpfen, damit der Fisch den Geschmack der Kräuter annimmt. Praktisch jeder Fisch eignet sich zum Dämpfen. Diese Methode ist nicht nur die schonendste und sauberste, sondern auch die gesündeste für die Fischzubereitung.

Probieren Sie doch einmal folgende Kräuter- und Gewürzmischungen aus, oder überlegen Sie sich selbst weitere Kombinationen:

▶ Nach Art der Thai-Küche
2 EL frische Minzeblätter
2 EL frische Korianderblätter
1 Knoblauchzehe, aufgeschnitten
1 Limone, in Scheiben
1 Prise rote Pfefferschote
1 EL Honig
1 EL Ingwer in Scheibchen

▶ Italienisch inspiriert
2 Knoblauchzehen, aufgeschnitten
2 Eiertomaten, in Scheiben
1 Zweig frischer Rosmarin
1 EL getrockneter Oregano
6 EL Weißwein

Servieren Sie den Fisch zusammen mit diesen Gewürzen und reichen Sie dazu grünen Salat mit ein paar Oliven.

▶ Nach Art der indischen Küche
1 EL Currypulver
1 EL Ingwer in Scheibchen
1 Knoblauchzehe, aufgeschnitten
1 Schalotte, grob gehackt
$1/4$ TL Senfkörner
$1/4$ TL Fenchelsamen

4. In Pergamentpapier

Diese Garmethode ist ideal für die Fischzubereitung, weil dabei der Fisch im eigenen Saft gedämpft wird. Besonders gut geeignet ist sie auch für Medaillons und Filets.

Alles was Sie tun müssen, ist, den Fisch zusammen mit frischen Kräutern, die Sie gerade zur Hand haben, in Pergamentpapier einzupacken und zu garen. Zunächst legen Sie ein großes rechteckiges Stück Pergamentpapier doppelt zusammen. Dann schneiden Sie mit der Schere ein großes halbes Herz aus, beginnen dabei oben und schneiden nach unten. Dann falten Sie das Herz auseinander und legen Fisch und Kräuter auf die eine Hälfte des Herzens. Dann klappen Sie die andere darüber und knicken den Rand rund herum fest ein. Fangen Sie oben am Herz oder bei der Herzhälfte an und arbeiten Sie sich nach unten vor. Das Ende drehen Sie dann zu einem festen Schwänzchen zusammen. Der Fisch oder die Fischstücke sollten nicht zu nah am eingeknickten Rand liegen, damit innerhalb des Päckchens genug Platz bleibt für den entweichenden Dampf.

Geben Sie das Fischpäckchen für 8 bis 10 Minuten auf ein Backblech im vorgeheizten Ofen (200 °C). Legen Sie nach Ablauf der Garzeit ein Päckchen auf jeden Teller und schneiden oder reißen Sie die Oberseite des Papiers auf. Verzieren Sie den Fisch mit Zitronen- oder Limonenachteln.

5. Überbacken oder Garen im Backofen

Das Gratinieren oder Überbacken ist eine ideale Möglichkeit, fertig gewürzten und in der Pfanne angebratenen Fisch zu vollenden. Braten Sie Ihre Fischfilets in heißem Öl etwa 2 Minuten (dickere Scheiben von Barsch oder Thunfisch 3 bis 4 Minuten) scharf an. Dann drehen Sie sie um und stellen den ganzen Bräter in den vorgeheizten Backofen (200 °C), und zwar so lange, bis die Oberseite der Filets fest und nicht mehr durchscheinend ist.

Sie können den Fisch aber auch von Anfang an im Ofen garen, ohne ihn vorher auf dem Herd anzubraten. Schieben Sie ein Blech in den Ofen, heizen Sie auf 200 °C vor und legen Sie den gewürzten Fisch gleich auf das Blech. Wenden Sie die Filets nach 3 Minuten und garen Sie sie weiter, bis das Fleisch fest und nicht mehr durchscheinend ist.

Lachs Tandoori-Art mit Gurken-Raita

Tandoori ist die Bezeichnung für den traditionellen indischen Ofen, in dem Brot gebacken und Fleisch geschmort wird. Die Gewürzmischung zum Einreiben des Fischs hat eine rötliche Farbe, die an die beim Tandoori-Huhn erinnert. Das Ganze schmeckt mild und für unseren Gaumen ungewöhnlich. Raita ist der indische Universal-Joghurt, der dazu dient, den von den Gewürzen der indischen Küche gereizten Gaumen abzukühlen und zu besänftigen.

Eine wunderbare und ganz einfache Beilage zu diesem Gericht ist gedämpfter oder gekochter Spargel, über den Sie ein paar Löffel Raita gießen können. Als Nachspeise eignen sich frische Kiwi oder Ananas.

4 Portionen

Zum Einreiben
$^1/_4$ TL gemahlener Kreuzkümmel
$^1/_4$ TL Currypulver
$^1/_4$ TL gemahlener Koriander
$^1/_4$ TL edelsüßes Paprikapulver

1 Msp. Kurkuma (Gelbwurz)
1 Msp. gemahlener schwarzer Pfeffer

4 Lachsfilets (à 175 g)
2 EL Distelöl
$1/4$ TL Salz

Raita
5 Tassen geraspelte Gurken
3 Tassen Naturjoghurt
2 Bund frischer Dill, fein geschnitten
2 EL Minzeblätter, gehackt (nach Wunsch)
$1 1/2$ TL gemahlener Kreuzkümmel
1 Tasse entkernte Tomaten, in Würfel geschnitten
Meersalz
2 Chicorees
Frische Minzeblätter zum Garnieren

1. Den Backofen auf 180 °C vorheizen. In einer kleinen Schüssel die Gewürze zum Einreiben mischen.
2. Die Lachsstücke mit Öl einpinseln, salzen und mit der Gewürzmischung bestreuen. Auf ein mit Backpapier oder Pergamentpapier belegtes Blech geben und 10 Minuten im Backofen garen.
3. Inzwischen Raita zubereiten. Alle Zutaten außer Chicoree und den ganzen Minzeblättchen in einer kleinen Schüssel gut verrühren.
4. Die Blätter der Chicorees so auf den Tellern verteilen, dass die Spitzen nach außen zeigen. Die Lachsfilets darauf anrichten. Raita darüber verteilen, mit den Pfefferminzblättern garnieren und sofort servieren.

Super-Spinat-Salat mit gekühlten pochierten Lachssteaks und Senf-Marinade

Ein exquisiter Frühlingssalat für die Spargel-Saison. Am besten verwenden Sie norwegischen Lachs. Als erster Gang würde dazu Gekühlte Brokkoli- und Brunnenkressesuppe (siehe Seite 301) mit einem Klecks Crème fraîche passen.

2 Portionen
1 TL weiße Pfefferkörner
1 Schalotte, gehackt
1 Glas trockener Weißwein
2 Tassen Wasser
2 Lachssteaks
125 g grüner Spargel, geputzt und in Stücken
200 g Spinat, grob gehackt
1 Tomate, in Würfeln

Marinade
3 EL Olivenöl, extra vergine
2 TL Aceto balsamico
2 TL frisch gepresster Zitronensaft
1 kleine Knoblauchzehe, ausgepresst
2 TL Dijonsenf
4 EL Buttermilch oder Naturjoghurt
2 EL Dill, fein geschnitten
1 TL scharfer Senf
Meersalz und frisch gemahlener schwarzer Pfeffer

1. Die ersten vier Zutaten in einen Topf geben und bei mittlerer Hitze auf den Herd stellen. Sobald kleine Blasen aufsteigen und die Flüssigkeit anfängt zu köcheln, die Lachssteaks hineinlegen. Nicht kochen lassen. Den Lachs 4 bis 5 Minuten pochieren.

2. Den Fisch mit dem Schaumlöffel vorsichtig aus dem Kochsud heben und auf einen Teller legen. Mit Frischhaltefolie umhüllen und kalt stellen. Die Spargelstücke in die Kochbrühe geben und darin garen, aber nicht zu weich werden lassen. Sie sollen hellgrün sein.

3. Den Spargel herausheben und unter eiskaltem Wasser abschrecken. Abtropfen lassen und beiseite stellen.

4. In einer kleinen Schüssel alle Zutaten für die Marinade mit dem Schneebesen aufschlagen.

5. Auf großen Tellern je einen Spinatberg aufhäufen und obenauf ein Lachssteak legen. Die Spargelstücke darauf arrangieren und das Ganze mit der Marinade beträufeln.

Gebratene Flunderfilets in geschmorter Tomatensauce

Die Sauce erscheint Ihnen anfangs vielleicht ziemlich kompliziert, dabei ist sie eigentlich ganz einfach, und vor allem lohnt sie die kleine Mühe. Sie passt übrigens – mit Fleisch- statt Fischbrühe – auch zu gegrilltem Fleisch. Essen Sie vorweg eine kalte Gurkensuppe und beschließen Sie die Mahlzeit mit grünem Salat und Gorgonzola oder marinierten Zucchini. Das passt perfekt zu dem Fischgericht.

4 Portionen
1 EL Olivenöl
1 EL Butter
2 Knoblauchzehen, gehackt
1 rote Zwiebel, grob gehackt

1 kleines Glas Sherry oder süßer Weißwein
10 überbackene oder gegrillte Tomaten
1 EL abgetropfte Kapern
1 Fischbrühwürfel, aufgelöst in 2 Tassen Wasser
1 TL Safran (nach Wunsch) oder 1 Msp. Gelbwurz (Kurkuma)
1 TL frische Thymianblättchen
Meersalz und etwas scharfe Pfefferschote

4 Flunderfilets (à 150 g)
Meersalz und Pfeffer aus der Mühle
2 EL Olivenöl, extra vergine

1. Den Backofen auf 180 °C vorheizen.
2. In einer Pfanne das Olivenöl und die Butter bei mittlerer Hitze erwärmen. Den Knoblauch dazugeben, aber nicht bräunen, weil er sonst bitter wird. Die Zwiebeln untermischen und 2 Minuten mitbraten. Sherry angießen und weitere 2 Minuten dünsten. Tomaten, Kapern und Brühe sowie Safran oder Gelbwurz zugeben. Das Ganze 25 Minuten kochen lassen, gelegentlich umrühren.
3. Zum Schluss die Thymianblättchen an die Sauce geben, das Ganze durch ein Sieb gießen, die Flüssigkeit aufheben. Die Masse aus dem Sieb in den Mixer geben und fein pürieren. Das Püree zu der Flüssigkeit in den Topf geben, durchrühren und erhitzen. Mit Salz und roter Pfefferschote abschmecken.
4. Den Fisch mit Salz und Pfeffer würzen. In einer Pfanne das Olivenöl nicht zu stark erhitzen. Die Filets auf jeder Seite 2 Minuten braten, dann auf ein leicht geöltes Backblech setzen und, je nach Dicke der Stücke, 5 bis 7 Minuten im Backofen garen.
5. Die Sauce von der Mitte aus auf die Teller gießen und je ein Fischfilet darauf setzen.

Lachs auf knusprigem Blattgemüse mit Gurken-Relish

Dieses Gericht eignet sich gut, wenn Sie Gäste zum Mittag- oder Abendessen erwarten. Das Relish dient als »verkleideter« Salat, denn es steckt voller Leben, Enzyme und Nährstoffe. Essen Sie vielleicht am Anfang eine Sommerliche Mais-Chowder (siehe Seite 295). Dazu passt Weißwein. Als Dessert gibt es eine Schüssel Erdbeeren mit Sahne.

4 Portionen

Relish
2 Gurken, wenn nötig geschält, entkernt und in kleinen Würfeln
$^1/_2$ rote Paprikaschote, entkernt und in kleinen Würfeln
Saft von 2 Limonen
1 Knoblauchzehe, gehackt
1 EL Apfelessig
2 EL frisch gehackte Korianderblätter
2 Avocados, entkernt und in kleinen Würfeln
$^1/_2$ Pfefferschote, entkernt, gehackt
1 EL Honig
1 Tomate, entkernt und in kleinen Stücken

4 Lachsfilets
Meersalz und weißer Pfeffer
2 EL Olivenöl

Blattgemüse
5 EL Olivenöl
200 g Spinatblätter
200 g Rucola
Meersalz und Pfeffer

1. Den Backofen auf 180 °C vorheizen.
2. Den Lachs mit Salz und Pfeffer würzen.
3. Für das Relish sämtliche Zutaten in eine Schüssel geben und gut verrühren, würzig abschmecken und beiseite stellen.
4. In einer Pfanne das Olivenöl erhitzen und die Lachsfilets darin 2 Minuten auf jeder Seite braten. In eine Auflaufform legen und für weitere 4 Minuten im Backofen schmoren. (Wenn Sie Energie sparen wollen, können Sie den Fisch auch in der Pfanne garen.)
5. Für das Blattgemüse die Bratpfanne sauber auswischen oder in einer anderen Pfanne das Öl erhitzen und die Blattgemüse darin bei starker Hitze knusprig werden lassen; das dauert 2 bis 3 Minuten. Mit Salz und Pfeffer würzen.
6. Das knusprige Gemüse auf den Tellern verteilen. Die Lachsfilets darauf geben und das Relish dazu servieren.

Seebarsch mit Mangold und roter Paprikasauce

Ergänzen Sie dieses Gericht durch gedämpften Brokkoli oder grünen Salat. Und zum Nachtisch gibt es Birnenscheiben mit feiner Creme, parfümiert mit Muskat.

4 Portionen
2 Knoblauchzehen, gehackt
1 EL Butter
2 EL Olivenöl
1 Tomate, entkernt und in Würfeln
2 rote Paprikaschoten, entsaftet
$^1/_2$ Würfel Fischbrühe
4 EL Wasser
2 EL frisch gepresster Zitronensaft

1 EL gehackte Minzeblättchen
Meersalz und weißer Pfeffer aus der Mühle
4 Seebarschfilets à 150 g
4 Tassen Mangold, gehackt

1. Den Backofen auf 180 °C vorheizen.
2. Butter und 1 Esslöffel Olivenöl in einem Topf erhitzen, den Knoblauch ganz kurz darin wenden. Die Tomatenwürfel zufügen. 1 Minute dünsten; Paprikasaft, Brühe und Wasser zugeben. Die Sauce weitere 5 Minuten kochen. Den Topf vom Herd nehmen. Zitronensaft und Minzeblättchen einrühren und nach Geschmack mit Salz und Pfeffer würzen. Beiseite stellen.
3. Die Fischfilets mit Salz und Pfeffer einreiben. Das restliche Olivenöl erhitzen, die Filets darin anbraten, bis sie auf einer Seite schön braun sind. In eine feuerfeste Form legen und im Backofen in weiteren 6 Minuten garen.
4. Die Pfanne auswischen und die Mangoldblätter darin 3 Minuten dünsten. Die Gewürze zufügen.
5. Den Fisch auf einem Mangoldbett servieren. Die rote Sauce rund um das Gemüse gießen und die Teller sofort auf den Tisch bringen.

Goldbarsch aus dem Ofen auf Gemüsebett

Am besten servieren Sie dieses wohlschmeckende Gericht im Spätfrühling, wenn es frischen Spargel gibt. Dazu passt eine Schüssel klassischer Kopfsalat. Als erster Gang empfiehlt sich eine Artischockensuppe mit Kräutern und Weißkohl (siehe Seite 281).

4 Portionen

4 Goldbarschfilets

Meersalz und schwarzer Pfeffer

5 EL Olivenöl

3 Knoblauchzehen, fein gehackt

2 Schalotten, gehackt

1 Spritzer Weißwein, nach Wunsch

3 EL grob gehackte Basilikumblättchen

4 Kirschtomaten, entkernt, in Keilchen

10 Spargelstangen

1 Fischbrühwürfel, aufgelöst in 2 Tassen heißem Wasser

300 g Spinatblätter, gehackt

1. Den Backofen auf 180 °C vorheizen.
2. Die Fischfilets mit Salz und Pfeffer würzen. Eine Kasserolle erhitzen, 2 Esslöffel Öl hineingeben.
3. Die Filets ins heiße Öl legen und etwa 2 Minuten braten. Aus der Pfanne nehmen.
4. 2 weitere Esslöffel Öl in die Pfanne geben und darin Knoblauch und Schalotten kurz anbraten. Wein, Basilikum und Tomaten zufügen. Den Spargel hineinlegen, eine weitere Minute dünsten lassen und die Fischbrühe angießen.
5. Die Fischfilets mit der rohen Seite nach unten in die Kasserolle legen. Für 10 bis 12 Minuten in den Backofen stellen.
6. Inzwischen in einem Topf 2 Tassen Wasser zum Kochen bringen. Den Spinat darin 30 Sekunden blanchieren, auf einem Sieb eiskalt abschrecken und abtropfen lassen. Den restlichen Esslöffel Öl in den Topf geben und den abgetropften Spinat darin 1 Minute schwenken. Mit Salz und Pfeffer abschmecken.

7. Auf jeden Teller ein Viertel des Spinates geben, ein Fischfilet darauf arrangieren. Die Fischsauce würzig abschmecken, Gemüse und Sauce auf den Filets verteilen.

Gegrillter Heilbutt in Mango-Sauce

Dieses von der Karibik-Küche inspirierte Gericht gehört zu den Vorspeisen, die so kompliziert klingen, dabei aber ganz einfach sind. Natürlich braucht man ein bisschen Zeit, da die Sauce eine Dreiviertelstunde lang schön sämig eingekocht werden muss. Heilbutt ist ein feiner Fisch für besondere Gelegenheiten, und wir meinen, dass es auch dieses Rezept in sich hat.

Reichen Sie als Beilagen geröstete Paprikascheiben, Mais-Salsa, gegrillte Zucchini, roten Paprika dazu; das alles können Sie auch mit etwas Sauce beträufeln.

4 Portionen
$^1/_2$ weiße Zwiebel, geviertelt
2 Mangos, geschält und vom Kern geschnitten
1 ganze Pfefferschote
2 geröstete rote Paprikaschoten (siehe Seite 65)
2 Tomaten, geviertelt
$^1/_2$ EL gemahlener Piment
$^1/_2$ EL Zimt
$^1/_2$ EL gemahlener Kümmel
2 EL Zuckerrübensirup
2 EL Melasse

2 EL Honig
2 Knoblauchzehen
1 Tasse roter Weinessig
4 mittelgroße Heilbuttsteaks
$\frac{1}{2}$ EL Koriander, gemahlen
Salz und Pfeffer aus der Mühle

1. Zwiebeln, Mangostücke, Pfeffer und Paprika in eine schwere Pfanne geben und erhitzen. 10 Minuten unter gelegentlichem Umrühren dünsten. Die übrigen Zutaten hinzufügen und bei schwacher Hitze weitere 45 Minuten kochen lassen, dabei von Zeit zu Zeit umrühren.
2. Die reduzierte Sauce durch ein Sieb gießen und die Flüssigkeit aufheben. Die Hälfte der Masse aus dem Sieb in den Mixer geben und fein pürieren. Danach auch die zweite Hälfte pürieren. Dabei nach Bedarf etwas von der abgesiebten Flüssigkeit zufügen. Sauce und Püree zusammenrühren und mit Salz abschmecken.
3. Die Heilbuttscheiben in die Sauce tauchen und auf jeder Seite 3 bis 4 Minuten grillen, dabei immer wieder mit der Sauce beträufeln. Nach Geschmack mit Salz und Pfeffer abschmecken.

Sautierte Garnelen in süßem Maispüree

Dazu passt ein Salat aus getrockneten Tomaten und in Öl eingelegten Oliven oder gedämpftes grünes Gemüse wie Spinat oder Mangold, das zusammen mit der Sauce zu einem exquisiten Eintopf werden kann.

4 Portionen

Sauce
1 EL Butter
1 EL Olivenöl, extra vergine
1 Knoblauchzehe, gehackt
$^1/_2$ rote Paprikaschote, entkernt und in Würfel geschnitten
$^1/_2$ TL Cayennepfeffer
3 Maiskolben, gekocht und abgerebelt oder 1 $^1/_2$ Tassen gekochte Maiskörner
1 Tasse Geflügel- oder Gemüsebrühe
$^1/_2$ Tasse Buttermilch
2 EL frisch gehackte Petersilie
etwas Limonen- oder Zitronensaft
1 EL Honig
Meersalz und schwarzer Pfeffer aus der Mühle

Garnelen
500 g Garnelen, geschält (Darm entfernt)
Meersalz und schwarzer Pfeffer aus der Mühle
2 EL Butter
$^1/_2$ Tomate, entkernt und in Stückchen geschnitten
1 EL frisch gehackte Petersilie

1. In einer schweren Pfanne Butter und Olivenöl leicht erhitzen. Den Knoblauch ganz kurz darin anbraten, aber nicht bräunen. Paprika und Cayennepfeffer zugeben und 1 Minute darin anziehen lassen. Mais, Brühe und Buttermilch in die Pfanne geben. Das Ganze 20 Minuten kochen, dabei zwischendurch umrühren. Den Herd zurückschalten, Petersilie, Limonensaft und Honig einrühren, mit Salz und Pfeffer abschmecken. Die Gemüse im Mixer pürieren. Danach das Püree bei schwacher Hitze warm halten.

2. Die Garnelen mit Salz und Pfeffer würzen. In einer mittelgroßen Pfanne die Butter nicht zu heiß werden lassen, die Garnelen hineingeben. Wenn die Garnelen nach etwa 1 $\frac{1}{2}$ Minuten rötlich werden, Tomatenstücke und Petersilie zugeben.
Alles gut verrühren und die Pfanne vom Herd nehmen.

3. Das Püree auf 4 Tellern verteilen und die Garnelen darauf anrichten.

FUTTER ZUM DENKEN

Welchen Fisch Sie bevorzugen sollten
Die nachfolgende Liste enthält Fische und andere Meeresfrüchte, die nicht nur besonders wohlschmeckend sind,
sondern auch die meisten Omega-3-Fettsäuren enthalten
und aus relativ sauberen, also von Schadstoffen wenig
belasteten Gewässern (oft auch aus Fischfarmen) stammen. Wegen des niedrigen Fett- und Cholesteringehalts
der Meeresfische sind darin, wenn überhaupt, kaum mehr
als Spuren giftiger Rückstände zu finden. Sie können solche Fische also mit Genuss und ohne Sorgen essen. Auf
frittierten Fisch sollten Sie allerdings lieber verzichten.

▶ Seezunge
▶ Flunder
▶ Barsch
▶ Heilbutt
▶ Glattbutt
▶ Seeteufel
▶ Lachs
▶ Seebarsch

▶ Lachsforelle
▶ Forelle
▶ Schnapper
▶ Gelbschwänziger Schnapper
▶ Schleimkopf
▶ Thunfisch
▶ Thunfischkonserven
▶ Garnelen
▶ Krabben

Manche Fischarten aber sollte man mit Vorsicht genie-ßen, weil sie aus verschmutzten Gewässern kommen oder oft durch Parasiten belastet sind. Wenn Sie doch gele-gentlich auf diese Fische und Meeresfrüchte zurückgrei-fen möchten, sollten diese so frisch wie möglich sein oder aus Fischfarmen stammen. Und auch dann gilt, dass sie frittiert nicht besonders bekömmlich sind.

▶ Katfisch (gestreifter Seewolf, Steinbeißer)
▶ Kabeljau
▶ Hummer
▶ Aal
▶ Schwertfisch
▶ Flussbarsch
▶ Venusmuscheln
▶ Miesmuscheln
▶ Kammmuscheln

Garnelen-Quesadillas

Servieren Sie dieses köstliche Gericht mit Warmem Zucchini- und Spinat-Salat (siehe Seite 224). Es schmeckt aber auch nach einer Rahmsuppe ausgezeichnet. Kochen Sie Schalentiere immer am selben Tag, an dem Sie sie eingekauft haben. Auch im Kühlschrank sollten Sie nicht aufgehoben werden, nicht einmal einen Tag lang. Sie eignen sich einfach nicht für eine längere Lagerung.

2 Portionen
175 g große Garnelen
2 EL Olivenöl
1 TL Knoblauch, gehackt
1 TL Pfefferschote, entkernt, gehackt
100 g Mozarella, in 3 mm dicke Scheiben geschnitten
4 Maisfladen (25 cm Ø)
1 Tomate, entkernt und in Stücke geschnitten
2 EL frische Korianderblätter, gehackt
1 Msp. gemahlener Kreuzkümmel
2 EL frischer Limonensaft (ersatzweise Zitronensaft)
Meersalz und Pfeffer aus der Mühle

1. Die Garnelen putzen und dabei den schwarzen Darm am Rücken in ganzer Länge herausziehen. Die Schwänze abdrehen.
2. In einer kleinen Pfanne 1 Teelöffel Olivenöl erhitzen und den Knoblauch darin ganz kurz anbraten. Pfefferschote zufügen und 2 Minuten kochen lassen. Die Garnelen in die Pfanne geben. 2 Minuten garen, bis sie sich rosa verfärben. Die Garnelen aus der Pfanne nehmen und grob hacken.
3. Quesadillas zusammenstellen, das heißt, den Mozzarella und die Garnelenstücke zwischen 2 Tortillas geben. In einer zwei-

ten Pfanne das restliche Olivenöl erhitzen und die fertige Quesadilla darin auf beiden Seiten so lange braten, bis der Käse schmilzt und die Tortillas knusprig sind. Dasselbe bei der zweiten Quesadilla wiederholen. Jede der beiden in Viertel schneiden.

4. Tomatenstücke, Korianderblätter, Kümmel und Limonensaft in einer kleinen Schüssel verrühren. Mit Salz und Pfeffer kräftig würzen. Auf den Quesadillas verteilen und das Ganze servieren.

7. Geflügel

Hähnchenbrust mit marokkanischen Gewürzen

Ein Geflügelrezept mit ganz anderen Aromen. Dazu passt beispielsweise Krautsalat.

4 Portionen
4 Hähnchenbrüste, Knochen ausgelöst
3 EL frisch gepresster Orangensaft
1 TL Honig
2 TL gemahlener Kümmel
2 TL gemahlener Koriander
1 TL gemahlener Ingwer
$1/_2$ TL Kurkuma (Gelbwurz)
1 TL mildes oder scharfes Chilipulver (oder beides kombiniert)
$1/_2$ TL Zimt
$1/_2$ TL Meersalz
$1\,1/_2$ EL Distelöl

1. Die Hähnchenbrüste waschen und sorgfältig abtrocknen. Mit dem Fleischklopfer zu 1 bis 2 cm dicken Schnitzeln klopfen.
2. Orangensaft, Honig und sämtliche Gewürze in einer kleinen Schüssel zu einer cremigen Paste verrühren. Das Hähnchenfleisch damit bestreichen, zudecken und für eine halbe Stunde in den Kühlschrank stellen.
3. Eine Pfanne bei mittlerer Hitze heiß werden lassen und dann erst das Öl hineingießen. Sobald es heiß ist, die Hähnchenbrüste in die Pfanne legen und auf jeder Seite 5 Minuten braten, zwischendurch mehrfach wenden. Die Paste soll ganz leicht bräunen und karamellisieren. Damit die Gewürze nicht anbrennen, bei Bedarf ganz wenig Wasser angießen.

Heißer Einfall: Chili-Hähnchenbrust

Manchmal kommt die Idee für ein Gericht wie ein Blitz aus heiterem Himmel, und alle Zutaten und Aromen harmonieren auf Anhieb optimal. In diesem Fall stellen Köchin oder Koch befriedigt fest: ein heißer Einfall! Sie brauchen weniger als eine halbe Stunde, um dieses Geflügelgericht zuzubereiten.

2 oder 4 Portionen, je nach Größe der Hähnchenbrüste; Faustregel: 2 Brüstchen für Männer, 1 Hähnchenbrust für Frauen

4 EL Chilipulver

1 TL Kräutersalz

4 Hähnchenbrüste (ohne Knochen)

2 EL Olivenöl

4 dünne Scheiben geräucherter Mozzarella

$1/2$ Tasse Geflügelbrühe

Saft von $1/2$ Zitrone

1 EL Tomatenmark

1 TL gemahlener Kreuzkümmel

1. Den Backofen auf 190 °C vorheizen.
2. Chilipulver und Kräutersalz auf einem Teller mischen.
3. Die Hähnchenbrüste in der Kräutermischung wälzen.
4. In einer großen Pfanne das Olivenöl erhitzen. Die Hähnchenbrüste hineingeben und auf beiden Seiten 3 Minuten braun anbraten.
5. Die Hähnchenbrüste in eine flache Auflaufform legen. Auf jede 1 Scheibe geräucherten Mozzarella geben.
6. Den Bratensatz in der Pfanne mit Hühnerbrühe und Zitronensaft bei starker Hitze loskochen, das Tomatenmark mit dem Schneebesen einrühren und die Sauce mit Kreuzkümmel

würzen. Die Flüssigkeit auf ein Drittel einkochen und auf die mit Käse bedeckten Hühnerbrüste träufeln.

7. Im vorgeheizten Backofen 15 Minuten überbacken.

Chili-Essig-Hähnchenflügel

Diese Variation des vorangegangenen Rezepts ist etwas für Geflügel-Liebhaber, die gern Hähnchenflügel mögen. Sie haben genau die richtige Schärfe, eine luftige Teighülle und eine angenehme Würze. Diese Hähnchenflügel eignen sich zusammen mit Warmem Blumenkohl- und Olivensalat (siehe Seite 327) auch als Hauptgericht und finden bestimmt ihre Fans.

3 bis 4 Portionen
4 EL Chilipulver
3 EL Vollkornweizenmehl
1 TL Zwiebelpulver
1 TL gemahlener Kreuzkümmel
1 TL Salz
24 Hähnchenflügel
4-8 EL Distelöl
4 EL Apfelessig
2 EL Tomatensauce
$^1/_2$ Tasse Geflügelbrühe

1. Chilipulver, Mehl, Zwiebelpulver, Kreuzkümmel und Salz in einer Schüssel verrühren. Die Hähnchenflügel darin wälzen, so dass sie ganz von dieser Paste bedeckt sind. Für ein paar Stunden in den Kühlschrank stellen oder sofort zubereiten.

2. Den Backofen auf 190 °C vorheizen.

3. Das Öl in einem flachen Bratentopf erhitzen. Die Flügel portionsweise hineingeben und knusprig braun braten. Herausnehmen und auf Küchenpapier abtropfen lassen. Wenn nötig, noch etwas Öl hinzufügen.

4. In einem kleinen Topf Essig, Tomatensauce und Brühe verrühren, anschließend zum Kochen bringen und die Sauce auf ein Drittel einkochen lassen, damit sie schön sämig wird.

5. Die abgetropften Hähnchenflügel nebeneinander in eine große, flache Kasserolle legen und mit der Essigsauce beträufeln. Im vorgeheizten Backofen noch weitere 30 Minuten garen.

Ländlicher Hühnertopf mit Wurzelgemüse und Pilzen

Ein vorzügliches Gericht für den Winter! Wen stört schon unwirtliches Winterwetter, wenn eine solche Mahlzeit auf dem Herd steht. Statt Salat genießen Sie schon bei der Vorbereitung des Essens schlückchenweise ein Glas Möhrensaft und knabbern dazu ein bisschen rohes Wurzelgemüse.

4 Portionen
1 weißes Rübchen, geschält und in Würfel geschnitten
2 Möhren, geschält und in Würfel geschnitten
2 kleine Selleriewurzeln, geschält und in Würfel geschnitten
3 Pastinaken, geschält und geviertelt
1 Zwiebel, grob gehackt
1 Stange Porree, gewaschen und in Stücke geschnitten
1 Zweiglein Rosmarinnadeln oder 1 TL getrocknete
2 EL frische Thymianblättchen oder 2 TL getrocknete
1 1/2 Tassen Geflügelbrühe
1 frisches Huhn
Meersalz und Pfeffer aus der Mühle

2 EL Olivenöl
1 Schalotte, fein gehackt
1 Tasse Shiitake-Pilze, gewaschen und klein geschnitten
$^1/_2$ Tasse ganz junge Champignons
etwas zerstoßene rote Pfefferschote
2 EL Butter

1. Den Backofen auf 200 °C vorheizen.
2. Das Wurzelgemüse, Zwiebeln, Porree, Kräuter und $^1/_2$ Tasse Brühe in einen Schmortopf mit Deckel geben. Das Huhn mit Salz und Pfeffer würzen und auf das Gemüse legen. Den Topf nicht ganz fest zugedeckt in den Backofen stellen und das Huhn darin 1 Stunde garen.
3. Das Olivenöl in einer Pfanne schwach erhitzen. Die Pilze hineingeben und 1 Minuten braten, dann die restliche Brühe angießen. 5 Minuten kochen lassen. Die zerstoßene Pfefferschote zugeben. Würzig abschmecken. Vom Herd nehmen und die Butter mit dem Schneebesen einrühren.
4. Das Huhn aus dem Ofen nehmen. Die gesamte Bratenflüssigkeit an die Pilzsauce geben.
5. Das Huhn in Portionsstücke tranchieren. Huhn und Gemüse auf tiefen Tellern anrichten, die Pilzsauce darüber verteilen.

Puten-Chili

Dieses moderne Cowboygericht mit Truthahnfleisch vermittelt einen Eindruck von der Küche des amerikanischen Südwestens. Krautsalat rundet diese Mahlzeit ab und besänftigt den strapazierten Gaumen. Die Apfelsauce gibt dem Fleisch mehr Saft. Das Gericht schmeckt am besten, wenn es lange vor sich hin geköchelt hat. Wer es eilig hat, braucht den Eintopf aber nur etwa 30 Minuten kochen zu lassen.

4 bis 6 Portionen
1 EL Distelöl
1 Zwiebel, gehackt
1 $1/2$ TL Meersalz
2 Knoblauchzehen, fein gehackt
750 g gehacktes Putenfleisch
1 EL Tomatenmark
500 g Tomaten
$1/2$ Tasse ungesüßtes rohes Apfelpüree
1 EL Worcestershiresauce
1 EL Chilipulver
1 $1/2$ TL Tabascosauce
$1/2$ TL schwarzer Pfeffer aus der Mühle
1 TL getrockneter Oregano
$1/2$ TL zerstoßener roter Pfeffer
50 g eingelegte grüne Chilis, abgetropft und gehackt
500 g gekochte Kidneybohnen
2 TL gemahlener Kreuzkümmel
1 Tasse frische Korianderblätter, gehackt

1. In einem großen Topf das Öl erhitzen, die Zwiebeln darin bei mittlerer Hitze glasig und weich werden lassen. Den Knoblauch und das Fleisch dazugeben. Etwa 3 Minuten unter Rühren anbraten.
2. Alle übrigen Zutaten bis auf die Korianderblätter zugeben. Das Gericht zugedeckt etwa 2 Stunden bei ganz schwacher Hitze köcheln lassen, dabei gelegentlich umrühren. Mit Korianderblättchen bestreut servieren.

Putenschnitzel

Fragen Sie bei Ihrem Metzger nach besonders zartem Putenfleisch, das sich für diese ausgezeichnete Zubereitung eignet.
Am besten servieren Sie vorher Opa Schnells Lieblingsgemü-
sesuppe (siehe Seite 283) und reichen dazu einen Drei-Her-
zen-Salat (siehe Seite 318).

6 Portionen
2 Tassen Buttermilch
2 TL Worcestershiresauce
2 TL Senf
2 TL gekörnte Hühner- oder Gemüsebrühe
$1/2$ TL Cayennepfeffer
1 TL Zwiebelsalz
1 TL Knoblauchpulver
750 g zartes Putenfleisch, in 6 Stücke geschnitten
Meersalz und Pfeffer aus der Mühle
1 Tasse Vollkornbrotkrumen*
etwas Olivenöl für die Pfanne

1. In einer flachen Kasserolle Buttermilch, Worcestershiresauce,
   Senf, gekörnte Brühe, Cayennepfeffer, Zwiebelsalz und Knoblauchpulver vermischen.
2. Die Fleischstücke hineingeben und in der Marinade wenden.
   Für ein paar Stunden oder über Nacht in den Kühlschrank
   stellen.

---

*Am besten machen Sie sich ihre Brotkrumen oder Brösel aus trockenen Brotschei-
ben im Mixer selbst.

3. Die Putenstücke abtropfen lassen und vorsichtig trocken tupfen. Die Brotkrumen auf einen Suppenteller geben und mit Salz und Pfeffer mischen. Die Fleischstücke darin wälzen. Auf einen Teller legen. In eine beschichtete Pfanne etwas Olivenöl gießen, erhitzen und die Putenstücke darin 3 Minuten auf jeder Seite braten.

Puteneintopf nach Art des Südens

Saftiger, rustikaler und herzhafter Eintopf mit Putenfleisch – ein Schmaus der besonderen Art! Die Gemüse, darunter Limabohnen und Erbsen, sind es, die dafür sorgen, dass diese Mahlzeit basen- und ballaststoffreich ist.

3 bis 4 Portionen
2 EL Olivenöl
$^1/_2$ Putenbrust (mit Knochen)
Meersalz und Pfeffer aus der Mühle
1 EL fein gehackter Knoblauch
$^1/_2$ Tasse kleine Perlzwiebeln
3 Tassen Pastinakenstücke (5-cm-Würfel)
3 Tassen Grünkohl, in Streifen geschnitten
4 Möhren, geschält und in 5 cm lange Stücke geschnitten
3 Selleriestangen, 5 cm lang
$^1/_2$ Tasse Limabohnen (tiefgekühlt oder Konserve)
3 EL Erbsen (tiefgekühlt)
$1^1/_2$ Tassen Okra, in 5 cm langen Stücken
1 EL frische Thymianblättchen oder 1 TL getrocknete
2 Tassen Geflügelbrühe
1 Stange Porree, nur weiße Teile, gewaschen und in Stücke geschnitten

1. Den Backofen auf 200 °C vorheizen.
2. In einem großen Bräter 1 Esslöffel Olivenöl nicht zu heiß werden lassen. Das Putenfleisch mit Salz und Pfeffer einreiben und, mit der fleischigen Seite nach unten, 10 Minuten anbraten, ohne dass das Fleisch anbrennt. Aus dem Bräter nehmen und beiseite stellen.
3. Das restliche Öl in einen großen Suppentopf geben und den Knoblauch darin leicht anbraten. Zwiebeln, Pastinaken und Möhren zugeben. Unter gelegentlichem Rühren 8 bis 10 Minuten anrösten. Alle übrigen Zutaten untermischen und das angebratene Fleisch auf das Gemüse legen. Zugedeckt für 45 Minuten in den vorgeheizten Backofen stellen. Danach mit Salz und Pfeffer würzig abschmecken.
4. Das Gemüse auf Schüsseln oder tiefen Tellern verteilen. Das Fleisch aufschneiden und die Scheiben auf das Gemüse legen. Die Bratflüssigkeit darüber verteilen. Sofort servieren.

Geknofeltes Hähnchen–Sauté mit Artischockenherzen und Möhren

Dieses Geflügel-Gemüse-Gericht hat den Duft der Provence. Dazu passt als Vorspeise ein Salat nach Art des Hauses (siehe Seite 313). Ein Gläschen leichter Rotwein oder Weißwein veredelt die Mahlzeit noch. Sie können das Gericht gut vorbereiten und erst eine halbe Stunde vor dem Essen vollenden.

6 Portionen
2 EL Olivenöl
1,5 kg Hähnchenstücke (Brust, Ober- und Unterschenkel)
Meersalz und Pfeffer aus der Mühle
250 g Artischockenherzen (tiefgekühlt oder in Öl)

2 Möhren, geschält und in Scheiben geschnitten
1 mittelgroße Zwiebel, grob gehackt
10 Knoblauchzehen, in Scheibchen
$\frac{1}{2}$ TL getrockneter Thymian
2 Gläser trockener Weißwein
Saft von $\frac{1}{2}$ Zitrone
3 EL fein gehackte Petersilie
3 EL schwarze Oliven, halbiert und entkernt

1. Das Olivenöl in einer großen beschichteten Pfanne erhitzen. Das Hähnchenfleisch mit Salz und Pfeffer würzen und, mit der Hautseite nach unten, im Fett anbraten. Sobald die Stücke schön gebräunt sind, umdrehen und auf der anderen Seite anbraten. Nach 10 Minuten aus der Pfanne nehmen und zugedeckt stehen lassen.

2. Die Bratflüssigkeit bis auf 2 Esslöffel abgießen und die Artischockenherzen, Möhren, Zwiebeln, Knoblauch und Thymian in die Pfanne geben. 15 Minuten leicht anbräunen, dabei häufig umrühren.

3. Wein und Zitronensaft angießen und das Ganze zum Kochen bringen. Etwa 10 Minuten lang so weit einkochen lassen, dass die Gemüse nur noch glasiert sind.

4. Hähnchenfleisch zum Gemüse geben (bis hier lässt sich das Gericht vorbereiten und im Kühlschrank einige Stunden aufheben; vor dem Fertigkochen auf Zimmertemperatur bringen).

5. Die Pfanne zudecken und das Gericht bei mittlerer Hitze 15 Minuten kochen, bis die Hähnchenbrüste weich sind. Diese herausnehmen und weitere 15 Minuten köcheln lassen, damit auch die Schenkel gar werden. Die Brüste wieder in die Pfanne geben. Das Sauté bei starker Hitze nochmals 5 Minuten kochen. Petersilie und Oliven hineingeben, erhitzen und weitere 2 Minuten kochen.

Hühnertopf Mittelmeer-Art

Diese einfache Zubereitung vermittelt den Eindruck, dass Sie Stunden auf die Zubereitung verwendet haben. Wenn die Mahlzeit richtig satt machen soll, können Sie Linguine oder Spaghetti dazu servieren.

3 bis 4 Portionen
2 EL Olivenöl
1 ausgenommenes Huhn (1,5 kg) in Portionsstücken, enthäutet
2 Knoblauchzehen, in Scheibchen
100 g Pilze (Wild- oder Zuchtpilze, je nach Saison), geputzt, halbiert
3 EL frisch gehackte Petersilie
$\frac{1}{2}$ TL getrockneter Thymian
1 Msp. getrockneter Estragon
einige getrocknete Rosmarinnadeln
1 große Tomate, gehäutet, entkernt und in Stücken
2 El Oliven, halbiert und entkernt
$\frac{1}{2}$ Glas Weißwein
Meersalz und Pfeffer aus der Mühle
2 EL frisch gehacktes Basilikum oder 1 TL getrocknetes

1. Das Öl in einer tiefen Schmorpfanne mit Deckel erhitzen. Die Geflügelstücke hineinlegen und bei mittlerer Hitze auf beiden Seiten anbraten.
2. Nach 10 bis 15 Minuten Knoblauch und Pilze zugeben und 2 Minuten mitbraten. Petersilie, getrocknete Kräuter, Tomatenstücke und Oliven zufügen, den Wein angießen und mit Salz und Pfeffer würzen. Zugedeckt 10 bis 15 Minuten köcheln lassen.
3. Erst kurz vor dem Servieren das frische Basilikum einrühren.

Mariniertes Grillhähnchen mit Avocado-Tomatillo-Salsa

Im Südwesten der USA ist dies ein richtiges sommerliches Festessen. Tomatillos sind mexikanische grüne Tomaten, die Sie auch durch hiesige grüne Tomaten ersetzen können. Dazu passt am Kolben gegrillter Mais. Statt Salat gibt es, während das Fleisch auf dem Grill gart, Rohkost mit Joghurt.

4 Portionen

Limonen-Marinade
Saft von 3 Limonen
2 EL Olivenöl
1 EL fein gehackte Schalotten
1 EL frisches Koriandergrün, gehackt
1 EL frische Rosmarinnadeln oder 1 TL getrocknete
1 TL Meersalz
$1/_2$ TL Cayennepfeffer
1 Knoblauchzehe, in Scheibchen

6 Hähnchenoberschenkel
6 Hähnchenunterschenkel
3 Hähnchenbrüste, halbiert

Salsa
1 Pfefferschote, entkernt und gehackt
$1/_2$ weiße Zwiebel, fein gehackt
12 Tomatillos, ohne die papierdünne Haut oder 12 kleine grüne Tomaten, gehäutet
2 EL Olivenöl, extra vergine
2 El frische Korianderblätter

$^1/_2$ TL Meersalz
1 Avocado
1 EL frischer Limonensaft

1. Für die Marinade: Alle Zutaten in eine kleine Schüssel geben und verrühren. Die Geflügelstücke auf einen Teller legen und rundherum mit der Marinade bedecken. Zugedeckt für mindestens 1 Stunde und bis zu 24 Stunden in den Kühlschrank stellen.

2. Den Backofen auf 180 °C vorheizen. Die Fleischstücke aus der Marinade heben, in einen Bräter legen und für 15 Minuten in den Backofen stellen. Aus dem Ofen nehmen und beiseite stellen.

3. In einem kleinen Topf 4 Tassen Wasser zum Kochen bringen. Pfefferschote, Zwiebeln und Tomatillos darin 7 Minuten kochen lassen; die Tomatillos sollen weich sein, die Haut soll runzlig werden. Mit einem Schaumlöffel die Gemüse aus dem Wasser heben und in einer Schüssel 15 Minuten abkühlen lassen.

4. Die Gemüsemischung im Mixer mit Olivenöl, Korianderblättern und Salz nicht zu fein pürieren. Die Avocado schälen, entkernen, in kleine Stücke schneiden und diese mit der Tomatillo-Mischung in einer kleinen Schüssel gut verrühren. Limonensaft zugeben und würzig abschmecken.

5. Zur Fertigstellung des Hühnerfleischs die Stücke aus der Marinade nehmen, gut abtropfen lassen und – je nach Hitze des Grills und Größe der Stücke – 4 bis 7 Minuten auf jeder Seite grillen.

6. Die Stücke auf 4 Teller verteilen und mit einem Klecks Salsa anrichten.

Schnelle Fajita-Wickel

Diese Tortilla-Wickel sind ein lustiges und schnelles Familienessen. Wer sie lieber vegetarisch mag, kann das Hühnerfleisch durch Tofu-Würfel oder in Stücke geschnittene, gekochte Kartoffeln ersetzen. Am besten lassen sich die Wickel essen, wenn man sie wie Briefumschläge zusammenlegt. Geben Sie die Füllung in einem länglichen Streifen auf die Mitte. Falten Sie dann eine Seite hoch und rollen Sie sie auf.

4 Portionen
2 EL Olivenöl
1 gelbe oder rote Paprikaschote, entkernt und in Streifen geschnitten
1 große rote Zwiebel, in dünnen Ringen
1 Msp. Cayennepfeffer
2 Knoblauchzehen, in Scheibchen
2 Prisen getrockneter Oregano
4 Hühnerbrüstchen, ohne Knochen und Haut und in 1 cm breiten Streifen
5 EL Hühnerbrühe
Saft von 1 Limone oder Zitrone
Meersalz
1 Avocado, geschält und in kleine Keile geschnitten
1 große Tomate, entkernt und in kleine Keile geschnitten
$1/_2$ Tasse frische Korianderblätter, gehackt
4 große Tortillas (dünne Fladen) aus Weizenmehl
$1/_2$ Tasse Naturjoghurt oder saure Sahne (nach Wunsch)

1. 2 Teelöffel Olivenöl in einer mittelgroßen Pfanne erhitzen, den Paprika und die Zwiebeln darin bei starker Hitze etwa 5 Minuten braten. Mit Cayennepfeffer, Knoblauch und Oregano würzen; alles etwa 1 Minute unter Rühren weiterbraten.

2. Die Fleischstreifen und die Brühe zugeben und unter häufigem Rühren so lange dünsten, bis das Fleisch weich und die Brühe stark eingekocht ist. Das dauert etwa 5 Minuten. Die Pfanne vom Herd nehmen, Limonensaft zugießen und salzen. Das Fleisch auf eine Platte geben. Mit Avocado- und Tomatenkeilen dekorieren und die gehackten Korianderblätter darüber streuen.

3. Die Tortillas für weniger als 1 Minute je Seite in einer großen Pfanne erhitzen und dazu servieren. Jeder Esser kann sich seine Tortilla selbst füllen, einwickeln und nach Wunsch dazu einen Klecks Joghurt oder saure Sahne nehmen.

Geflügelsalat mit Sesam

Dieser Salat macht auch Kindern Spaß, weil er vom Spieß gegessen wird und so »chinesisch« schmeckt.

4 Portionen
8 hölzerne Spieße
4 Hühnerbrüstchen, ohne Knochen und Haut, aufgeschnitten

Marinade
3 EL Distelöl
2 EL Reisessig
1 EL frisch gepresster Orangensaft
2 EL gerösteter Sesamsamen
1 EL geröstetes Sesamöl

1 EL Sojasauce

2 Msp. Senf

1 Knoblauchzehe

1 EL dünne Ingwerscheibchen

2 EL Olivenöl

2 Tassen Chinakohl in feinen Streifen

250 g Schotenerbsen, geputzt, blanchiert

200 g Shiitakepilze, gedämpft

2 Tassen frischer Spinat in Streifen

4 kleine Gurken, in Stifte geschnitten (siehe Seite 66)

2 EL gerösteter Sesam zum Bestreuen

1. Die Spieße 30 Minuten in Wasser einweichen. Die Fleischstücke in 1cm dicke Streifen schneiden, gleichmäßig auf die vier Spieße stecken und in eine Form legen.
2. Alle Zutaten für die Marinade in den Mixer geben und pürieren. Mit einem Viertel der Marinade die Fleischspieße marinieren. Diese anschließend zugedeckt für 1 bis 2 Stunden in den Kühlschrank stellen.
3. 1 Esslöffel Olivenöl in einer großen Grillpfanne erhitzen und die Fleischstreifen auf den Spießen anbraten. Nach 2 bis 3 Minuten umdrehen und weiterbraten, bis das Fleisch gar ist. Die Spieße herausnehmen und die Chinakohlstreifen 2 Minuten anbraten, damit sie weich, aber noch knackig sind. In einer Pfanne das restliche Öl erhitzen, die Pilze und Erbsenschoten darin einige Minuten schmoren.
4. Die warmen Gemüse, die Spinatstreifen und Gurkenstifte in einer großen Schüssel mischen. Die restliche Marinade darübergeben. Den Salat auf vier Tellern verteilen und auf jeden 2 Spieße legen. Nach Wunsch mit gerösteten Sesamsamen bestreuen.

Geschnetzelter Geflügelsalat

Ein kühler Salat mit einem Hauch von Exotik. Der Apfel gibt ihm die nötige Süße und hilft mit, das Eiweiß zu verdauen.

4 Portionen
6 gegrillte, gebratene oder gekochte Hühnerbrusthälften
1 EL Frühlingszwiebeln, fein geschnitten
1 EL Stangensellerie, in kleine Stücke geschnitten
1 TL getrockneter Kerbel
$1/2$ TL getrocknetes Basilikum
1 EL fein gehackte Petersilie
2 EL Pekannüsse, grob gehackt
1 Apfel, in kleinen Stücken
$1/4$ Tasse Kokosflocken
2 TL Olivenöl, extra vergine
2 TL frisch gepresster Zitronensaft
3 EL Joghurt
1 EL Mayonnaise
$1/2$ TL gemahlener Koriander
Kräutersalz und Pfeffer aus der Mühle

1. Das gegarte Hühnerfleisch in feine Streifen schneiden und in eine große Schüssel geben.
2. Frühlingszwiebeln, Stangensellerie, Kerbel, Basilikum und Petersilie hinzufügen. Pekannüsse, Apfelstücke und Kokosflocken untermischen.
3. Die übrigen Zutaten in einer kleinen Schüssel verrühren und unter die Salatzutaten heben. Alles gut mischen.

FUTTER ZUM DENKEN

Äpfel

Die Hauptrolle spielt hier das Pektin. Zwei große Äpfel täglich können bewirken, dass der Cholesterinspiegel um 16 Prozent gesenkt wird, und zwar wegen des hohen Pektingehalts der Früchte. Pektin wirkt als eine Art Gel im Magen, das die vollständige Absorption des Fetts aus der Nahrung verhindert.

Super-Salat aus Thai-Hühnchen mit Zitrone

Diese Salatschüssel bietet die in der asiatischen Küche traditionelle Kombination von Nudeln, Gemüse und ganz wenig Hühnerfleisch. Sie ist ein erfrischendes Mittag- oder Abendessen an heißen Tagen. Der schwarze Sesamsamen gibt dem Salat die besondere Note. Wenn es ihn in Ihrem Asienladen nicht gibt, können Sie ihn ruhig weglassen oder durch hellen Sesamsamen ersetzen. Dazu passt ein geeister Kräutertee mit Ingwergeschmack.

2 Portionen
250 g Udon-Nudeln (ersatzweise Vollkornspaghetti)
2 Tassen Erbsenschoten, geputzt
2 Tassen Wirsing in feinen Streifen
2 EL Distelöl
1 Hühnerbrust ohne Knochen und Haut, halbiert
1 TL Knoblauchscheibchen
Saft von 1 Zitrone
$\frac{1}{2}$ TL Zitronenschale (ungespritzt)

1 TL schwarzer Sesamsamen
2 EL Tahini
2 EL Wasser
1 EL Frühlingszwiebeln, fein geschnitten
2 EL Reisessig
2 EL Sojasauce
2 TL Honig
$^1/_2$ TL gehackte Thai-Pfefferschote oder 1 Msp. Cayennepfeffer
Meersalz

1. Die Udon-Nudeln nach der Gebrauchsanweisung auf der Pa-ckung zubereiten und gut abtropfen lassen.
2. Schotenerbsen und Wirsing 5 Minuten dämpfen, bis die Ge-müse gar, aber noch knackig sind. Aus dem Dämpfer nehmen und beiseite stellen.
3. 1 Esslöffel Öl in einer großen Pfanne erhitzen, aber nicht zu heiß werden lassen. Die Hühnerbruststücke darin anbraten. Knoblauch zugeben, 2 Minuten mitbraten. Zitronensaft und -schale sowie die Sesamsamen zufügen. Das Fleisch wenden und noch etwa 8 Minuten weitergaren. Garprobe machen; wenn der austretende Saft klar bleibt, ist das Fleisch durch. Fleisch aus der Pfanne nehmen, die Kochflüssigkeit aufheben.
4. In einer kleinen Schüssel das restliche Öl mit den übrigen Zu-taten bis auf das Salz gut vermischen. Die Garflüssigkeit da-runtermischen.
5. Nudeln, Fleisch und Gemüse in einer großen Schüssel mi-schen. Die Salatsauce unterheben. Bei Zimmertemperatur servieren.

Salat mit Curryhuhn

Dieser köstliche Salat ist innerhalb von Minuten zusammengestellt. Es geht sogar noch schneller, wenn Sie fertig gebratenes Hühnerfleisch verwenden.

4 bis 6 Portionen
1 große Chicoreestaude
2 EL Olivenöl
3 Hühnerbrüste ohne Knochen, halbiert
1 Hand voll halbierte, entkernte blaue Weintrauben
Meersalz
2 bis 3 Tassen Kopfsalat, geputzt und in Stücken

Salatsauce
1 EL Sonnenblumenöl
1 EL Curry
1 EL Mayonnaise
3 EL Naturjoghurt
1 EL Frühlingszwiebeln, fein geschnitten
2 EL fein gehackte Petersilie
Meersalz

1. Vom Chicoree den Strunk abschneiden, die äußeren Blätter entfernen. Feine Ringe schneiden und diese auseinander nehmen. In eine größere Schüssel geben.
2. In einer beschichteten Pfanne das Olivenöl erhitzen, die Fleischstücke darin 5 bis 7 Minuten auf jeder Seite braten. Der austretende Fleischsaft sollte zum Schluss ganz klar sein. Abkühlen lassen. Wenn das Fleisch kalt ist, in 1 cm große Würfel schneiden.

3. Für die Salatsauce das Öl erhitzen und den Curry darin bei Mittelhitze 2 oder 3 Minuten verrühren. Abkühlen lassen und in einer Schüssel mit der Mayonnaise vermischen. Joghurt, Zwiebelgrün, Petersilie und Salz zugeben und alles gut verrühren.
4. In einer Schüssel Weintrauben, Fleisch und die Sauce mit den Chicoreestreifen gut vermischen. Nochmals mit Salz abschmecken. Auf einem Bett aus grünem Salat servieren.

Cäsars Super-Geflügelsalat

An diesem Salat haben mit Sicherheit auch Teenager ihre Freude.

2 Portionen

Salatsauce
1 Sardellenfilet (nach Wunsch)
1 Knoblauchzehe
1 TL Aceto balsamico
1 TL frisch gepresster Zitronensaft
1 TL Worcestershiresauce
$1/2$ TL Senf
5 EL Olivenöl, extra vergine
3 EL geriebener Parmesankäse
3 EL Buttermilch

2 Hühnerbrüstchen ohne Knochen und Haut, halbiert
Meersalz
schwarzer Pfeffer aus der Mühle
Saft von $1/2$ Zitrone

1 Knoblauchzehe, fein gehackt
1 EL Olivenöl
1 Römischer Salat (4 Tassen), geputzt, in Stücke gezupft

1. Alle Zutaten für die Salatsauce in den Mixer geben und pürieren. Beiseite stellen.
2. Die Hühnerbrüstchen mit einer Mischung aus Salz, Pfeffer, Zitronensaft, Knoblauch und Öl einreiben. Das Fleisch in einer beschichteten Pfanne auf jeder Seite 7 Minuten braten. Der austretende Fleischsaft muss klar bleiben, dann ist das Fleisch gar. Wenn nötig, etwas Wasser zufügen, damit nichts anbrennt.
3. Inzwischen den Blattsalat in einer großen Schüssel mit der Salatsauce mischen und auf 2 Tellern verteilen.
4. Das Fleisch aus der Pfanne nehmen und jedes Stück diagonal in 4 Teile schneiden. Auf dem Salat fächerförmig anrichten und warm servieren.

8. Fleisch

Marinierte Schweinekoteletts mit schwarzen Bohnen in milder Pfeffersauce

Ein würziges, eiweißreiches Männergericht mit kubanischem Touch. Ein Salat passt sehr gut dazu.

4 Portionen
4 Schweinekoteletts (à 200g), etwa 2 cm dick

Marinade
Saft und Schale von 1 Orange (unbehandelt)
Saft und Schale von 2 Limonen oder Zitronen (unbehandelt)
$1/2$ Zwiebel, fein gehackt
1 TL getrockneter Oregano
1 TL Koriander
1 TL gemahlener Kreuzkümmel

Bohnen
2 Tassen gekochte, gut abgetropfte schwarze Bohnen
1 EL Olivenöl
1 TL getrockneter Majoran
Meersalz und Pfeffer aus der Mühle

Sauce
2 EL Distelöl
1 weiße Zwiebel, gehackt
3 Knoblauchzehen, gehackt
4 milde grüne Pfefferschoten, entkernt und in Streifen geschnitten
5 Eiertomaten, gehäutet, entkernt und gehackt
1 Tasse Rosinen

¹/₂ TL gemahlene Gewürznelken

1 TL gemahlener Kreuzkümmel

2 EL Ahornsirup

5 Tassen Geflügelbrühe

2 Mais-Tortillas, geviertelt

1. Die Zutaten für die Marinade in einer flachen Schüssel mischen. Die Koteletts darin wenden, damit sie ganz mit Marinade bedeckt sind, und zugedeckt in den Kühlschrank legen. Mindestens 6 (und bis zu 24) Stunden marinieren.

2. In einer großen Schüssel Bohnen mit Öl, Majoran, Salz und Pfeffer mischen. Beiseite stellen.

3. Den Backofen auf 180 °C vorheizen.

4. Für die Sauce 1 Esslöffel Öl in einem kleinen Topf erhitzen. Sobald das Öl heiß genug ist, die Zwiebeln hineingeben und anbraten. Den Knoblauch zufügen und mitbraten, bis die Zwiebeln glasig sind. Die Pfefferschoten zugeben und noch 2 Minuten mitbraten. Danach alle übrigen Saucen-Zutaten bis auf die Tortillas zufügen und die Sauce im offenen Topf bei mittlerer Hitze 30 Minuten kochen lassen.

5. Die Tortillaviertel in die Sauce geben und noch 5 Minuten mitkochen. Vom Herd nehmen und das Ganze, einschließlich der Tortillas, im Mixer pürieren. Anschließend durch ein nicht zu feines Sieb streichen. Die Sauce sollte eine dickliche Konsistenz haben. Falls sie zu flüssig ist, noch einmal in den Topf geben und bei mittlerer Hitze nochmals 3 bis 4 Minuten einkochen lassen.

6. In einem ofenfesten Bräter die marinierten Koteletts 3 Minuten auf jeder Seite braten. Dann den Bräter in den vorgeheizten Backofen stellen und die Koteletts, je nach Größe, in 20 bis 25 Minuten garen.

7. Beim Anrichten die Sauce auf 4 Tellern verteilen, darauf eine reichliche Portion Bohnen geben und die Koteletts oben auf die Bohnen legen.

Geschmorte Schweinelende mit würzigem Apfel, Spargel und brauner Sauce

Eine Idee für das Sonntagsessen und für alle, die gern traditionell essen. Dazu passt ein Salat nach Art des Hauses (siehe Seite 313).

6 Portionen

Schweinelende
1 bis 1,5 kg Schweinelende (Rollbraten)
2 große Knoblauchzehen in Streifen
2 TL gemahlener Salbei
Meersalz und Pfeffer aus der Mühle

Würziger Apfel
5 Äpfel, geschält, entkernt und in dickere Scheiben geschnitten
$^1/_2$ Tasse Rosinen oder Korinthen
2 TL Orangeat, fein gewürfelt
$^1/_2$ Tasse Apfelsaft oder Wasser
$^1/_2$ TL Zimt
$^1/_2$ TL gemahlener Kardamom

Spargel
500 g Spargel, geschält, die harten Enden abgeschnitten

braune Sauce

2 EL Olivenöl

2 EL Vollkornweizenmehl

1 EL Saucenpulver

2 EL Rotwein

1 EL Worcestershiresauce

$1/_2$ TL Zwiebelpulver

$1/_2$ Tasse Wasser

2 Tassen Gemüsebrühe (selbst gemacht oder aus einem Würfel)

1. Den Backofen auf 180 °C vorheizen.

2. Die Knoblauchstreifen hinter das Netz stecken, mit dem der Rollbraten umgeben ist. Das Fleisch mit gemahlenem Salbei sowie Salz und Pfeffer würzen.

3. Das Fleisch in einem flachen Bräter auf den Rost des Backofens stellen und in ca. 90 Minuten (30 Minuten pro $1/_2$ Kilo) garen. Mit dem Fleischthermometer messen, ob das Fleisch im Innern durchgebraten ist. Aus dem Ofen nehmen und 15 Minuten mit Alufolie abgedeckt stehen lassen. Die Fleischtemperatur im Innern sollte vor dem Anschneiden 75 °C betragen.

4. Während der Garzeit des Fleisches die gewürzten Äpfel zubereiten. Alle Zutaten in einen Topf geben und bei schwacher Hitze ungefähr 10 Minuten köcheln, dabei mehrfach umrühren. Die Apfelscheiben sollen weich sein, aber nicht zerfallen. Beiseite stellen.

5. Wasser in einem Topf zum Kochen zu bringen. Den Spargel hineingeben und 15 Minuten kochen. Mit einem Schaumlöffel herausheben und auf einem Tuch abtropfen lassen.

6. Für die braune Sauce in einem Pfännchen das Öl erhitzen und das Mehl darin leicht anbräunen. Die Gewürzzutaten hineingeben. Das Wasser angießen und mit dem Schneebesen aufschlagen, damit es keine Klümpchen gibt. Unter gele-

gentlichem Durchrühren die Sauce noch einmal zum Kochen bringen.

7. Das Fleisch in Scheiben schneiden und diese in die Mitte einer großen Platte legen. Die gewürzten Apfelscheiben nochmals kurz erhitzen und seitlich vom Fleisch anrichten. Den Spargel auf die andere Seite geben. Etwas Sauce über dem Ganzen verteilen. Die übrige Sauce in eine Sauciere füllen und extra reichen.

FUTTER ZUM DENKEN

Strenge Vegetarier
Fünf Jahre lang habe ich mich ausschließlich vegetarisch ernährt. Auch nicht der kleinste Bissen Fleisch ist mir über die Lippen gekommen. In keiner Form kam es auf den Tisch, nicht einmal als *ham and eggs*. Auch genoss ich keinen einzigen Milchshake. Mein Pausenbrot für die Schule bestand jeden Tag aus Vollkornsandwiches, 3 Äpfeln, 3 Orangen. Mein Körper bezog sein Eiweiß nur aus Nüssen, Gemüsen und Getreide. Es machte mir gar nichts aus, dass meine Klassenkameraden lachten und mich die »Gesundheitsnuss« nannten.

Natürlich war ich auf dem Holzweg (deshalb schildere ich meine Vergangenheit so ausführlich). Ich trieb es zu radikal, wurde Opfer der schlimmsten Form eines Gesundheitsticks, der damals in Mode war, noch dazu habe ich mir diese Torheit selbst auferlegt. Damals hatte ich keine Ahnung von gesunder Ernährung. So enthielt meine spartanische Diät beispielsweise viel zu wenig Aminosäuren. Ich war ständig aufgebläht und müde. Oft hatte ich schmerzhafte Blähungen, die noch schlimmer waren als die Kopfschmerzen, unter denen ich litt.

▶ So erinnert sich Jack LaLanne, ein 84 Jahre alter Sport ler und Fitness-Pionier. Im Januar 1997 schaffte Jack noch mehr Liegestützen als die gesamte Football-Mannschaft von Dallas.

Beaus Rindfleisch-Haschee

Eines Sonntags, als wir gerade ein Bananen-Dattel-Brot in den Ofen geschoben hatten, entwickelte unser halbwüchsiger Sohn Beau dieses Rezept. Dabei ließ er sich von einem Spinat-Rindfleisch-Eier-Haschee inspirieren, das wir einmal in Joe's Restaurant in San Francisco gegessen hatten. Noch während das Haschee auf dem Herd stand, bereiteten wir uns als Beilage einen Gurken-Joghurt-Salat, und bald darauf konnten wir uns auch schon zu unserem köstlichen Mahl niederlassen, das sich zum Brunch ebenso eignet wie zum Mittag- oder Abendessen.

3 bis 4 Portionen
400 g frischer Spinat (ersatzweise tiefgekühlter)
1 El Olivenöl
1 mittelgroße Zwiebel, gehackt
150 g Hackfleisch vom Rind
2 Salsiccia (frische ital. Schweinsbratwurst)
$1/2$ TL getrockneter Thymian
6 Eiweiße

frisch geriebener Emmentaler
Salz und Pfeffer aus der Mühle

1. Den Spinat putzen, waschen, gut abtropfen lassen und in einem großen Topf mit kochendem Wasser 1 Minute blanchieren. Den Spinat auf ein Sieb gießen, abtropfen lassen, etwas ausdrücken, grob hacken und beiseite stellen.
2. Das Olivenöl in einem Topf erhitzen. Die Zwiebeln darin glasig werden lassen. Das Hackfleisch und die Würstchen (ohne Haut) zugeben und mitbraten. Mit einem Holzlöffel die Fleischbröckchen zerdrücken. So lange braten, bis das Fleisch leicht gebräunt ist. Den Spinat zugeben und kurz mitbraten. Alle Zutaten gut verrühren.
3. Thymian und Eiweiße zugeben, dabei die Pfanne schwenken, damit sich das Eiweiß gleichmäßig verteilt. Noch 1 Minute weitergaren, damit das Eiweiß stockt, aber nicht mehr umrühren. Die Pfanne vom Herd nehmen und das Gericht mit Käse, Salz und reichlich Pfeffer aus der Mühle würzen.

Barbecue-Schüssel

Grillen Sie die angeführten Fleischstücke und Gemüse und geben Sie sie in eine große, flache Keramikschale. Dazu gibt es geröstete Maiskolben.

6 Portionen

Gewürzmischung
2 EL Knoblauchpulver
2 TL gemahlene Chilis oder Cayennepfeffer
Meersalz und Pfeffer aus der Mühle

Marinade
$^1/_2$ Tasse Olivenöl
1 EL Worcestershiresauce
4 Knoblauchzehen, ausgepresst

4 Lammkoteletts (Schulter)
4 Salsiccias (ital. Schweinsbratwurst)
4 Hühnerbrüstchen, halbiert
2 große rote Zwiebeln in dicken Scheiben
2 mittelgroße Zucchini in schrägen Scheiben
2 rote Paprikaschoten, entkernt und in Scheiben
2 gelbe Paprikaschoten, entkernt und in Scheiben

1. Die Gewürze zum Einreiben in einer kleinen Schüssel mischen. Das Fleisch damit von allen Seiten einreiben und dann
für $^1/_2$ bis 1 Stunde zugedeckt in den Kühlschrank stellen.
2. In einer Schüssel die Zutaten für die Marinade verrühren. Die
Gemüse hineinlegen und $^1/_2$ bis 1 Stunde darin marinieren.
3. Den Grill bis zur Mittelhitze anheizen. Fleisch und Gemüse-
scheiben auf den Grill legen und nach Bedarf mit der restlichen Marinade bepinseln.
4. Die fertig gegrillten Fleischstücke jeweils in 3 Streifen schneiden und zusammen mit dem gegrillten Gemüse in einer großen Schale anrichten.

Schnelle Linguine Bolognese

Diese feine Sauce lässt sich in genau 30 Minuten zubereiten. Das erwünschte Eiweiß kann aus Hackfleisch vom Rind
oder von der Pute stammen. Dazu passt ein großer Salat nach
Art des Hauses (siehe Seite 313). Wenn's ein vegetarisches Ge-

richt werden soll, können Sie das Hackfleisch durch Tofuwürfel ersetzen und die Wurst durch eine vegetarische Pastete.

6 bis 8 Portionen
$^1/_2$ Tasse Olivenöl
6 große Knoblauchzehen in Scheibchen
1 große Zwiebel, gehackt
750 g Hackfleisch (Rind oder Pute) oder festen Tofu in Würfeln
1 Salsiccia (frische ital. Schweinsbratwurst)
1 $^1/_2$ EL Tomatenmark
1 Dose Tomatensauce (250 g)
3 Dosen italienische Tomaten (400 g), fein gehackt
1 EL getrocknetes Basilikum
1 TL getrockneter Oregano
1 Msp. Cayennepfeffer
2 TL gekörnte Brühe
Meersalz und Pfeffer aus der Mühle
500 g Linguine oder Spaghetti

1. Das Öl in einer großen Pfanne erhitzen. Knoblauch und Zwiebeln darin glasig werden lassen.
2. Das Hackfleisch und die Wurst (ohne Haut) in die Pfanne geben, gut durchrühren und anbraten.
3. Tomatenmark, Tomatensauce und die gehackten Tomaten aus der Dose zugeben und durchrühren. Basilikum, Oregano, Cayennepfeffer und gekörnte Brühe hinzufügen. Alles gut vermischen.
4. Die Sauce zum Kochen bringen, danach bei schwacher Hitze noch 10 Minuten köcheln lassen. Mit Salz und Pfeffer würzen.
5. Die Linguine oder Spaghetti nach Vorschrift in reichlich Wasser kochen, abgießen und abtropfen lassen. Zusammen mit der Bologneser Sauce servieren.

Sonntagsbraten

Wenn Sie einen besonders mageren Rinderbraten haben, können Sie die Sauce naturel verwenden, brauchen sie also nicht abzuschöpfen. Dieser unkonventionelle Braten eignet sich gut für ein Sonntagabend-Menü. Und denken Sie daran, diese Zusammenstellung ist eine Möglichkeit, aber wirklich nur eine.

4 bis 6 Portionen
1 EL Olivenöl
1 große Knoblauchzehe, zerdrückt
1 mittelgroße Zwiebel, gehackt
1 $^1/_2$ kg magerer Rinderbraten
6 Knoblauchzehen in Scheibchen
1 Tasse Rindfleischbrühe
1 Glas Rotwein
1 $^1/_2$ Tassen Wasser
1 Lorbeerblatt
$^1/_2$ TL getrockneter Thymian
1 TL Meersalz
Pfeffer aus der Mühle
3 Möhren, geschält und in Scheiben geschnitten
5 kleine Kartoffeln, geschält und in Stücke geschnitten
250 g tiefgekühlte oder eingelegte Artischockenherzen
250 g eingelegte Perlzwiebeln, abgegossen und abgewaschen

1. Das Olivenöl in einem großen Bräter erhitzen. Den Braten mit der zerdrückten Knoblauchzehe abreiben. In den Bräter legen und von allen Seiten anbräunen. Zwiebeln hineingeben und glasig werden lassen. Knoblauchscheiben, Brühe, Rotwein, Wasser sowie die Gewürze zugeben.

2. Den Backofen auf 165 °C vorheizen. Den Bräter fest verschließen und in den Ofen stellen. 2 Stunden schmoren, zwischendurch gelegentlich mit Bratflüssigkeit begießen.
3. Möhren, Kartoffeln, gut abgetropfte Artischockenherzen und abgetropfte Perlzwiebeln zum Fleisch geben. Weitere 1 1/2 Stunden schmoren lassen, bis Fleisch und Gemüse weich sind.
4. Den Braten herausnehmen, in dicke Scheiben schneiden und auf einer vorgewärmten Platte anrichten. Mit den Gemüsen und der abgeschmeckten Sauce servieren.

Rinderfilet mit Knoblauch gespickt

Servieren Sie dieses vorzügliche Gericht mit Spinat- und Endiviensalat mit Erdbeeren (siehe Seite 315). Die Krönung für die Filets wäre ein Rote-Bete-Relish (siehe Seite 346).

4 Portionen
2 Rinderfiletsteaks à 250 g
1 TL schwarzer Pfeffer
aus der Mühle
1 TL frischer Thymian
1 ganze Knoblauchzwiebel
Meersalz

1. Den Backofen auf 200 °C vorheizen.
2. Die Steaks mit Pfeffer und Thymian würzen. Zugedeckt beiseite stellen.
3. Die Knoblauchzwiebel in eine kleine feuerfeste Form legen und für 1 Stunde in den Backofen stellen. Herausnehmen und den Ofen noch eingeschaltet lassen.
4. Von den Knoblauchzehen die Spitzen abschneiden und die

weiche Masse in eine kleine Schüssel drücken. Die Schalen entfernen.

5. Jedes Steak in der Mitte so weit einschneiden, dass ein Teelöffel Knoblauchmus darin Platz findet.

6. Die Steaks in einem heißen Bräter auf beiden Seiten braun anbraten. Den Bräter in den Ofen stellen und die Steaks 10 bis 12 Minuten braten, damit sie medium sind. Wenn sie durch sein sollen, weitere 5 Minuten garen.

7. Sobald das Fleisch aus dem Ofen kommt, salzen und sofort servieren.

Gegartes Rindfleisch für Tacos, Burritos und Enchiladas

Traditionell wird dieses Gericht mit Hähnchenschnitzeln gemacht. In diesem Fall aber verwenden wir gut abgehangene Rindersteaks.

8 bis 10 Portionen
1 kg Rindersteaks (vom Roastbeef oder aus der Lende)
$1/_2$ Tasse Apfelessig
3 Tassen Wasser oder Rindfleischbrühe
2 Zwiebeln, in Scheiben
2 Knoblauchzehen, in Scheibchen
1 TL Knoblauchpulver
1 TL gemahlener Kreuzkümmel
1 TL Meersalz

1. Den Backofen auf 165 °C vorheizen.

2. Alles sichtbare Fett vom Fleisch entfernen. Das Fleisch mit allen angegebenen Zutaten in einen Bräter legen und zudecken.

3. Den Bräter für 2 bis 3 Stunden in den vorgeheizten Ofen stellen. Das Fleisch hat die richtige Konsistenz, wenn man es mit einer Gabel leicht auseinander reißen kann.

4. Das Rindfleisch aus der Brühe heben und mit zwei Gabeln zerpflücken. Zudecken und in den Kühlschrank stellen. Die Brühe ebenfalls kühl stellen, damit sich das Fett an der Oberfläche absetzt.

5. Die feste Fettschicht von der Brühe abheben und für die nachfolgende Chili-Sauce verwenden.

6. Die Chili-Sauce zubereiten und das Fleisch darin zusammen mit Bohnen erhitzen (für Chili-Burritos). Oder das Fleisch kalt verwenden für Tacos oder Taco-Salate (siehe nachfolgende Rezepte).

Rote Chili-Sauce

Rote Chilis sind unterschiedlich scharf. Aus New Mexico kommen die schärfsten Sorten, während kalifornische Chilis etwas milder sind. Das gleiche gilt auch für das jeweilige Chili-Pulver.

8 bis 10 Portionen
3 EL Olivenöl
3 EL Mehl
1 TL gemahlener Kreuzkümmel
2 bis 4 EL Chili-Pulver (je nach Schärfe)
2 Tassen Wasser oder Rindfleischbrühe
1 TL Knoblauchpulver
$1/2$ TL Salz
$1/2$ TL getrockneter Oregano

1. Das Öl in einem kleinen Topf erhitzen. Das Mehl einrühren und etwas Farbe nehmen lassen.
2. Die Gewürze zugeben und dann nach und nach Wasser oder Brühe angießen. Dabei ständig mit einem Schneebesen rühren, damit es keine Klümpchen gibt.
3. Die übrigen Zutaten in die Sauce geben.
4. Die Sauce bei schwacher Hitze unter häufigem Rühren köcheln lassen, bis sie schön sämig ist.
5. Das im vorigen Rezept beschriebene Rindfleisch oder gekochte Bohnen hineingeben.

WIE MAN BURRITOS ZUSAMMENSTELLT

Wenn Bohnen, Fleisch und die oben beschriebene Chili-Sauce fertig sind, können Sie daran gehen, Burritos zusammenzustellen. Sie brauchen dazu die großen Mehl-Tortillas, die Sie aus 400 g Weizenmehl, 60 ml Öl, $1/2$ TL Salz und 3 Tassen ($1/4$ l) lauwarmem Wasser in einer trockenen gusseisernen Pfanne selbst zubereiten, sonst aber in einem Spezialgeschäft fertig kaufen können.

Legen Sie jeweils eine Tortilla auf Ihre Arbeitsplatte und geben Sie 2 Esslöffel gekochtes und zerpflücktes Rindfleisch in der Mitte darauf, darüber 3 Esslöffel Chili-Sauce und 3 Esslöffel gekochte Bohnen. Klappen Sie zuerst die Seiten der Tortilla ein und schlagen Sie sie dann wie einen Briefumschlag ein. Geben Sie die Tortilla dann für $1/2$ bis 1 Minute je Seite in eine heiße Pfanne. Sie darf dabei aber nicht anbrennen. Dazu servieren Sie eine große Schüssel Salat.

Rindfleisch-Tacos

Hier werden Eiweiß und Kohlenhydrate kombiniert. Diese Mischung ist aber nicht ungünstig, weil die Taco-Schalen, vor allem die aus Maismehl, längst nicht so schwer sind wie Brot. Taco-Schalen gibt es in Spezialläden.

2 bis 3 Portionen
6 Taco-Schalen
1 Tasse zerpflücktes Rindfleisch (siehe Seite 199)
Geriebener Kuh- oder Schafkäse
Blattsalat
Tomatenstückchen
Salsa

Die Taco-Schalen im vorgeheizten Backofen (180 °C) 5 bis 7 Minuten aufbacken. Mit Rindfleisch, Käse, Salatblättern und Tomaten füllen. Etwas Salsa darüber verteilen. Passen zu Bohnenpüree nach Art des Hauses (siehe Seite 218).

Steakstreifen New York mit Super-Salatschüssel

4 Portionen
1 EL Sonnenblumenöl
2 Rindersteaks (à 175 g)
Salz und Pfeffer aus der Mühle
8 Tassen Blattsalat
2 Tomaten, in größeren Stücken
1 Birne, entkernt und klein gewürfelt
50 g Ziegenkäse, zerbröckelt
3 EL grob gehackte Walnüsse

1 EL Walnussöl
5 El Olivenöl, extra vergine
3 EL Senf mit Senfkörnern
Saft von $\frac{1}{2}$ Zitrone

1. Das Sonnenblumenöl in einer beschichteten Pfanne erhitzen und die Steaks darin bei mittlerer Hitze auf jeder Seite 4 Minuten braten. Mit Salz und Pfeffer würzen und in $\frac{1}{2}$ cm schmale Streifen schneiden. Beiseite stellen

2. In einer großen Schüssel Salat, Tomaten, Birne, Käse und Walnüsse mischen.

3. Die übrigen Zutaten mit Salz und Pfeffer aus der Mühle im Mixer pürieren. Die sämige Marinade über den Salat gießen und alle Zutaten unterheben. Zum Schluss die Fleischstreifen darüber verteilen.

Teil 4

Vegetarische Power-Mahlzeiten

9. Gerichte mit Tofu

Tofu-Füllung mit Brokkoli, Zwiebeln und Tomaten

Eine köstliche Füllung für Tortillas oder Crèpes, die schnell und leicht herzustellen ist. Zusammen mit einem Salat ein bekömmliches Mahl.

5 Portionen
500 g Tofu, in Würfel geschnitten
2 EL Soja- oder Teriyaki-Sauce
500 g Brokkoli
1 EL Olivenöl
1 mittelgroße Zwiebel, gehackt
4 Knoblauchzehen, in Scheibchen
1 Tomate, entkernt und gewürfelt
3 EL frisch gehacktes Basilikum
Meersalz

1. Den Tofu in eine Schüssel geben und die Sojasauce darüber verteilen. Gut vermischen und 30 Minuten durchziehen lassen.
2. Den Brokkoli in 1 cm große Stückchen schneiden und etwa 1 Minute lang in sprudelnd kochendem Wasser blanchieren. Auf einem Sieb abtropfen lassen.
3. Das Öl in einer Pfanne erhitzen, Zwiebeln und Knoblauch darin glasig braten.
4. Die Tofuwürfel zugeben und unter Rühren leicht anbräunen. Vom Herd nehmen. Den Brokkoli und alle anderen Zutaten untermischen. Nochmals kurz erhitzen.

Tofu-Gemüse-Auflauf

Eine Freundin, die meist ihrer Zeit weit voraus ist, hat das vorliegende Rezept für ihre vegetarisch lebende Familie schon in den Siebzigerjahren entwickelt. Doch bis heute ist dieses Gericht eine vorzügliche und sparsame Familien-Mahlzeit, Kinder wie Erwachsene mögen es; selbst widerwillige Esser greifen hier begeistert zu. Es eignet sich übrigens auch für Partys. Am besten servieren Sie den Auflauf in Schüsselchen. Bei uns gibt es dazu Yamswurz-Salat (siehe Seite 323) oder gedämpfte Möhren in Olivenöl und Ahornsirup. Kein Mensch will glauben, dass Tofu eine wichtige Zutat dieses Gerichtes ist.

4 bis 6 Portionen
1 TL Olivenöl
500 g fester Tofu, zerbröckelt
2 Tassen gehackte Zwiebeln
$1/2$ TL gemahlener Kreuzkümmel
$1/2$ TL getrockneter Oregano
1 Prise Cayennepfeffer
300 g gekochte Maiskörner, tiefgefroren oder Dosenware
450 g schwarze Bohnen, Dosenware (nach Wunsch)
500 g scharfe oder milde Salsa, selbst gemacht oder fertig gekauft
100 g eingelegte grüne Chilischoten, klein geschnitten
1 Dutzend Tortillas
150 g magerer Hartkäse, frisch gerieben
2 EL saure Sahne
2 EL Wasser
2 EL schwarze Oliven, entkernt und in Scheiben geschnitten

1. Das Olivenöl in einer Pfanne erhitzen, den Tofu im heißen Fett mit den Zwiebeln und Gewürzen 5 Minuten unter Rühren braten. Beiseite stellen. Den Backofen auf 180 °C vorheizen.

2. Abgetropften Mais und Bohnen, Salsa und Chilis in einer Schüssel vermischen.

3. Die Tortillas in 5 cm breite Keile schneiden. In eine rechteckige feuerfeste Form zuunterst die Hälfte der Tortilla-Stücke legen, darüber die Hälfte der Tofu-Mischung, dann die Hälfte der Gemüse und die Hälfte vom geriebenen Käse. Darauf in derselben Reihenfolge die restlichen Hälften von Tortillas, Tofu und Gemüse. Obenauf den übrigen Käse streuen.

4. In einer kleinen Schüssel die saure Sahne mit dem Wasser verrühren und über dem Auflauf verteilen. Obenauf die Olivenscheibchen streuen. Die Form für 25 Minuten in den vorgeheizten Backofen stellen und den Auflauf heiß servieren.

FUTTER ZUM DENKEN

Soja-Produkte
Wenn Ihnen nach einer vegetarischen Mahlzeit zumute ist, können Sie tierisches Eiweiß durch Soja-Produkte wie Tofu ersetzen.

▸ Soja-Produkte sind ausgezeichnete Eiweißträger und enthalten außerdem Kalzium, Magnesium, Eisen, Zink, Kupfer, Phosphor, Folsäure und Vitamin B.

▸ Anders als bei tierischen Eiweißträgern sind in Soja-Produkten nur ganz geringe Mengen gesättigter Fette enthalten.

▶ Soja-Produkte haben kein Cholesterin. Wenn Bauern den Gehalt an Cholesterin und an gesättigten Fetten imFleisch ihrer Tiere senken wollen, füttern sie Soja.

▶ Soja-Produkte sollen die Gefahr von Herz-Kreislauf Krankheiten mindern.

▶ Soja-Produkte sind basenbetont; sie sorgen dafür, dass das Blut leicht alkalisch wird, indem sie die Säuren aus Fleisch, Milchprodukten, Kaffee, weißem Mehl und Zucker neutralisieren.

▶ Sojaprodukte sind in vielen wohlschmeckenden und praktischen Formen und Konsistenzen im Handel: weich, fest, mariniert, als Tempeh, Tofu-Burgers, als Joghurt, Quark, Käse, Milch und sogar Eis.

▶ Soja-Produkte sind beim Kochen auf vielfältige Weise zu verwenden, zum Beispiel in Suppen, Dips, Salaten, als Brotaufstrich, in Pasta-Gerichten, in Gemüseeintöpfen und Aufläufen, wie die Rezepte auf den Seiten 208 und 212 beweisen.

Weitere Anregungen zur Verwendung von Tofu und anderen Sojaprodukten finden sich in speziellen vegetarischen Kochbüchern, darunter »Marilyn Diamond, Fit fürs Leben«. Das Fit-for-Life-Kochbuch mit über 350 Rezepten ist erschienen im Goldmann Verlag.

Würzige Tofu- und Reisnudel-Schüssel

Ein leichtes, aber doch sättigendes Gericht. Man bekommt Mirin, eine Art Sherry der asiatischen Küche, in Spezialgeschäften. Arrowroot ist ein stärkehaltiges Bindemittel aus der Pfeilwurz. Man bekommt es in Naturkostläden.

4 Portionen
250 g fester Tofu
1 Bund Frühlingszwiebeln
400 g Mangold, geputzt und in kleinen Stücken
3 Tassen Bohnensprossen
250 g Reisnudeln, ersatzweise Spaghetti
2 Tassen Wasser
1 EL gekörnte Gemüsebrühe
1 Stück Ingwer, 2 $^1/_2$ cm dick, ausgepresst
2 Knoblauchzehen, ausgepresst
3 Tropfen Chili-Sauce
oder 1 Prise Cayennepfeffer
$^1/_2$ TL geröstetes Sesamöl
1 EL Apfelessig
1 EL Mirin oder Sherry
2 EL Miso
1 EL Arrowroot
2 EL kaltes Wasser

1. Den Tofu in Streifen (1 x 2,5 cm) schneiden. Die Frühlingszwiebeln in Scheiben, 5 cm vom Zwiebelgrün in dünne Streifen schneiden. Mangold und Bohnensprossen waschen und abtropfen lassen.
2. Die Reisnudeln nach Packungsvorschrift kochen, abgießen, kalt überbrausen und abtropfen lassen.

3. Das Wasser, gekörnte Brühe, Ingwer und Knoblauch zusammen mit Chilisauce, Sesamöl, Essig und Mirin oder Sherry in einen Wok oder einen großen Topf geben und zum Kochen bringen. Tofu, das Weiße der Zwiebeln, Mangold und Bohnensprossen zugeben. Erneut zum Kochen bringen, dann bei mittlerer Hitze zugedeckt 5 Minuten ziehen lassen.

4. Die abgetropften Reisnudeln unterrühren.

5. Etwas Brühe aus dem Wok nehmen, Miso darin anrühren und beiseite stellen.

6. In einem Schüsselchen Arrowroot in 2 Esslöffeln kaltem Wasser anrühren und in die Suppe rühren, damit sie schön sämig wird. Den Wok oder Topf vom Herd nehmen und die Miso-Mischung einrühren.

7. In nicht zu kleinen Schüsseln oder auf Suppentellern servieren. Das Zwiebelgrün darüberstreuen.

Variation
Damit eine »Guru-Schale« daraus wird, die Suppe in Schalen verteilen und im Stil der asiatischen Küche noch Brokkoli mit der Arame-Sauce (siehe Seite 343) darüber geben.

Neue Sauce Bolognese

Manche Leute lassen ihre Saucen stundenlang kochen. Das ist hier zwar nicht erforderlich, doch der Geschmack wird durchs Kochen immer besser. Diese Sauce kann jede Fleischsauce zur Pasta ausstechen. Sie können Sie zu Fettucine oder in einer Lasagne reichen.

Ungefähr 8 Tassen
5 EL Olivenöl
8 große Knoblauchzehen, in Scheibchen
1 mittelgroße Möhre, geschält und in Scheiben
1 große weiße Zwiebel, gehackt
2 EL getrocknetes Basilikum oder 4 EL frisches, fein gehackt
1 TL getrockneter Oregano
1 kleine Prise Cayennepfeffer
etwas Zwiebelsalz
einige Stückchen rote Pfefferschote
2 TL gekörnte Gemüsebrühe
8 vegetarische Frikadellen auf Tofu-Basis
1 große Dose (800 g) Tomatensaft
3 kleine Dosen (400 g) Tomatenwürfel mit Saft
1 Gemüsebrühwürfel
1 Glas Rotwein
1 EL Zwiebelpulver
Pfeffer aus der Mühle

1. Das Öl in einem Topf erhitzen, Knoblauch, Möhren und Zwiebeln anbraten, Basilikum, Oregano und die übrigen Gewürze unterrühren, dazu die gekörnte Gemüsebrühe. 5 Minuten unter Rühren weiterbraten. Die zerbröckelten oder in Stücke geschnittenen Frikadellen zugeben und das Ganze weitere 5 Minuten garen.
2. Die Tomaten und alle übrigen Zutaten zufügen und das Ganze zum Kochen bringen. Zwischen 45 Minuten und 3 Stunden kochen lassen, dabei gelegentlich umrühren. Zum Schluss nochmals abschmecken.

(Vorsicht mit Salz, da die Brühe und die fertig gekauften vegetarischen Frikadellen meist viel Salz enthalten!)

Lasagne aus der Neuen Welt

Zusammen mit unserem Salat nach Art des Hauses (siehe Seite 313) ergibt das ein fabelhaftes Essen. Wenn Sie dann auch noch Ofenkartoffeln mit Rosmarin zubereiten, könnten Sie sogar noch ein paar Gäste vegetarisch verköstigen.

4 Portionen
1 Portion Neue Sauce Bolognese
(siehe Seite 212)
1 Packung Lasagne
Salz
2 EL Olivenöl
250 g frischer Spinat, geputzt und gewaschen
2 Knoblauchzehen, gepresst

Bechamelsauce
3 EL Olivenöl
3 EL Vollkornweizenmehl
3 Tassen Sojamilch oder Milch
$^1/_2$ TL abgeriebene Muskatnuss
Meersalz
weißer Pfeffer aus der Mühle
frisch geriebener Parmesankäse

1. Die Sauce Bolognese zubereiten. Die übrigen Zutaten bereitstellen.
2. 30 Minuten, bevor die Sauce fertig ist, die Lasagneblätter nach Vorschrift in gesalzenem Wasser al dente kochen. Herausheben und abtropfen lassen.
3. 1 Esslöffel Olivenöl in einer Pfanne erhitzen, darin den Spinat und den Knoblauch so lange dünsten, bis sich die Blätter

leicht verfärben und schlaff werden. Aus der Pfanne nehmen und beiseite stellen.

4. Für die Bechamelsauce 3 Esslöffel Olivenöl in dieselbe Pfanne gießen. Dann Mehl einrühren, bis eine glatte Paste entsteht. Nach und nach die Milch angießen und dabei ständig mit dem Schneebesen rühren, damit die Sauce gleichmäßig sämig wird. Mit Muskat, Salz und Pfeffer würzen.

5. Auf 4 vorgewärmte Teller jeweils 1 Esslöffel Bechamel gießen. Darauf zwei der Länge nach gerollte Lasagneblätter nebeneinander legen. Auf die Lasagne einen Löffel Spinat und einen Schöpflöffel Sauce Bolognese geben. Mit etwas Bechamelsauce beträufeln.

6. Dasselbe nochmals wiederholen, jetzt aber nur noch 1 Lasagneblatt legen und mit Bechamelsauce enden.

7. Zum Schluss dick mit Parmesankäse bestreuen.

Knoblauch-Brokkoli und Tofu mit Drei-Getreide-Pilaw

4 Portionen
250 g fester Tofu
1 kg Brokkoli, in lange, dünne Röschen geschnitten
2 EL Distelöl
2 Knoblauchzehen, in dünnen Scheibchen
4 Frühlingszwiebeln, in Ringe geschnitten
Drei-Getreide-Pilaw mit Erbsen (siehe Seite 260)

Sauce
4 1/2 EL Sojasauce
3 EL Mirin oder Sherry
2 EL Reisessig
2 EL Tomatenketchup

5 EL Grillsauce
2 EL geröstetes Sesamöl
2 EL chinesische Chili-Sauce

1. Den Tofu in rechteckige, etwa 1 cm lange Stücke schneiden.
2. Den Brokkoli in 3 bis 5 Minuten bissfest dämpfen und beiseite stellen.
3. 1 Esslöffel Öl im Wok oder in einer Pfanne erhitzen. Den Knoblauch und die Brokkoli-Röschen hineingeben und ständig rühren, damit der Knoblauch nicht anbrennt. Nach etwa 1 Minute aus dem Wok oder der Pfanne in eine Schüssel füllen.
4. In einer kleinen Schüssel die Zutaten für die Sauce mischen.
5. Das restliche Öl im Wok erhitzen. Die Tofu-Würfel und die Frühlingszwiebeln darin anrösten und unter Schütteln leicht bräunen. Ein Drittel der Sauce zugeben und so lange rühren und braten, bis der Tofu fertig ist.
6. Den Brokkoli in den Wok geben und vorsichtig unter den Tofu heben. Ebenso die verbliebene Sauce. Noch etwa 1 Minute garen und mit Drei-Getreide-Pilaw anrichten.

10. Hülsenfrüchte

Hommos aus weißen Bohnen

Eine interessante Variation des traditionellen Hommos-Rezepts mit Kichererbsen. Hommos hat eine cremige Konsistenz, und sein Geschmack macht es als Dip und für Füllungen besonders geeignet. Die Zahl der Knoblauchzehen richtet sich nach Ihrem persönlichen Gusto. Wenn Sie Knoblauch mögen, sind Ihnen keine Grenzen gesetzt. Die Creme passt als Dip zu Rohkoststreifen, aber auch zu Chips, Tortillas und Fladenbrot.

2 ^{1}/$_2$ Tassen
2 bis 4 Knoblauchzehen (nach Geschmack)
1 kleine Dose schwarze Bohnen (500 g), gewaschen und abgetropft
3 EL frisch gepresster Zitronensaft
3 EL Tahini
^{1}/$_2$ TL Meersalz
1 Prise Cayennepfeffer
Paprikapulver

1. Die Knoblauchzehen pressen.
2. Alle Zutaten bis auf das Paprikapulver im Mixer oder mit einem Pürierstab pürieren.
3. Das sämige Püree in ein Schüsselchen geben und mit Paprikapulver bestäuben.

Variation
Probieren Sie auch einmal weiße statt schwarzer Bohnen oder bereiten sie zweierlei Pürees.

Bohnenpüree nach Art des Hauses

Hier haben Sie die gesunde Variation eines klassischen Bohnenpürees, da beim Pürieren kein Fett verwendet wird. Sie sollten von dem Püree immer einen kleinen Vorrat haben. Sogar Kinder essen es gern auf Toast oder in Käse-Burritos.

8 Portionen
2 $\frac{1}{2}$ Tassen frische Pinto-Bohnen (gesprenkelt)
6 Tassen Wasser
2 Lorbeerblätter
3 Knoblauchzehen, in Scheiben geschnitten
1 große Zwiebel, in Scheiben geschnitten
1 TL Knoblauchpulver
1 EL getrocknete Zwiebelringe
1 EL Chilipulver
$\frac{1}{2}$ TL gemahlener Kreuzkümmel
Meersalz und Pfeffer aus der Mühle

1. Die Bohnen auf ein Backblech leeren und alle Verunreinigungen auslesen. Anschließend auf einem Sieb gründlich waschen.
2. Die Bohnen in einen großen Topf geben, mit Wasser bedecken und zum Kochen bringen. 3 Minuten kochen, vom Herd nehmen und 1 bis 4 Stunden stehen lassen.
3. Bohnen auf ein Sieb gießen, abspülen und in einem Topf mit 6 Tassen Wasser bedecken. Lorbeerblätter, Knoblauch und Zwiebel zugeben. Die Bohnen mit leicht abgehobenem Deckel erneut zum Kochen bringen und bei schwacher Hitze so lange köcheln lassen, bis sie ganz weich sind (1 bis 2 Stunden). Zwischendurch umrühren und bei Bedarf soviel Wasser nachfüllen, dass die Bohnen ständig bedeckt sind. Danach zum Abkühlen beiseite stellen.

4. Aus den abgekühlten Bohnen die Lorbeerblätter entfernen. 3 Tassen Bohnen mit Kochflüssigkeit in den Mixer geben, pürieren und wieder in den Topf mit den ganzen Bohnen umfüllen. Das Ganze erneut erhitzen und dabei die Bohnen mit einem Kartoffelstampfer so weit zerdrücken, dass das Püree eine leicht klumpige Konsistenz bekommt. Alle Gewürze zufügen und mit Salz und Pfeffer abschmecken.

Bohnen- und Käse-Burrito, geröstet

1 Portion
6–8 EL Bohnenpüree (siehe Seite 218)
1 Weizen-Tortilla
3 EL junger geriebener Gouda

Das Bohnen-Püree in die Mitte der Tortilla geben und mit dem geriebenen Käse bestreuen. Die Tortilla wie einen Umschlag falten und in einer heißen Pfanne auf jeder Seite $1/2$ bis 1 Minute braten, aber nicht anbrennen lassen.

Linsen und Makkaroni

Linsen sind eine wichtige Zutat der vegetarischen Küche, denn sie liefern Eisen und Zink, das wir normalerweise aus dem Rindfleisch beziehen. Deshalb sollten männliche Vegetarier so oft wie möglich Linsen essen, weil Zink zur Erhaltung der sexuellen Leistungsfähigkeit wichtig ist. Diese leichte Suppe bietet eine gute Möglichkeit, Eisen und Zink in besonders würziger Form aufzunehmen. Löffeln Sie sie ganz langsam und denken Sie über die Freuden Ihres Lebens nach.

2 Portionen
4 Tassen Wasser
1 Tasse Linsen, gewaschen und abgetropft
300 g tiefgekühlte Erbsen
1 EL ausgepresster Knoblauch
1 kleine Dose (500 g) Tomatenstücke, abgetropft
1 EL gekörnte Gemüsebrühe
250 g gekochte Makkaroni, abgetropft
Meersalz
Pfeffer aus der Mühle

1. In einem Topf das Wasser zum Kochen bringen. Die Linsen, Erbsen, Knoblauch und Tomaten hineingeben; bei schwacher Hitze zugedeckt etwa 40 Minuten kochen lassen; die Linsen müssen gut weich sein. Wenn nötig, noch etwas Wasser angießen.
2. Die gekörnte Brühe zugeben und nochmals aufkochen lassen. Makkaroni in die Suppe rühren und diese mit Salz und Pfeffer würzig abschmecken.

Griechischer Linsentopf

Die eiweißreichen Linsen sind in der mediterranen Küche ebenso beliebt wie in der indischen. Außerdem spielt in diesen Ländern, vor allem in Griechenland, auch die Zitrone als Zutat zu vielen Gerichten eine Rolle. Man verwendet sie für Fleisch und Salate, in Suppen und Eintöpfen. Zitrone ist ein Vitamin-C-Träger und hat eine reinigende Wirkung. Sie kann als beste Alternative zu den oft starken Essigen gelten. Zitrone ist eines der Geheimnisse einer gesundes Ernährung. Dieses Gericht eignet sich als Hauptspeise zu Mittag oder am Abend; dazu passt ein klassischer griechischer Salat (siehe Seite 225).

4 bis 6 Portionen
2 Tassen grüne Linsen, gewaschen
8 bis 10 Tassen Gemüsebrühe
2 TL gemahlener Koriander
1 TL gemahlener Kreuzkümmel
1 EL frischer, gehackter Oregano oder 1 TL getrockneter
1 EL frische Thymianblättchen oder 1 TL getrockneter Thymian
2 Lorbeerblätter
300 g tiefgekühlter Spinat, aufgetaut
4 Tassen Kürbis, geschält und in $^1/_2$ cm große Würfel geschnitten
1 EL Olivenöl
1 weiße Zwiebel, gehackt
2 Selleriestangen, in Scheibchen
2 EL gehackter Knoblauch
5 EL frisch gepresster Zitronensaft
Meersalz

1. In einem großen Suppentopf die Linsen, Brühe, Koriander, Kümmel und Kräuter zum Kochen bringen. Bei schwacher Hitze 30 Minuten kochen lassen, dabei den Deckel nicht ganz fest schließen.
2. Spinat und Kürbis zufügen. Zugedeckt weitere 10 Minuten kochen lassen.
3. In einer kleinen Pfanne das Olivenöl erhitzen, die Zwiebeln darin glasig werden lassen. Sellerie und Knoblauch zugeben und solange dünsten, bis der Sellerie weich ist. Die Mischung in die Suppe geben. Mit Zitronensaft und Meersalz abschmecken und in vorgewärmten Schalen servieren.

Weiße Bohnen und Spinat aus dem Wok

Eine schnelle und interessante Beilage zu gegrilltem Huhn oder Lamm. Doch kann daraus auch ein Hauptgericht werden, wenn man es mit Maiskolben, Knoblauch-Käse-Brot (siehe Seite 360) und Salat mit gegrillten Pilzen (siehe Seite 232) serviert.

4 Portionen
2 TL Olivenöl
300 g frischer Spinat, geputzt, gewaschen
1 große Knoblauchzehe, gepresst
1 kleine Dose schwarze Bohnen, gewaschen und abgetropft
1 kleine Tomate, entkernt und gewürfelt
Meersalz
weißer Pfeffer aus der Mühle

1. Das Olivenöl im Wok erhitzen. Spinatblätter und Knoblauch hineingeben und so lange rühren, bis der Spinat mit Öl überzogen ist.
2. Die Bohnen zufügen und mit dem Spinat verrühren. Tomatenwürfel untermischen und noch kurz bei starker Hitze weiterrühren. Mit Salz und Pfeffer abschmecken.

11. Super-Salate

Energie-Salat mit Pfiff

Wenn Sie sich abgeschlagen fühlen und viel zu viel Energie auf die Arbeit verwendet haben, gehen Ihnen die Energiereserven aus, und Sie sind buchstäblich sauer. Dann kann dieser Salat den basischen Ausgleich schaffen und Sie wieder aufrichten. Ich mache mir in solchen Fällen gleich eine ganze Schüssel davon und genieße mehrmals am Tag eine Portion. Dank seiner reinigenden Wirkung passt der Salat übrigens auch zu gegrilltem Fisch oder Fleisch.

1 Portion

Salatsauce
Saft von 1 Orange
1 Stückchen Ingwer (1 ^{1}/$_2$ cm), ausgepresst
2 TL Mandelbutter
2 TL Honig
2 TL Leinöl

1 Avocado, geschält, entkernt und in Stücken
1 große Navelorange, geschält und in Stücken
3 Kiwi, geschält und in Scheiben
6 Erdbeeren, halbiert
2 Tassen Sonnenblumensprossen, gehackt

1. Schlagen Sie die Zutaten für die Salatsauce in einer großen Salatschüssel mit dem Schneebesen cremig auf.
2. Geben Sie Avocado, Orange, Kiwi, Erdbeeren und Sprossen hinein und mischen Sie den Salat gut durch.

Warmer Zucchini- und Spinat-Salat

Wenn Sie in Wasser eingekochte Artischockenherzen bekommen können, sind die besser geeignet als in Öl eingelegte, weil sie den Geschmack des Salates weniger dominieren und auch leichter und bekömmlicher sind.

3 Portionen
8 getrocknete Tomatenstücke
4 mittelgroße Zucchini, in Scheiben
300 g Spinat, geputzt, gewaschen und grob gehackt
1 Tasse Artischockenböden, geviertelt, abgetropft und grob gehackt
1 Avocado, geschält, entkernt und in Stücken

Salatsauce
2 EL Olivenöl
2 EL frisch gepresster Orangensaft
1 Msp. Senf
1 Knoblauchzehe, ausgepresst

1. Die getrockneten Tomaten mit kochendem Wasser übergießen und 5 Minuten stehen lassen. Abgießen und in kleine Stücke schneiden.
2. Die Zucchini-Scheiben in einem Dämpfer über kochendem Wasser 5 Minuten dämpfen und beiseite stellen.
3. Für die Sauce Öl, Orangensaft, Senf und Knoblauch in einer Salatschüssel cremig aufschlagen.
4. Die Spinatblätter und Zucchinischeiben in die Schüssel geben. Ebenso die Tomatenstücke, Artischockenböden und Avocadostückchen. Alles gut mischen und sofort servieren.

Griechischer Spinat-Salat

Sie können diesen Salat zu einem Geflügelgericht reichen oder ihn, zusammen mit heißem Pitabrot und Hommos aus schwarzen Bohnen, als Hauptmahlzeit essen. Wir verwenden zu diesem Salat lieber Spinat als Blattsalat, weil er mehr Ballaststoffe enthält.

2 Portionen
8 Tassen Spinat, geputzt, gewaschen und in Stücke zerpflückt
1 Tomate, in dünne Scheiben geschnitten
2 EL Basilikumblättchen, gehackt
1 Gärtnergurke, in dünne Scheiben gehobelt
1 rote Zwiebel, fein gehackt
60 g Fetakäse, zerbröckelt
$^1/_2$ Tasse Kalamata-Oliven, ganz oder entkernt und aufgeschnitten

Salatsauce
2 EL Olivenöl, extra vergine
2 EL Wasser oder Geflügelbrühe
2 EL frisch gepresster Limonensaft
1 Knoblauchzehe, gepresst
5 EL Buttermilch oder Naturjoghurt
$^1/_2$ TL Dijonsenf
1 TL getrockneter Oregano
Salz und Pfeffer aus der Mühle

1. Alle Zutaten für den Salat außer Käse und Oliven in eine Salatschüssel geben. Fetakäse darüber streuen und vermischen.
2. Die Zutaten für die Salatsauce in einer kleinen Schüssel mit dem Schneebesen aufschlagen, über den Salat gießen und mischen. Mit Oliven garnieren.

FUTTER ZUM DENKEN

Über Kräuter und Gewürze

Kräuter sind die Blätter und jungen Triebe von Blütenpflanzen. Geben Sie frische Kräuter immer erst kurz vor dem Servieren an ein Gericht, weil die Hitze die Aromen und Wirkstoffe stark reduziert und den Kräutern Farbe und Duft nimmt. Bei getrockneten Kräutern ist es umgekehrt, sie werden von Anfang an zugegeben, damit ihre Aromastoffe wirksam werden können.

Gewürze werden dagegen aus Samen, Schoten, Nüssen oder aus der Rinde von Pflanzen gewonnen. Meist gibt man Gewürze schon in einem frühen Stadium der Zubereitung an ein Gericht, damit sich der Geschmack voll entfalten kann.

Salat-Kombination aus Shiitakepilzen, Tomaten, Basilikum und Arame-Algen

Wir verbinden hier Zutaten der asiatischen Küche mit solchen aus den Mittelmeerländern. Szechuan-Sauce bekommt man in Asien-Shops oder Naturkostläden.

3 Portionen
1 EL Olivenöl, extra vergine
250 g Shiitakepilze, geputzt, gewaschen und aufgeschnitten
5 EL Gemüsebrühe
1 große Knoblauchzehe, gepresst
5 getrocknete Tomatenstücke

1 rote Zwiebel, fein gehackt
1 Hand voll gewaschene und in Wasser eingeweichte Arame
(siehe Seite 343)
1 grüner Salat, geputzt, gewaschen und in Stücke gezupft
1 Hand voll Rucola, gewaschen und in Stücke gezupft
3 EL Basilikum, grob gehackt

Salatsauce
6 EL Olivenöl, extra vergine
2 EL Apfelessig
1 große Knoblauchzehe, gepresst
$^1/_2$ TL Dijonsenf
1 TL gekörnte Gemüsebrühe
2 EL Wasser
1 TL Szechuan-Sauce

1. Das Öl in einer Pfanne erhitzen. Die Pilze zugeben und anbraten. Brühe und Knoblauch zufügen und das Ganze unter Rühren bei mittlerer Hitze 5 bis 10 Minuten garen; die Pilze sollen dabei weich werden, aber noch Biss haben.
2. Über die getrockneten Tomaten kochendes Wasser gießen und sie 5 Minuten darin einweichen. Abgießen und in feine Streifen schneiden. Beiseite stellen.
3. Für die Sauce alle angegebenen Zutaten in einer großen Salatschüssel aufschlagen. Gehackte Zwiebel, Tomatenstreifen und Arame zugeben.
4. Den Salat, Rucola und Basilikum zufügen. Die gegarten Pilze obenauf geben und den Salat gut vermischen.

Gemischte Salatschüssel

Zusammen mit Vollkornbrot und würziger süßer Paprikabutter wird daraus eine ganze Mahlzeit.

4 Portionen
4 Tassen Römischer Salat, zerpflückt
6 Tassen Eisbergsalat, in mundgerechten Stücken
2 Tomaten, entkernt und in Würfel geschnitten
1 EL schwarze Oliven, entkernt und in Scheibchen
1 gelbe Paprikaschote, entkernt und in Streifen
1 rote Paprikaschote, entkernt und in Streifen
100 g junger Gouda, in kleine Würfel geschnitten oder gerieben
1 Gurke, geschält und in Würfel geschnitten
2 Tassen gekochte Kichererbsen, abgetropft
2 EL Korianderblätter, gehackt
$^1/_2$ Tasse Palmherzen, gehackt

Thymian-Vinaigrette
1 EL Apfelessig
2 EL frisch gepresster Zitronensaft
6 EL Olivenöl, extra vergine
1 Knoblauchzehe, in Scheibchen
2 Msp. getrockneter Thymian
1 Prise scharfes rotes Paprikapulver
Meersalz und schwarzer Pfeffer aus der Mühle

1. Alle Zutaten für den Salat in einer großen Schüssel mischen.
2. Die Zutaten für die Sauce in einer kleinen Schüssel mit dem Schneebesen aufschlagen und über den Salat gießen. Vorsichtig unterheben.

Taco-Salat

Der Joghurt hellt die Guacamole (Avocado-Sauce) etwas auf, gibt ihr eine weichere Konsistenz und einen erfrischenden Geschmack. Die milde Salsa ist eigentlich hier die Salat-Sauce. Geben Sie ruhig die Pfefferschote dazu, um ihr den richtigen Kick zu geben. Die meisten Jugendlichen mögen diese Salat. Er bietet eine prima Möglichkeit, sie zum Gemüse zu bekehren. Der Salat ist eine ganze Mahlzeit für sich, Sie können ihn aber auch mit Bohnen- und Käse-Burritos (siehe Seite 219) oder mit Rindfleisch-Burritos essen.

4 Portionen
4 Tassen Eisbergsalat, in Stücke gezupft
4 Tassen Römischer Salat, in Stücke gezupft
3 Tassen gekochte schwarze oder Pinto-Bohnen
1 Tasse frische Maiskörner, gedämpft
3 Schalotten, gehackt
$^1/_2$ Tasse junger Gouda, gerieben oder in Stücke geschnitten (nach Wunsch)

Salsa
1 Pfefferschote (nach Wunsch)
1 $^1/_2$ Tassen Tomatenstückchen
1 rote Zwiebel, fein gehackt
3 EL frische Korianderblätter, in Streifen geschnitten
3 EL frisch gepresster Limonensaft
$^1/_2$ Knoblauchzehe, in Scheibchen

Guacamole
$^1/_2$ Tasse Naturjoghurt
1 Avocado, geschält, entkernt und zerdrückt

$^1/_2$ TL gemahlener Kreuzkümmel
2 Msp. getrockneter Oregano
$^1/_2$ Tasse entkernte, fein gehackte Tomaten
1 Prise Chilipulver (nach Wunsch)

4 Tortillas, in Segmente (Chips) geschnitten
schwarze Oliven zum Garnieren

1. Alle Salatzutaten in eine große Schüssel geben.
2. Für die Salsa von der Pfefferschote Kerne und Scheidewände entfernen, sie sind besonders scharf. Fein schneiden und mit den übrigen Zutaten in einer kleinen Schüssel verrühren.
3. Für die Guacamole alle Zutaten in einer kleinen Schüssel cremig aufschlagen.
4. Den Salat mit der Hälfte der Salsa mischen, die restliche Salsa aufheben. Den Salat auf den Tellern verteilen und auf jeden ein Viertel der Guacamole gießen. Tortilla-Chips und Oliven rundherum verteilen. Die restliche Salsa darüber träufeln.

Vegetarische Antipasti für zwei

Die zarten grünen Bohnen, die die Franzosen *haricots verts* nennen, bekommen Sie in gut sortierten Gemüsegeschäften. Sie geben diesen gesunden Antipasti erst den richtigen Pfiff. Wenn dieser Salat ein Hauptgericht werden soll, reichen Sie frisches Bauernbrot in dicken Scheiben und ein Stück guten italienischen Käse dazu.

2 Portionen als Hauptgericht, 4 Portionen als Vorspeise
Olivenöl zum Braten
250 g kleine Champignons, geputzt und in Viertel geschnitten

1 TL Knoblauchscheibchen
2 rote Paprikaschoten, geviertelt und entkernt
2 Auberginen, in 1 cm dicke Scheiben geschnitten
300 g feine grüne Bohnen, abgefädelt
1 Tasse tiefgekühlte Lima-Bohnen (ersatzweise Dosenware)
2 EL schwarze Oliven
1 mittelgroße Tomate, entkernt und in Achtel geschnitten
1 Tasse Artischockenböden, eingekocht oder in Öl
6 EL Olivenöl, extra vergine
3 EL Aceto balsamico
Meersalz und schwarzer Pfeffer aus der Mühle
2 EL fein gehackte Petersilie

1. Den Backofen auf 200 °C vorheizen.
2. 1 Esslöffel Olivenöl in einer Pfanne erhitzen und die Pilze mit dem Knoblauch darin etwa 4 Minuten braten. Sie sollen noch bissfest sein.
3. Auf ein geöltes Backblech Paprikaviertel und Auberginenscheiben legen und auf jeder Seite 10 Minuten rösten. Die gegarten Gemüse in eine Schüssel geben.
4. 1 Liter Wasser zum Kochen bringen. Die grünen Bohnen darin kochen, bis sie hellgrün und gar, aber noch bissfest sind. Auf ein Sieb gießen und mit eiskaltem Wasser abschrecken. Abtropfen lassen.
5. Die Lima-Bohnen 8 bis 10 Minuten dämpfen, bis sie weich sind. Vom Herd nehmen.
6. Die Bohnen und auch alle anderen Gemüse auf einer großen Platte abschnittweise anrichten. Mit dem Olivenöl extra vergine und dem Aceto balsamico beträufeln. Mit Salz und Pfeffer würzen und mit gehackter Petersilie bestreuen.

Salat mit gegrillten Pilzen

Dieser exotische und doch ganz einfach herzustellende Salat lässt sich gut mit einem Stück gegrillten Fleisch oder mit einem Hühnchengericht zusammenspannen. Da Pilze wie auch Käse einen ausgeprägten Eigengeschmack haben, passt er sicher nicht zu zartem Fisch.

4 Portionen

Knoblauch-Joghurt-Sauce
3 EL Olivenöl
1 EL frisch gepresster Zitronensaft
2 TL Apfelessig
1 TL Dijonsenf
1 Knoblauchzehe, gepresst
1 EL Naturjoghurt

6 Tassen frischer Blattsalat, zerpflückt
1 rote Zwiebel, in feinen Ringen
1 Tasse Sonnenblumenkernsprossen, gehackt
$1/2$ Tasse Alfalfasprossen
50 g geräucherter Mozzarella, in Würfeln
2 frische Steinpilze, geputzt und in Scheiben geschnitten
2 TL Olivenöl

1. Für die Sauce sämtliche Zutaten in einer großen Salatschüssel mit dem Schneebesen cremig aufschlagen. Blattsalat, Zwiebeln, Sprossen und Käsewürfel zugeben. Alle Zutaten mischen.
2. Die Pilzscheiben mit Öl einpinseln, kurz unter den vorgeheizten Grill legen und Farbe nehmen lassen.
3. Die Pilze unter den Salat mischen.

Provençalischer Drei-Bohnen-Salat mit frischen Kräutern

Sie erleichtern sich die Arbeit, wenn Sie die zweierlei Bohnenkerne nicht selbst kochen, sondern gute Dosenware, möglichst aus dem Naturkostladen, verwenden. Die Kombination von frischen grünen Bohnen mit weißen Bohnen und roten Kidneybohnen sieht wirklich reizvoll aus. Die Lorbeerblätter unterstreichen noch den Geschmack der Bohnen. Wenn Sie aus dem Salat eine leichte Hauptmahlzeit machen möchten, sollten sie dazu ein Pastagericht servieren.

2 bis 4 Portionen
250 g grüne Bohnen, abgefädelt und in 4 cm langen Stücken
3 Lorbeerblätter
$1/2$ TL Meersalz
1 kleine Dose weiße Bohnen (500 g)
1 kleine Dose rote Kidneybohnen (500 g)
20 g fester Ziegenkäse, zerbröckelt

Vinaigrette Herbes de Provence
6 EL Olivenöl, extra vergine
2 EL Tomatenmark
1 TL frische Rosmarinnadeln oder $1/2$ TL getrocknete
1 TL gehackter Knoblauch
1 TL frische Thymianblättchen oder $1/2$ TL getrocknete
1 EL frische gehackte Basilikumblättchen oder
1 TL getrocknete
1 EL Apfelessig
1 EL frisch gepresster Zitronensaft

1. Zum Garen der grünen Bohnen 3 Tassen Wasser mit 1 Lorbeerblatt und Meersalz zum Kochen bringen. Die Bohnen hineingeben und 10 Minuten kochen lassen. Auf ein Sieb gießen, mit kaltem Waser abschrecken und abtropfen lassen. Das Lorbeerblatt entfernen.
2. In einem Topf die Bohnen aus der Dose samt Flüssigkeit und den übrigen Lorbeerblättern erhitzen und 10 Minuten ziehen lassen.
3. Die Zutaten für die Vinaigrette in den Mixer geben und cremig aufschlagen.
4. Die Lorbeerblätter aus den Bohnen nehmen. Alle Bohnen in eine Salatschüssel geben und mit der Vinaigrette vermischen. Gut kühlen und mit Ziegenkäse bestreut servieren.

Farbkasten-Salat

Sie können auch Dosen- oder Tiefkühlware für diesen Salat verwenden, doch mit frischen Zutaten schmeckt er natürlich besser und ist gesünder. Der Salat ist bei Kindern besonders beliebt, sicher wegen der bunten Mischung von Farben und Formen.

1 bis 2 Portionen

Salatsauce
1 EL Olivenöl, extra vergine
1 EL Wasser
1 EL frisch gepresster Zitronensaft
2 EL Joghurt oder Buttermilch

1 Knoblauchzehe, ausgepresst, oder 2 Msp. Knoblauchpulver
Salz und Pfeffer aus der Mühle

2 Tassen Römischer Salat, zerpflückt
1 Tasse Spinat, verlesen und zerpflückt
1 Tomate, entkernt und in kleinen Stücken
3 EL gekochte grüne Bohnen, in 3 cm langen Stücken
3 EL gekochte Kidneybohnen oder Kichererbsen
3 EL gekochte Maiskörner
1 kleine rote Zwiebel, in Ringe geschnitten (nach Wunsch)

1. Die Zutaten für die Salatsauce in eine Schüssel geben und mit dem Schneebesen sämig aufschlagen.
2. Alle Zutaten für den Salat in die Schüssel geben und gut vermischen.

Marinierte Gemüse-Mélange

Servieren Sie die Gemüse auf einer großen Platte genau in der Form, in der Sie sie überbacken haben. Dazu passt Mariniertes Grillhähnchen mit Avocado-Tomatillo-Salsa (siehe Seite 177).

2 bis 4 Portionen

Salatsauce
6 EL Olivenöl, extra vergine
1 EL Apfelessig
2 EL frisch gepresster Zitronensaft

2 TL Dijonsenf
2 TL Salz
1 TL gehackter Knoblauch
schwarzer Pfeffer aus der Mühle
2 EL Schnittlauchröllchen

Öl für das Backblech
250 g Spargel, geschält und unten abgeschnitten
2 Stangen Porree, der Länge nach geviertelt und gewaschen
750 g kleine Champignons, geputzt und gewaschen
2 Kirschtomaten, geviertelt
1 Zucchini, in $\frac{1}{2}$ cm dicke Scheiben geschnitten

1. Den Backofen auf 200 °C vorheizen.
2. Die Zutaten für die Salatsauce in den Mixer geben und gut durchschlagen. Sauce in ein Kännchen füllen.
3. Ein Backblech mit Öl einpinseln, die Gemüse und Pilze darauf anordnen. Das Blech in den Backofen schieben, die Gemüse alle 2 bis 3 Minuten mit einer Zange wenden, damit sie nicht anbrennen. Braten, bis sie die richtige Konsistenz haben (ca. 20 Minuten).
4. Die Gemüse aus dem Ofen nehmen, auf einer Platte anrichten und mit der Vinaigrette beträufeln. Einige Stunden kalt stellen.

Vegetarisches indisches Picknick

Die folgenden drei Salate ergeben eine köstliche Sommermahlzeit für mittags oder abends. Dazu passen die traditionellen indischen Fladenbrote (Chapatis) und Gurken-Raita (siehe Seite 150).

Salat aus Mungbohnen und Zwiebeln

2 Portionen
2 Tassen Mungbohnensprossen
2 Tassen gehackte Tomaten
3 EL gehackter Rucola
Saft von ¹/₂ Zitrone
2 EL Olivenöl, extra vergine
1 rote Zwiebel, fein gehackt

Alle Zutaten in eine Schüssel geben, zudecken und für mindestens 1 Stunde kühl stellen.

Pilz-Ceviche mit Dill

Hier werden die Pilze in der Säure des Aceto balsamico mariniert wie die Meeresfrüchte in der klassischen Ceviche.

2 Portionen
600 g kleine Champignons, geputzt und in dünnen Scheiben
1 kleine Tomate, dünn aufgeschnitten
1 EL frische Dillspitzen
2 EL fein gehackte Petersilie
1 Knoblauchzehe, in Scheibchen
1 kleine rote Zwiebel, in dünnen Ringen
2 EL Aceto balsamico
1 Prise Muskat
Meersalz

Alle Zutaten in eine Schüssel geben und vorsichtig durchmischen. Zugedeckt für eine Stunde in den Kühlschrank stellen.

Indischer Salat

Dieses Grundrezept für grünen Salat mit Raita ist eine unserer Lieblingsbeilagen zu eiweißbetonten Mahlzeiten.

2 Portionen

Salatsauce
$1/_2$ Tasse Naturjoghurt
3 EL geraspelte Möhren oder Gurken
3 EL gehackte Korianderblätter oder 2 EL frische Dillspitzen
1 EL frisch gepresster Zitronen- oder Limonensaft
Meersalz und Pfeffer aus der Mühle

4 Tassen Blattsalat, zerpflückt
$1/_2$ Tasse dünne Gurkenscheiben
1 mittelgroße Tomate, geachtelt
1 Tasse Alfalfa-Sprossen
1 kleine rote Zwiebel, in dünnen Ringen
$1/_2$ Zitrone (unbehandelt), in dünne Spalten geschnitten

1. Die Zutaten für die Salatsauce in einer großen Salatschüssel gut verrühren.
2. Den Blattsalat, Gurken, Tomatenachtel, Sprossen und Zwiebeln dazugeben und alles gut vermischen. Mit Zitronenspalten garnieren.

Teil 5

Sanfte vegetarische Mahlzeiten für den Abend

12. Pasta

Linguine mit Curry-Huhn

Dieses Gericht, in dem die Teigwaren dominieren, schmeckt jedermann. Immer wieder werde ich nach dem Rezept gefragt. Es passt gut zu jeder Art von Salat.

5 Portionen
350 g Linguine oder Spaghetti
500 g Brokkoli (etwa 4 Tassen Brokkoli-Röschen)
2 EL Olivenöl
2 TL Curry
1 TL Kurkuma
1 TL gekörnte Hühnerbrühe
$1/2$ Tasse Wasser
$1/2$ TL Zwiebelpulver
2 EL Frühlingszwiebeln, in Ringe geschnitten
2 TL getrocknetes Basilikum
2 Tassen Joghurt
2 gekochte Hühnerbrusthälften, in Scheiben geschnitten
Salz und Pfeffer aus der Mühle

1. Die Linguine oder Spaghetti nach Vorschrift kochen, auf ein Sieb gießen, mit kaltem Wasser überbrausen und abtropfen lassen.
2. Vom Brokkoli die dicken Stiele abschneiden, an den Röschen 5 cm lange Stiele lassen. Die Röschen der Länge nach in dünne Scheibchen schneiden. 3 bis 5 Minuten dämpfen, sie sollen gar, aber nicht zu weich sein. Beiseite stellen.

3. Das Olivenöl im Nudeltopf erhitzen. Curry und Kurkuma einrühren und ½ Minute unter ständigem Rühren erhitzen. Die gekörnte Brühe, Wasser und Zwiebelpulver zufügen. So lange mit dem Schneebesen rühren, bis die Sauce schön glatt ist. Zwiebelringe und Basilikum einrühren und 1 Minute mitkochen. Den Joghurt zugeben, vom Herd nehmen und gut durchschlagen.

4. Pasta, Brokkoli und Hühnerfleisch zugeben. Mit Salz und Pfeffer würzen. Vorsichtig alle Zutaten vermischen. Zudecken und mindestens 1 Stunde kühl stellen.

Makkaroni-Salat wie vom Mittelmeer

Hier ist ein reizvoller und köstlicher Salat. Dazu italienisches Brot mit darüber geträufeltem Olivenöl, und fertig ist ein leichtes und bekömmliches Abendessen.

2 bis 4 Portionen
250 g Makkaroni
2 TL Olivenöl
1½ Tassen gekochte Cannellini-Bohnen
1 Packung tiefgekühlter Blattspinat, gedämpft, abgetropft und grob gehackt
3 EL eingelegte getrocknete Tomaten, gehackt
3 kleine Schalotten, fein gehackt
2 EL Kalamata-Oliven, entkernt und gehackt

Salatsauce
2 EL frisch geriebener Parmesankäse
6 EL Olivenöl, extra vergine
2 EL frisch gepresster Zitronensaft oder 1 EL Zitronensaft und

1 EL Aceto balsamico
1 TL getrocknetes Basilikum
$\frac{1}{2}$ TL getrockneter Oregano
$\frac{1}{2}$ TL getrockneter Thymian
1 TL getrockneter Kerbel
2 Knoblauchzehen, geschält
Salz und schwarzer Pfeffer aus der Mühle

1. Die Pasta nach Vorschrift kochen. Auf ein Sieb gießen, gut abtropfen lassen und in eine große Schüssel geben. Mit dem Olivenöl gut vermischen. Die Bohnen dazu geben, ebenso den Spinat, Tomaten, Zwiebeln, Basilikum und Oliven. Alles vorsichtig vermischen.
2. Die Zutaten für die Salatsauce in den Mixer geben und zu einer sämigen Sauce pürieren. Über den Salat gießen, mischen und gut durchziehen lassen.

Salat mit Müschelchen, Pesto und Erbsen

Ein klassischer Nudelsalat. Der etwas ungewöhnliche Geschmack hat mit dem kurzen Blanchieren des Basilikums zu tun, wodurch die Kräuterpaste (Pesto) viel aromatischer wird. Wenn Sie Tomatensalat mit Feta zu diesem Pastasalat reichen, wird ein vollständiges Abendessen daraus.

2 Portionen
250 g Müschelchen
4 Tassen frisches Basilikum
2 kleine Knoblauchzehen, geschält
4 EL Pinienkerne
1 EL Wasser

3 EL Olivenöl, extra vergine
1 Päckchen tiefgekühlte Erbsen (200 g)
3 EL frisch geriebener Parmesankäse

1. Die Nudeln nach Packungsvorschrift zubereiten. Während sie kochen, Pesto vorbereiten.
2. In einem kleinen Topf Wasser zum Kochen bringen. Das Basilikum für 10 Sekunden darin aufkochen lassen und sofort wieder herausnehmen, in Eiswasser geben und abtropfen lassen.
3. In den Mixer die Knoblauchzehen, Pinienkerne und Wasser geben und pürieren. Basilikum zugeben und während des Mixens in dünnem Faden das Olivenöl einlaufen lassen, bis eine dicke Paste entsteht.
4. Die Erbsen 4 bis 5 Minuten dämpfen, sie sollen gar, aber nicht zu weich sein.
5. Vom Kochwasser der Nudeln $1/2$ Tasse abnehmen. Das heiße Wasser in den Mixer geben. Die Sauce in eine Schüssel gießen und mit dem Parmesankäse vermischen.
6. Die fertig gekochten Müschelchen auf ein Sieb gießen und gut abtropfen lassen. Erbsen und Pesto unter die Nudeln rühren. So lange abkühlen lassen, bis der Salat in etwa Zimmertemperatur hat.

Zweierlei Pasta mit Spinat und Kichererbsen

Dieses pikante Gericht geht auf das Rezept für einen indischen Gemüsetopf mit Spinat und Kichererbsen des Kochbuchautors Madhur Jaffrey zurück. Die Sauce ist vorzüglich und kommt abenteuerlustigen Feinschmeckern entgegen, die Pasta gern mit anderen interessanten Aromen kombinieren.

Das Ganze ergibt einen ausgezeichneten Eintopf fürs Abendessen, wobei Sie knuspriges Vollkornbrot in die feine Sauce dippen sollten.

4 Portionen
400 g frischer Spinat
6 EL Olivenöl
2 Zwiebeln, fein gehackt
1 Stück Ingwer (8 cm lang), geschält
4 große Knoblauchzehen
$1/2$ Tasse Hühner- oder Gemüsebrühe
2 TL Kurkuma
1 TL gemahlener Kreuzkümmel
1 Prise Cayennepfeffer
1 große Dose Tomaten (800 g), ganze Früchte mit Flüssigkeit
1 kleine Dose (400 g) Kichererbsen, abgetropft
1 Chilischote, entkernt und fein gehackt
3 EL Rosinen oder Korinthen (nach Wunsch), gewaschen
und abgetropft
250 g Spaghetti
1 Tasse Graupen
Meersalz und schwarzer Pfeffer aus der Mühle
Saft von 1 Limone oder Zitrone
3 EL gehackte Korianderblätter

1. Wasser in zwei Töpfen zum Kochen bringen.
2. Den Spinat putzen, gründlich waschen, abtropfen lassen.
3. Das Öl in einer großen Pfanne erhitzen. Bei mittlerer Hitze die Zwiebeln darin unter Rühren glasig werden lassen.
4. Die Ingwerwurzel in dünne Scheibchen schneiden. Zusammen mit den Knoblauchzehen und der Brühe im Mixer pürieren. Das Püree zu den Zwiebeln geben. 5 Minuten kochen lassen.

5. Kurkuma, Kreuzkümmel und Cayennepfeffer zugeben und bei mittlerer Hitze weiterkochen. Spinat, Tomaten, Kichererbsen, Chilischote und Rosinen zufügen. Zugedeckt 30 Minuten köcheln lassen.
6. Spaghetti und Graupen in separaten Töpfen al dente kochen, auf ein Sieb gießen und abtropfen lassen.
7. Die Sauce mit Salz, Pfeffer, Limonensaft und den Korianderblättchen würzen, noch 10 Minuten weiterkochen.
8. Heiße Spaghetti und Graupen in einer großen Schüssel mischen. Die Sauce darübergießen und mischen oder Nudeln und Graupen in zwei Schüsseln getrennt anrichten und mit Sauce mischen.

Milde Szechuan-Nudeln in Erdnuss-Sauce

Auch dies ist eine eher ungewöhnliche Pasta. Die frischen Gurken-Stifte sorgen für einen interessanten Geschmack.

2 Portionen
2 große Möhren, in Stifte (julienne) geschnitten
250 g grüner Spargel, geschält
1 Gurke, ungeschält
$^1/_2$ Tasse Bohnensprossen
500 g gekochte Buchweizennudeln
1 Bund Frühlingszwiebeln, geputzt, in dünne Streifen geschnitten

Erdnusssauce
1 TL gehackter Knoblauch
1 TL frisch gehackter Ingwer
1 EL gehackte Schalotten
6 EL weiche Erdnussbutter

2 EL Sojasauce
2 TL Honig
1 EL geröstetes Sesamöl
1 TL Senf
$^1/_2$ TL Salz
$^1/_2$ Tasse Geflügel- oder Gemüsebrühe
2 TL Szechuan-Sauce (in Spezialläden und -abteilungen erhältlich)

1. Die Gemüse im kochenden Wasser kurz blanchieren und in eiskaltem Wasser abschrecken. Abtropfen lassen.
2. Die Gurke in Scheiben und diese dann in streichholzdünne Stifte schneiden.
3. Alle Zutaten in einer großen Schüssel vermischen.
4. Für die Sauce die Zutaten im Mixer pürieren. Die Sauce über die Gemüse gießen und vorsichtig unterheben.

Spinat- und Kräuter-Graupen

Rote Pfefferschote gibt diesem Gericht den besonderen Biss. Es passt vorzüglich zu einer großen Gemüseplatte.

2 bis 3 Portionen
2 EL grob gehackte Petersilie
$^1/_2$ TL getrocknete Pfefferschote
1$^1/_2$ TL getrocknetes Basilikum
6 EL Olivenöl, extra vergine
1 Knoblauchzehe, gehackt
1 Packung tiefgekühlter Spinat, gedämpft und gut abgetropft
1$^1/_2$ Tassen Graupen, nach Packungsvorschrift gekocht
3 EL frisch geriebener Parmesankäse
Meersalz und Pfeffer aus der Mühle

1. Petersilie, Pfefferschote, Basilikum, Olivenöl, Knoblauch und Spinat in den Mixer geben und pürieren. Das Püree in einem Topf erhitzen.
2. Die gekochten Graupen und die Spinatmischung in eine große Schüssel geben und vermischen. Mit Parmesankäse bestreuen, salzen und pfeffern.

FUTTER ZUM DENKEN

Aus-Zeit!
Wenn Sie sich vom Stress erholen, Ihre Haut verjüngen und die strapazierten Muskeln besänftigen wollen, sollten Sie statt eines Schaumbads einmal ein Bad mit Kräutern versuchen. Schalten Sie dazu sanfte Musik ein, zünden Sie eine Kerze an, entspannen Sie sich und atmen Sie den warmen Kräuterduft. Die Kräuter gibt es in der Apotheke oder im Naturkostladen.

175 g Kamille
100 g Thymian
175 g Lavendel

Mischen Sie die Kräuter in einer Schüssel mit den Händen. Geben Sie 2 Hand voll Kräuter in die Mitte eines Mulltuchs (30 cm im Quadrat) und binden Sie ein Gummiband oder sonst eine Schnur darum, sodass sich ein kleines Bündel ergibt. Dieses hängen Sie ins dampfende Bad und lassen es ziehen. Die restlichen Kräuter heben Sie für weitere Entspannungsbäder in einem Schraubdeckelglas auf.

Cappellini Caponata

Wenn Sie gern Oliven essen, wird Ihnen dieses Pastagericht besonders gut schmecken.

2 Portionen
250 g Cappellini
8 Eiertomaten, abgezogen, entkernt und in kleine Stücke geschnitten
2 TL gehackter Knoblauch
1 EL getrocknetes Basilikum oder 2 EL frische Blättchen
3 EL Olivenöl, extra vergine
$^1/_2$ Tasse Kalamata-Oliven, entkernt und in Scheibchen
3 EL Kapern, abgetropft
frisch geriebener Parmesankäse
Meersalz und schwarzer Pfeffer aus der Mühle

1. Die Teigwaren nach Packungsvorschrift kochen.
2. Tomaten, Knoblauch, Basilikum, Öl und Olivenscheiben in einen kleinen Topf geben. Etwa 4 Minuten dünsten, vom Herd nehmen und die Kapern einrühren. Mit den gekochten, gut abgetropften Nudeln vermischen, Parmesankäse sowie Salz und Pfeffer unterrühren.

Farfalle mit Kräutersauce und Sommergemüsen

Diese üppige Sauce steckt voll mit Gemüsen und lockt jeden gesundheitsbewussten Esser. Begeisterte Pasta-Esser, die mit Gemüse nicht viel am Hut haben, finden hier einen angenehmen Einstieg in die Gemüseküche. Als Vorspeise eignet sich ein Salat nach Art des Hauses.

4 Portionen

3 EL Olivenöl, extra vergine
1 Tasse Frühlingszwiebeln, gehackt
2 Knoblauchzehen, gehackt
$\frac{1}{2}$ TL getrockneter Majoran
$\frac{1}{2}$ TL getrockneter Oregano
4 Tassen Brokkoli, fein gehackt
$\frac{1}{2}$ Tasse Möhren, in Scheibchen geschnitten
$\frac{1}{2}$ Tasse tiefgekühlte Erbsen
$\frac{1}{2}$ Tasse Gemüsebrühe
2 EL Tomatenmark
4 Tassen gehäutete, entkernte, in Stücke geschnittene Tomaten
1 Prise Cayennepfeffer
2 EL gehacktes Basilikum oder 1 TL getrocknetes
250 g Farfalle (Krawättchen-Nudeln)
Parmesankäse zum Bestreuen (nach Wunsch)

1. In einer großen Pfanne 2 Esslöffel Olivenöl erhitzen, Frühlingszwiebeln und Knoblauch darin anbraten. Die Kräuter zugeben und die Zwiebeln glasig werden lassen. Brokkoli, Möhren, Erbsen und Brühe hinzufügen und weiter dünsten. Dabei immer wieder umrühren. Tomatenmark, frische Tomaten und Cayennepfeffer sowie das frische Basilikum einrühren.

2. Die Gemüse-Kräuter-Sauce 15 bis 20 Minuten bei schwacher Hitze köcheln lassen. Inzwischen die Nudeln kochen. Das restliche Olivenöl in die Sauce rühren. Die Farfalle auf ein Sieb gießen und abtropfen lassen.

3. Pasta in eine große, vorgewärmte Schüssel geben und die Sauce darüber gießen. Gut durchmischen und nach Wunsch mit Parmesankäse bestreuen.

Vermicelli mit Auberginen-Caponata

Eine fantastisch einfache Pasta-Sauce, an der auch Ihre Gäste ihre Freude haben. Servieren Sie als Erstes eine Cremige Sauerampfer-Suppe (siehe Seite 291) und zur Caponata Salat nach Art des Hauses (siehe Seite 313) sowie frisches italienisches Brot mit darauf geträufeltem Olivenöl.

6 bis 8 Personen
500 g Vermicelli oder Spaghetti
2 mittelgroße Auberginen, in 1-cm-Würfeln
1 1/2 TL Salz
3 EL Olivenöl
2 Knoblauchzehen, gehackt
2 Paprikaschoten, rot oder gelb, entkernt und gewürfelt
2 Msp. getrockneter Rosmarin
2 Msp. getrockneter Oregano
1 TL getrocknetes Basilikum
5 Fleischtomaten, gehäutet, entkernt und in Stücke geschnitten, oder 1 große Dose Tomaten, abgetropft und gehackt
10 Kalamata-Oliven, entkernt und grob gehackt
50 g Kapern, abgespült und abgetropft

1. Die Nudeln nach Packungsvorschrift kochen, auf ein Sieb gießen, abtropfen lassen und heiß halten.
2. Die Auberginenwürfel salzen und 15 Minuten ziehen lassen. Unter kaltem Wasser waschen und trocken tupfen.
3. Das Öl in einem großen Topf erhitzen, die Auberginenwürfel hineinrühren, zudecken und bei mittlerer Hitze garen, dabei immer wieder umrühren. Sobald die Auberginen weich zu werden beginnen, die Hitze reduzieren und nochmals zugedeckt 10 Minuten braten.

4. Knoblauch, Paprika, Kräuter und Tomaten zu den Auberginenwürfeln geben. Alles gut verrühren und im offenen Topf 7 Minuten dünsten. Oliven und Kapern untermischen und weitere 2 bis 3 Minuten dünsten.

5. Die Vermicelli in eine vorgewärmte Schüssel geben und die Sauce darüber gießen.

Variation
Wer die Sauce gern cremiger hat, kann die Hälfte der Sauce im Mixer pürieren und dann mit der unzerkleinerten Hälfte vermischen.

FUTTER ZUM DENKEN

Märchen ums Essen
Eines dieser Märchen: Fettreduzierte oder fettfreie Produkte aus dem Supermarkt bieten die Möglichkeit, schlank zu werden oder zu bleiben

Fertigprodukte ohne Fett können Sie keineswegs vor dem Dickwerden bewahren. Es ist ein Irrtum zu glauben, dass Sie damit dem Körper keinerlei Fett zuführen. Für ein fettfreies Produkt gilt nur, dass es keine »zusätzlichen« Fette oder Öle enthält, also keine, die bei der Herstellung eigens zugefügt wurden. Manche fettarmen Gerichte stammen auch aus dem Labor. Die Fett enthaltenden Komponenten wurden einfach entfernt und durch irgendetwas Chemisches oder durch Zucker ersetzt (zum Beispiel bei fettfreien oder fettarmen Backwaren). Dabei wird das Produkt durch die höhere Zuckermenge, die für sein chemisches Gleichgewicht nötig ist, weil ihm das Fett entzogen wurde, noch ungesünder, als es vorher mit seinem Fettgehalt war. Mehr Zucker statt weniger Butter bringt sicherlich keinerlei Vorteile, sondern nur eine Veränderung der Zusammensetzung.

Denken Sie daran: Je natürlicher ein Nahrungsmittel oder ein Produkt ist, desto eher hilft es Ihnen, gesund zu bleiben und einen schönen, kräftigen Körper zu haben.

Schnelle Gemüse-Manicotti

Ein Griechischer Spinat-Salat eignet sich als erster Gang. Servieren Sie dazu zum Beispiel eine Kartoffel-Focaccia (siehe Seite 357).

4 bis 6 Portionen
250 g Manicotti (große Cannelloni)
1 großer Blumenkohl
250 g magerer Ricottakäse oder Tofu
2 EL Wasser
100 g frisch geriebener Parmesankäse
4 EL fein gehackte Petersilie
$1/2$ TL Kräutersalz
weißer Pfeffer aus der Mühle oder Zitronenpfeffer
1 große Dose Tomatensauce (800 g)

1. Den Backofen auf 180 °C vorheizen. Die Manicotti in einem großen Topf mit kochendem Wasser nur 3 Minuten kochen. In einen Durchschlag gießen und kalt abspülen. Abtropfen lassen und beiseite stellen.

2. Die Blätter vom Blumenkohl entfernen. Den Kohl in kleine Röschen teilen. Etwa 5 bis 7 Minuten dämpfen. Das Gemüse soll gar sein, aber noch Biss haben.

3. In einer großen Schüssel Ricotta oder zerbröckelten Tofu, Wasser, die Hälfte vom Parmesan, die Hälfte der gehackten Petersilie, Kräutersalz, Pfeffer und die Blumenkohlröschen vorsichtig mischen.

4. Die Hälfte der Tomatensauce in eine Lasagne-Form gießen und auf dem Boden der Form verteilen.

5. Jede Manicotti-Rolle mit der Blumenkohlmischung füllen. Die Rollen in die Form auf die Tomatensauce legen und mit der restlichen Tomatensauce übergießen. Dann die übrige Petersilie und den restlichen Parmesankäse darüber streuen. Im Ofen überbacken, bis die Pasta weich und die Oberfläche schön braun ist, das dauert ca. 30 Minuten.

13. Getreide

Blumenkohl-Fajita mit Mais-Salsa

Zu dieser gesunden Fajita gehört eine fabelhafte Mais-Salsa, die das Gericht so hervorragend macht. Bereiten Sie gleich etwas mehr zu, aus den Überbleibseln können Sie noch eine Beilage machen.

4 Portionen

Mais-Salsa
2 EL Olivenöl
1 kleine Zwiebel, gehackt
1 Knoblauchzehe, fein gehackt
4 Tassen frische Maiskörner
3 Tassen roter Paprika, entkernt und in Würfel geschnitten
3 EL frische Korianderblätter, grob gehackt
3 EL frisch gepresster Zitronen- oder Limonensaft
1 TL gemahlener Kreuzkümmel
$^1/_2$ TL Meersalz
schwarzer Pfeffer aus der Mühle

8 Weizen-Tortillas
2 große Tomaten, in Keile geschnitten

Blumenkohl-Füllung
2 EL Olivenöl zum Braten (oder $^1/_2$ Tasse Brühe)
1 kleiner Blumenkohl, die Röschen in Scheiben geschnitten
(oder 2 Tassen Blumenkohlscheiben und 2 Tassen Tofuwürfel)
1 rote Zwiebel, in Scheiben geschnitten
1 gelbe Paprikaschote, entkernt und in Scheiben geschnitten

3 EL frisch gepresster Limonensaft
1 TL Kräutersalz
1 Prise Cayennepfeffer

2 Tassen in Stücke zerpflückter Blattsalat
2 Tassen Alfalfasprossen

1. Für die Salsa das Olivenöl in einer Pfanne erhitzen, Zwiebeln und Knoblauch hineingeben und bei mittlerer Hitze glasig braten.
2. Die übrigen Zutaten nach und nach zufügen, gut vermischen und etwa 5 Minuten dünsten.
3. Für die Füllung das Olivenöl in einem Topf erhitzen, Gemüse und Kräuter hineingeben und bei mittlerer Hitze dünsten, bis sie gar sind, aber noch Biss haben (ca. 15 Minuten).
4. Zusammenstellen: Die Tortillas eine nach der andern in einer heißen, trockenen Pfanne erhitzen, bis sie weich und durch und durch warm sind. Auf jede Tortilla Mais-Salsa, Blumenkohlfüllung, Salatstückchen und Tomatenkeile legen. Ein Ende umschlagen, damit der Saft nicht ausläuft, und dann die Tortilla zu einem Briefumschlag zusammenlegen.

FRÜHSTÜCKSGETREIDE AM ABEND:
DAS EINFACHSTE GETREIDE-ABENDESSEN!

Nach einem arbeitsreichen Tag, vielleicht sogar mit einem ausgedehnten Arbeitsessen, ist diese Mahlzeit unter allen sanften Abendessen unser liebstes. Das Interessante dabei ist, dass wir verschiedene Getreidearten und -formen nach Wunsch mischen. Jeder »designed« sich also sein Essen selbst, wählt unter geschrotetem Weizen mit Kleie, Fertigmüsli, Vollkornflocken, geschrotetem Hafer, geröstetem Puffreis oder Weizenflocken aus. Das Ganze endet damit, dass jeder etwas anderes hat und doch zufrieden ist. Dazu gibt es gehackte Trockenfrüchte und Bananen als Enzym- und Ballaststofflieferanten, Zimt zur Entspannung der müden Muskeln, Vanille-Sojamilch, weil das Ganze dann besser schmeckt und basenreich wird.

2 oder 3 Getreidearten und -formen mit viel Ballaststoffen und ohne Zucker
Rosinen, Feigen oder Datteln für mehr Süße (nach Wunsch)
Milch, Reismilch oder Sojamilch (nach Geschmack)
Zimt zum Abschmecken
Bananenstückchen

Bereiten auch Sie sich Ihr »Designer«-Mahl, mischen Sie es gut und lassen Sie es ein paar Minuten stehen, damit sich die Aromen verbinden. Trinken Sie dazu einen großen Becher Kräutertee mit Zimt oder heiße Sojamilch mit Vanille oder Carob.

DER »WICKEL« ZUM ABNEHMEN UND FÜR MEHR GESUNDHEIT

Nehmen Sie irgendeinen Ihrer Gemüsesalate, reichern Sie ihn mit gedämpften Gemüsen nach Wahl an und wickeln Sie ihn in eine Weizen-Tortilla. Geben Sie als Würze Salsa oder Senf dazu. Machen Sie sich gleich zwei oder drei. Sie fühlen sich fantastisch, und

SIE NEHMEN AB DABEI!

Brauner Reis-»Koji«

Wenn Ihr Magen ein bisschen Ruhe braucht, sollten Sie einmal diesen altmodischen Winter-Eintopf zubereiten. Unser naturheilkundiger Arzt empfiehlt uns dieses Gericht (»Koji« ist die japanische Form des Eintopfes), wenn wir uns einmal nicht so wohl fühlen. Es wird stundenlang gekocht, sodass die Verdauungsorgane keine Arbeit mehr damit haben; die Ballaststoffe sind durchgeweicht, und die Mineralstoffe befinden sich bereits in der Brühe. Geben Sie vom Brokkoli auch die Blätter als Nährstoffzulage dazu. Sie können sicher sein, dass Sie damit genügend Enzyme aufnehmen!

4 Portionen
8 Tassen Wasser
2 Tassen Naturreis
2 Möhren, geschabt, nicht geschält, und in Scheiben geschnitten
2 Tassen Weiß- oder Grünkohl, fein geschnitten

2 Selleriestangen, in Scheiben
4 Koblauchzehen, fein gehackt
4 Schalotten, in Scheiben geschnitten
1 Zwiebel, gehackt
2 Zucchini, in Scheiben geschnitten
2 Brokkoli-Stiele, an den Enden geschält, die Röschen fein aufgeschnitten
3 EL gekörnte Gemüsebrühe

1. Das Wasser in einem großen Topf zum Kochen bringen. Alle
   Zutaten hineingeben und verrühren.
2. Bei schwacher Hitze 2 bis 3 Stunden kochen, damit die Brühe
   die Mineralstoffe aufnimmt. In vorgewärmten Suppenschalen servieren.

Schnelles Naturreis-Risotto

Diese gesunde Version des berühmten italienischen Gerichts
ist ganz einfach in der Zubereitung. Probieren Sie es zur
Abwechslung auch einmal mit Shiitake-Pilzen. Dazu passen
gedämpfte grüne Bohnen oder Weißkohlsalat mit Curry (siehe
Seite 319).

2 Portionen
1 ¹/₂ Tassen brauner Instant-Reis
1 TL Olivenöl
1 große Zwiebel, fein gehackt
1 Tasse kleine Champignons, geputzt und halbiert
¹/₂ Tasse Tomatensauce
3 EL frisch geriebener Parmesankäse
Meersalz und Pfeffer aus der Mühle

1. Den Reis nach Packungsvorschrift in einem Topf kochen. Sobald er fertig ist, mit einer Gabel lockern und zugedeckt stehen lassen.
2. Während der Reis kocht, das Öl in einer beschichteten Pfanne erhitzen und die Zwiebeln darin 3 Minuten braten, zwischendurch 1 bis 2 Esslöffel Wasser zugeben. Die Pilze in die Pfanne geben und unter gelegentlichem Rühren 3 Minuten mitbraten.
3. Den gekochten Reis dazugeben, ebenso die Tomatensauce und den Parmesankäse. Alles gut mischen und noch einige Minuten unter Rühren weitergaren, bis der Reis klebrig wird. Mit Salz und Pfeffer abschmecken und noch weitere 2 Minuten durchkochen.

Drei-Getreide-Pilaw mit Erbsen

Besonders fein mit Gurken-Raita und heißen Chapatis.

4 bis 6 Portionen
1 EL Olivenöl
1 Zwiebel, fein gehackt
2 Knoblauchzehen, fein gehackt
3 Tassen Gemüsebrühe
$1/_2$ Tasse Bulgur (vorgekochtes Hartweizenprodukt)
$1/_2$ Tasse brauner Langkornreis
$1/_2$ Tasse Perlgraupen
1 Prise Cayennepfeffer oder 1 Spritzer Tabascosauce
1 TL gemahlener Koriander
3 EL Petersilie, fein gehackt
$1/_2$ Tasse tiefgekühlte Erbsen, aufgetaut

1. Das Öl in einem großen Topf erhitzen. Zwiebel und Knoblauch hineingeben und in 5 Minuten bei mittlerer Hitze unter gelegentlichem Rühren glasig werden lassen.
2. Brühe, Bulgur, Reis und Graupen zugeben und zum Kochen bringen. Mit Cayennepfeffer und Koriander würzen und die Petersilie einrühren. Bei schwacher Hitze 40 Minuten köcheln lassen.
3. Den Topf vom Herd nehmen und die Erbsen einrühren. Den Pilaw 10 Minuten zugedeckt quellen lassen. Danach mit einer Gabel lockern und nach Wunsch abschmecken.

Toskanischer Reis mit Gemüsen

Dieser erfrischende Getreidesalat eignet sich bestens für ein Picknick. Sie können dazu Gazpacho und Hühnerbrust mit marokkanischen Gewürzen essen (siehe Seite 166).

4 Portionen
2 Tassen Wasser
1 Tasse brauner Rundkorn- oder Basmati-Reis
1 Prise Salz
3 große Möhren, geschabt und in Würfel geschnitten
2 Tassen frische, ausgelöste Limabohnen (oder tiefgekühlte)
2 Tassen tiefgekühlte Erbsen
3 EL Olivenöl
Meersalz und Pfeffer aus der Mühle
2 EL Basilikum, fein gehackt
2 EL Kalamata-Oliven, entkernt und fein gehackt

1. Wasser, Reis und etwas Salz in einem schweren Topf zum Kochen bringen, einmal umrühren und zugedeckt bei schwa-

cher Hitze kochen lassen, bis alle Flüssigkeit eingekocht ist; das dauert etwa 45 Minuten. Vom Herd nehmen und mit einer Gabel auflockern. Beiseite stellen.

2. Möhren und Limabohnen über kochendem Wasser in einem Dämpftopf 5 Minuten dämpfen. Die Erbsen zugeben und noch 3 Minuten weiterdämpfen. Den Rost mit den Gemüsen aus dem Topf nehmen und abkühlen lassen.

3. In einer kleinen Schüssel Olivenöl mit Salz und Pfeffer verrühren und dann mit dem Schneebesen aufschlagen.

4. Den Reis und die gedämpften Gemüse in einer großen Schüssel vermischen. Das gewürzte und aufgeschlagene Öl zugeben, ebenso das gehackte Basilikum. Zum Schluss die gehackten Oliven unterrühren und alles gut vermischen. Nochmals würzig abschmecken.

Tipp
Sie können dieses Gericht auch schon am Vortag zubereiten. Servieren Sie es gekühlt oder bei Zimmertemperatur.

Tex-Mex-Quinoa-Salat

Schmeckt wunderbar zu gerösteten Bohnen- und Käse-Burritos.

2 bis 3 Portionen

Salat-Sauce
2 Knoblauchzehen, zerdrückt
2 EL frisch gepresster Zitronensaft
6 EL Olivenöl, extra vergine
2 EL Korianderblätter, gehackt
Meersalz und Pfeffer aus der Mühle

1 Tasse frische oder tiefgekühlte Maiskörner
1 Tasse Quinoa, nach Packungsvorschrift gekocht
(ergibt etwa 2 $^1/_2$ Tassen)
$^1/_2$ Tasse gekochte schwarze Bohnen, abgetropft
1 Prise gemahlener Kreuzkümmel
1 große Tomate, entkernt und in Würfeln
1 kleine rote Zwiebel, fein gehackt
100 g eingelegte grüne Chilischoten (nach Wunsch)

1. Für die Salatsauce alle angegebenen Zutaten mit dem Schneebesen in einer kleinen Schüssel aufschlagen und beiseite stellen.
2. Maiskörner, Quinoa und schwarze Bohnen in eine mittelgroße Schüssel geben, die übrigen Zutaten sowie die Salatsauce zugeben. Gut durchmischen und zugedeckt für mindestens 1 Stunde kalt stellen und auch kalt servieren.

FUTTER ZUM DENKEN

Quinoa

Quinoa ist ein Gänsefußgewächs, das aber wie Getreide zubereitet und gegessen wird. Es handelt sich dabei um die Samen einer in den Anden heimischen Pflanze. Sie enthalten neun essentielle Aminosäuren, Kalium, Eisen und Zink. Ihr Geschmack ist mild nussig. Man findet Quinoa inzwischen sogar schon als Zutat in Menüs innovativer Küchenchefs, und zwar anstelle von Reis. Quinoa muss gut ausgespült werden. Halten Sie sich an die Angaben auf der Packung.

Couscous-Konfetti

Couscous, eine wichtige Zutat der marokkanischen Küche, sieht wie Getreide aus, ist aber eigentlich eine winzige Teigware in Reisform. Kaufen Sie, wenn möglich, Vollwert-Couscous. Er schmeckt besser und enthält mehr Faserstoffe und Nährstoffe als die verfeinerte Variante. Sie können dieses Gericht heiß als Beilage zu gedämpftem Brokkoli und einer Zwei-Minuten-Joghurtssauce mit Dill, Kreuzkümmel und Knoblauch (siehe Seite 344) essen, aber auch kalt auf einem Büfett, zu dem auch Tomatensalat mit Feta (siehe Seite 326), Provençalischer Drei-Bohnen-Salat mit frischen Kräutern (siehe Seite 233) und eine Kartoffel-Porree-Galette (siehe Seite 361) gehört.

4 Portionen
$3/4$ Tasse Couscous
$1\,2/3$ Tassen Wasser
$1/2$ Tasse Zucchini, grob geraspelt
$1/2$ Tasse Kürbis, grob geraspelt
$1/2$ Tasse Möhren, grob geraspelt
3 Schalotten, fein gehackt

als warme Beilage
2 EL Butter oder Olivenöl, extra vergine
$1/2$ TL gemahlener Kreuzkümmel
Meersalz

Salatsauce
3 EL Olivenöl, extra vergine
1 Msp. Zimt
1 Msp. gemahlener Kreuzkümmel

1 Msp. weißer Pfeffer aus der Mühle

1 TL Apfelessig

Meersalz und schwarzer Pfeffer aus der Mühle

2 EL Minzeblätter, frisch gehackt

1. Den Couscous entsprechend der Packungsvorschrift kochen, also das kochende Wasser darüber gießen und ihn zugedeckt 20 Minuten stehen lassen.

2. Die geraspelten Gemüse nacheinander blanchieren, d. h. für jeweils 10 Sekunden in kochendes Wasser geben, dann in sehr kaltem Wasser abschrecken. Gut abtropfen lassen und in eine Schüssel geben. Mit dem Couscous vermischen. Für die warme Beilage Butter bzw. Öl und Gewürze zugeben oder für die kalte Version mit der Salatsauce mischen.

3. Für die Salatsauce alle Zutaten mit Ausnahme der Minzeblättchen in eine Schüssel geben und mit dem Schneebesen aufschlagen. Gut mit dem Salat mischen und mit Minzeblättchen garnieren.

14. Kartoffeln

Doppelt gebackene neue Kartoffeln mit Knoblauch und Pfeffer

Ein ganz einfaches Kartoffelgericht, das jedermann schmeckt. Es eignet sich bestens als Hauptgang; Blattgemüse mit Khaki und Räucherkäse passen vorzüglich dazu. Ebenso eignen sich diese Kartoffeln aber auch als Beilage an Tagen, wo einem nach einer Mahlzeit aus Steaks oder Hähnchen mit Kartoffeln zumute ist.

3 Portionen
2 große neue Kartoffeln (in Folie im Ofen gebacken), in $1/2$ cm dicke Scheiben geschnitten
2 EL Olivenöl
1 Knoblauchzehe, ausgepresst
$1/2$ TL getrockneter Thymian
$1/2$ TL Chilipulver
Kräutersalz
1 Prise Cayennepfeffer
Pfeffer aus der Mühle

1. Den Backofen auf 190 °C vorheizen. Die Kartoffelscheiben dachziegelartig in eine flache Auflaufform legen
2. Die restlichen Zutaten, ausgenommen Cayennepfeffer und Pfeffer, gut verrühren und auf den Kartoffeln verstreichen. Diese mit Cayennepfeffer und Pfeffer bestäuben.
3. Die Form für 25 Minuten in den Ofen stellen und die Kartoffeln hellbraun überbacken.

FUTTER ZUM DENKEN

Kartoffeln

Der ideale Platz zur Lagerung von Kartoffeln ist ein kühler, aber nicht kalter, dunkler Platz. Temperaturen unter 10 °C fördern die Umwandlung der Kartoffelstärke in Zucker, und das gibt den Kartoffeln einen unangenehm süßen Geschmack. Wenn Sie also keinen kühlen Keller haben, kaufen Sie besser immer nur so viele, wie Sie in nächster Zeit verbrauchen. Ein kleiner Vorrat genügt.

Da sich Kartoffeln und Zwiebeln gegenseitig beeinträchtigen, sollten sie in einiger Entfernung voneinander gelagert werden.

Kaufen Sie keine Kartoffeln, an denen schon Keime austreiben. Sie sind bereits alt und schmecken süßlich, da der Umwandlungsprozess von Stärke in Zucker bereits eingesetzt hat.

Kartoffeln bekommen grüne Stellen, wenn sie im Heranwachsen dem Licht ausgesetzt sind. Das Grün ist ein Hinweis auf den Inhaltsstoff Solanin, das in größeren Mengen giftig ist. Kaufen und verwenden Sie auf keinen Fall grüne Kartoffeln.

Essen Sie so oft wie möglich Kartoffeln mit Schale, denn die Schale enthält wichtige Nähr- und Faserstoffe.

Ofenkartoffeln mit Rosmarin

Diese rustikalen Kartoffeln mit viel Knoblauch und der knusprigen Schale verschwinden im Handumdrehen von den Tellern. Wir essen sie gern zusammen mit einer Suppe, zum Beispiel Erbsencreme mit Curry (siehe Seite 296) oder zu Erbsensuppe mit Knoblauch und Spinat (siehe Seite 306).

3 bis 4 Portionen
2 EL Butter
8 Knoblauchzehen, fein gehackt
10 Kartoffeln mit roter Schale, gebürstet, geviertelt, ungeschält
1 Tasse Wasser
3 EL gehackte Rosmarinnadeln oder 1 EL getrocknete
$1/2$ TL Meersalz
schwarzer Pfeffer aus der Mühle

1. Den Backofen auf 200 °C vorheizen.
2. Die Butter in einem Topf schmelzen und den Knoblauch hineinrühren. Die Kartoffelviertel zugeben und scharf anbraten. Mehrmals wenden, damit sie rundherum bräunen.
3. Wenn der Knoblauch aromatisch duftet, aber noch nicht braun ist, $1/4$ Tasse Wasser zugeben. Rosmarin untermischen und die Kartoffeln in eine ofenfeste Form schichten.
4. Die Form in den Ofen stellen und die Kartoffeln 10 Minuten backen, dann kurz umrühren und nach Bedarf nicht mehr als ein paar Esslöffel Wasser zugießen, damit sie nicht anbrennen.
5. Nach weiteren 10 Minuten wieder umdrehen und ein paar Esslöffel Wasser angießen, bis die Kartoffeln gar sind (die Kartoffeln dürfen aber auf keinen Fall im Wasser liegen).
6. Die Form aus dem Ofen nehmen und die Kartoffeln mit Salz und Pfeffer würzen.

Kartoffelsalat mit Safran

Am besten ergänzt durch Opa Schnells italienische Lieblings-
suppe (siehe Seite 283) und Zucchini-Tarte (siehe Seite 363).

2 bis 4 Portionen

Salatsauce
2 Knoblauchzehen, fein gehackt
1 TL frisch gepresster Zitronensaft
1 EL Dijonsenf
1 Prise Safran
6 EL Olivenöl, extra vergine
Meersalz und schwarzer Pfeffer aus der Mühle

500 g rotschalige Kartoffeln (nach Wunsch gebürstet oder
geschält), gedämpft
1 Tasse getrocknete Tomaten, in Öl eingelegt, fein geschnitten
1 Tasse Kalamata-Oliven, entkernt und in Scheiben
2 EL abgespülte und abgetropfte Kapern
1 Fenchelknolle, in dünnen Scheiben
4 Tassen Endiviensalat, fein geschnitten

1. Für die Salatsauce Knoblauch, Zitronensaft, Senf und Safran
   in eine Schüssel geben. Zusammen mit dem Olivenöl cremig
   aufschlagen. Mit Salz und Pfeffer würzen.
2. Die Kartoffeln in kleine Würfel schneiden und in eine große
   Schüssel geben. Tomaten, Oliven, Kapern und Fenchel zugeben.
   Die Zutaten mit drei Vierteln der Salatsauce gut vermischen.
3. Den Endiviensalat auf den Tellern verteilen, mit der restlichen Marinade beträufeln und den Kartoffelsalat darauf anrichten.

Überbackene Buttermilchkartoffeln

Ein Kartoffelgericht könnte gar nicht einfacher sein. Dank der Buttermilch bekommt es eine cremige Sauce. Zu einem sanften Abendessen können Sie es zusammen mit Artischocken-Kräuter-Suppe mit Weißkohl (siehe Seite 281) und Maui-Muffins (siehe Seite 366) servieren.

4 Portionen
$^1/_4$ Tasse Vollkorn-Weizen- oder -Hafermehl
1 TL Meersalz
schwarzer Pfeffer aus der Mühle
2 Msp. gemahlener Kreuzkümmel
4 rotschalige Kartoffeln , geschält (nach Wunsch) und
in dünnen Scheiben
1 $^1/_2$ EL Butter
1 EL Olivenöl, extra vergine
1 mittelgroße weiße Zwiebel, in dünnen Ringen
2 Tassen Buttermilch
Paprikapulver zum Bestäuben

1. Den Backofen auf 180 °C vorheizen. Mehl, Salz, Pfeffer und Kreuzkümmel in eine Schüssel geben.
2. Die Kartoffelscheiben unter das gewürzte Mehl mischen und beiseite stellen.
3. Butter und Öl in einer kleinen Pfanne erhitzen, Zwiebelringe darin anbraten, in etwa 5 Minuten glasig werden lassen.
4. Die Zwiebeln zu den Kartoffeln geben und die Mischung in eine flache ofenfeste Form schichten. Die Buttermilch darüber gießen. Mit Paprikapulver bestäuben.
5. Die Kartoffeln im vorgeheizten Backofen 1 bis 1 $^1/_2$ Stunden überbacken.

Winterlicher Wurzeleintopf in dunkler Sauce

Eintöpfe sind am nächsten Tag, wenn Sie die Überbleibsel aufwärmen, meist noch kräftiger und unwiderstehlicher als frisch gekocht. Sie können die Kartoffeln mit oder ohne Schale verwenden. Wenn die Gemüse geschabt statt geschält sind, wird der Eintopf herzhafter. Sie sollten ihn aus mittelgroßen Schalen essen und dazu gedämpften Weißkohl und heißes Brot zum Eintunken in die Sauce reichen.

6 bis 8 Portionen
1 EL Olivenöl
6 Knoblauchzehen, fein gehackt
1 große Zwiebel, in Stücke geschnitten
2 Selleriestangen, in Stücke geschnitten
2 mittelgroße Möhren, in Stücke geschnitten
1 kleine rote Paprikaschote, entkernt und in kleine Würfel geschnitten
3 Tassen Kartoffelstücke, mit oder ohne Schale
2 Tassen Äpfel, geschält, in Würfeln
1 Tasse getrocknete Shiitakepilze, gewaschen und 30 Minuten in 2 Tassen warmem Wasser eingeweicht
1 kleiner Kürbis, geschält, entkernt und in Würfel geschnitten
1 TL getrockneter Thymian
$1/2$ TL getrockneter Majoran
$1/2$ TL getrockneter Rosmarin
2 Lorbeerblätter
2 EL Mehl
1 Glas Rotwein
Meersalz und Pfeffer aus der Mühle
2 Tassen Blumenkohlröschen

Sauce
Einweichwasser der Pilze, durchgesiebt
3 Tassen Gemüse- oder Hühnerbrühe
3 entkernte Datteln
5 EL Sojasauce
5 EL Apfelessig
2 EL Melasse

1. Das Öl in einem großen Bräter erhitzen. Sobald es heiß genug ist, die in der Zutatenliste folgenden 5 Zutaten zugeben und kurz anbraten. Danach Kartoffeln, Äpfel, Pilze und Kürbis zugeben. Danach die Kräuter und Gewürze unterrühren. Das Mehl einrühren, um die Gemüse zu binden. Mit dem Rotwein aufgießen. Bei schwacher Hitze so lange kochen lassen, bis die Sauce zubereitet ist.
2. Für die Sauce sämtliche angeführten Zutaten in den Mixer geben und cremig pürieren. Über das Stew gießen, zum Kochen bringen und mit Salz und Pfeffer würzen. Bei schwacher Hitze 30 Minuten kochen lassen. Die Blumenkohlröschen einrühren. Zugedeckt weitere 30 Minuten kochen. Nach Wunsch abschmecken.

Einfache kleine Kartoffelkuchen

Dieser Schmaus ist die kleine Mühe bestimmt wert, und eigentlich sind die Küchlein überraschend einfach in der Zubereitung, auch wenn die Zubereitungszeit ein bisschen mehr als eine Stunde beträgt. Servieren Sie sie zusammen mit Spargel-Vichyssoise (siehe Seite 292) oder mit herzhafter Erbsensuppe mit Bohnen und Gerste (siehe Seite 307).

24 kleine oder 12 mittelgroße Küchlein

Teig
1 Tasse geschälte und gedämpfte Kartoffelwürfel
6 EL Distelöl
1 TL Salz
3 Tassen Vollkornweizenmehl oder Dinkelmehl
1 TL Weinsteinbackpulver
$^1/_2$ Tasse kaltes Wasser

Mehl für die Arbeitsplatte
Fett für das Backblech

Kartoffelfüllung
2 EL Butter
$^1/_2$ Tasse gehackte Zwiebeln
1 $^1/_2$ Tassen zerdrückte Kartoffeln
$^1/_2$ TL Meersalz
weißer Pfeffer aus der Mühle

1. Für den Teig Kartoffeln, Öl und Salz vermischen. Mehl **und** Backpulver durchsieben und unter die Kartoffelmasse kneten. Gut durcharbeiten.
2. In der Mitte des Teigs eine Vertiefung machen und das kalte Wasser hineingeben. Zu einem weichen Teig verkneten. Auf der leicht mit Mehl bestreuten Arbeitsplatte zugedeckt mit einer Schüssel 30 Minuten ruhen lassen.
3. Für die Füllung die Butter in einer Pfanne erhitzen, die Zwiebeln darin glasig braten.
4. Die zerdrückten Kartoffeln zugeben, mit Salz und Pfeffer würzen und alles gut vermischen.

5. Den Ofen auf 180 °C vorheizen. Den Teig in vier Stücke teilen. Jedes so dünn wie möglich ausrollen. In große (8 x 6 cm) oder kleinere Rechtecke schneiden.
6. Auf jedes Rechteck 1 Esslöffel von der Füllung geben und zuerst die beiden kürzeren Enden zur Mitte klappen. Dann die längeren Enden darüberfalten. Mit der gefalteten Seite auf ein gut geöltes Backblech legen und in etwa 30 Minuten goldgelb backen.

Gestampfte Süßkartoffeln und Birnen

Die Birnen ergänzen sich vom Geschmack her perfekt mit den Süßkartoffeln. Bei einem traditionellen Abendessen kombiniert man sie mit gebratenem Huhn und gedämpften Gemüsen. Zum sanften Abendessen aber servieren Sie Erbsensuppe mit Knoblauch und Spinat (siehe Seite 306) dazu. Sie können das Gericht auch einen Tag früher zubereiten und zugedeckt im Kühlschrank aufheben, bevor Sie es frisch überbacken.

6 Portionen
1 bis 1 ¹/₂ kg Süßkartoffeln (etwa 6 mittelgroße Kartoffeln), gewaschen
6 EL Butter
6 nicht zu reife Birnen, entkernt und in Scheiben geschnitten
1 Tasse Birnennektar (aus der Dose)
6 Gewürznelken
3 EL Rohr-, Dattel- oder Ahornzucker
¹/₂ TL Zimt
¹/₂ TL gemahlener Kardamom
Meersalz und Pfeffer aus der Mühle

1. Den Backofen auf 200 °C vorheizen. Die Süßkartoffeln auf das Backblech legen und in etwa 1 Stunde garen, bei Anstich sollten sie weich sein.

2. Inzwischen 2 Esslöffel Butter in einer Pfanne erhitzen. Die Birnenscheiben darin 5 Minuten unter Rühren anbraten. Den Nektar angießen und die Gewürznelken zugeben, bei mittlerer Hitze zum Kochen bringen, etwas zurückschalten und so lange köcheln, bis die Birnen weich sind (etwa 5 Minuten). Wenn sich die Birnen anlegen, noch etwas Nektar zufügen.

3. Die Gewürznelken entfernen, die Birnen abkühlen lassen und im Mixer pürieren.

4. Wenn die Kartoffeln gar sind, den Backofen auf 180 °C zurückschalten.

5. Die Süßkartoffeln schälen, mit dem Kartoffelstampfer zerdrücken, die restliche Butter dazugeben. Das Birnenpüree, den Zucker, Zimt und Kardamom zufügen. Mit Salz und Pfeffer würzen.

6. Das Püree in eine ofenfeste Schüssel geben und 15 bis 20 Minuten im Ofen überbacken, damit es durch und durch heiß ist.

Beaus Kartoffel-Pizza

Trotz all der kulinarischen Experimente um ihn herum ist mein Sohn Beau in den Fit-for-Life-Jahren ganz cool aufgewachsen und weiß auch jetzt, was er will. Inzwischen ist er ein tüchtiger Koch, und zu seinen Kreationen gehört auch diese Pizza. Ein Salat nach Art des Hauses (siehe Seite 313) passt bestens dazu, und falls Sie ein paar hungrige Teenager im Haus haben, sollten Sie vielleicht auch noch eine Schüssel mit Chili-Essig-Hähnchenflügeln (siehe Seite 168) auf den Tisch stellen.

2 bis 3 Portionen

Teig
3 Tassen pürierte Kartoffeln (am besten vorher geschält und gedämpft)
1 EL Butter
2 Eier, aufgeschlagen
3 EL Vollkornweizenmehl
1 TL Olivenöl, extra vergine

Belag
2 reife Tomaten, in dünne Scheiben geschnitten
4 eingelegte Artischockenherzen
3 EL getrocknete Tomaten
2 Tassen geraspelter Mozzarella
$1/2$ Tasse zerbröckelter Ziegenkäse
1 EL Olivenöl, extra vergine
2 EL gehacktes Basilikum

1. Für den Boden alle Zutaten bis auf das Öl zu einem weichen
   Teig verkneten. Mit dem Öl eine runde Pizzaform oder
   Springform bestreichen. Den Teig in die Form drücken. Die
   Form in den Backofen mit zugeschaltetem Grill stellen und
   den Teig knusprig vorbacken. Wieder aus dem Ofen nehmen.
2. Die Tomatenscheiben, Artischockenherzen und getrocknete
   Tomaten darauf verteilen. Mit Mozzarella und Ziegenkäse be-
   legen und mit dem Olivenöl beträufeln.
3. Erneut unter den Grill stellen, bis der Käse schmilzt. Aus dem
   Ofen nehmen und mit frischem Basilikum bestreuen.

Teil 6

Suppen als Beilagen
oder
Hauptgerichte

Grundrezept für Gemüsebrühe

Sie können natürlich auch fertige Bouillons und Brühen für Ihre Suppen verwenden, doch wenn Sie etwas Zeit übrig haben, sollten Sie Ihre Gemüsebrühe selbst zubereiten. Aber denken Sie daran, die Qualität Ihrer Brühe hängt von der Frische der verwendeten Gemüse ab.

8 Tassen
2 Möhren
2 Pastinaken
1 Stange Porree
3 Selleriestangen
1 weiße Zwiebel
1 Gewürznelke
2 Schalotten
3 Knoblauchzehen
1 Lorbeerblatt
1 kleiner Bund Petersilie
2 Zweige frischer Thymian oder $\frac{1}{2}$ TL getrocknetes Kraut
1 EL schwarze Pfefferkörner
2 l Wasser

1. Möhren, Pastinaken, Porree, Sellerie und Zwiebel putzen, waschen und in Stücke schneiden. Die Gewürznelke in ein Stück Pastinake stecken.
2. Schalotten und Knoblauch schälen und hacken.
3. Lorbeerblatt, gewaschene Petersilie und Thymian sowie Pfefferkörner (bouquet garni) in ein kleines Stück Mull geben und fest zubinden.

4. Gemüse und bouquet garni in einen Suppentopf geben. Das Wasser zufügen und zum Kochen bringen. Bei schwacher Hitze etwa 1 Stunde köcheln lassen. Die Suppe durch ein Sieb gießen.

Die Brühe kann zugedeckt im Kühlschrank eine Woche aufgehoben werden. Sie lässt sich aber auch gut portionsweise einfrieren.

Thymian-Brühe mit Spinat, Tomaten und Muschelnudeln

Zur Herstellung dieser vorzüglichen Suppe im italienischen Stil brauchen Sie nicht länger als ein paar Minuten. Sie kann als wohlschmeckender erster Gang dienen, wenn das Hauptgericht irgendein Super-Salat ist wie beispielsweise der Geflügelsalat Cäsar. Bei einem leichten Abendessen ist sie mit Brot und gegrillten Gemüsen ein komplettes Hauptgericht.

4 Portionen
1 EL Olivenöl
3 Knoblauchzehen, fein gehackt
2 EL frische Thymianblättchen
4 Tassen frischer Spinat, geputzt, gehackt (oder 1 Packung tiefgekühlter)
6 Tassen Geflügelbrühe oder Gemüsebrühe (siehe Seite 279)
2 mittelgroße Zucchini, in hauchdünne Scheibchen geschnitten
2 Tassen gekochte Muschelnudeln
3 Tassen Eiertomaten, gehäutet, entkernt und in Stücke geschnitten
2 Tassen gekochte Kichererbsen, abgetropft
$\frac{1}{2}$ TL weißer Pfeffer aus der Mühle
Meersalz

1. Das Öl in einem Suppentopf erhitzen. Den Knoblauch ganz kurz darin anbraten. Thymianblättchen, Spinat und Brühe zugeben. Etwa 5 Minuten bei mittlerer Hitze kochen lassen.
2. Zucchini-Scheiben und alle anderen Zutaten zugeben, zum Kochen bringen, 2 Minuten kochen lassen und auf vorgewärmten Suppentellern servieren.

Artischockensuppe mit Kräutern und Weißkohl

Eine einzige Tasse gekochter Weißkohl enthält den Tagesbedarf an Vitamin A und C sowie 10 Prozent des Eisen- und Kalziumbedarfs. Diese wahrhaft innovative und nährstoffreiche Suppe ist ein ausgezeichneter Einstieg in eine eiweißbetonte, aber auch eine kohlenhydratreiche Mahlzeit.

3 bis 4 Portionen
1 EL Olivenöl
6 Knoblauchzehen, fein gehackt
1 kleine rote Zwiebel, in Scheiben geschnitten
1 kleines Glas Weißwein
300 g eingekochte oder tiefgefrorene Artischockenböden
$^1/_2$ TL getrockneter Estragon
$^1/_2$ TL getrockneter Thymian
$^1/_2$ TL getrockneter Majoran
3 Tassen Weißkohl, fein geschnitten
8 Tassen Geflügel- oder Gemüsebrühe
Saft von 1 Zitrone
Meersalz und schwarzer Pfeffer aus der Mühle

1. Das Öl erhitzen, Knoblauch und Zwiebeln darin glasig werden lassen. Wein und Artischockenböden zugeben.

2. Die getrockneten Kräuter einrühren, ebenso den Weißkohl, und dann die Brühe angießen. Schnell zum Kochen bringen. Bei mittlerer Hitze zugedeckt 20 Minuten köcheln lassen. Zitronensaft einrühren und mit Salz und Pfeffer abschmecken. In vorgewärmten Suppenschalen servieren.

Würzige Thai-Brühe mit Nudeln

Für die Zubereitung dieser pikanten Suppe brauchen Sie nicht länger als ein paar Minuten. Dabei passt sie wunderbar zum Super-Salat aus Thai-Hühnchen mit Zitrone (siehe Seite 183).

3 Portionen
1 Limone (ersatzweise Zitrone)
3 TL Sojasauce
2 TL Reisessig
1 EL würziges Sesamöl
1 kleine Pfefferschote, entkernt und fein geschnitten
2 Knoblauchzehen, fein gehackt
6 Tassen Geflügelbrühe
100 g Soba-Nudeln (oder chinesische Suppennudeln)
1 Tomate, gehäutet, entkernt und in kleine Stücke geschnitten
5 EL Korianderblätter, gehackt

1. Die Limone quer in dünne Scheiben schneiden. Die Scheiben in Streifen und diese in winzige Würfel schneiden. Diese in eine kleine Schüssel geben und mit Sojasauce, Essig, Öl, Pfefferschote und Knoblauch vermischen. Beiseite stellen.
2. In einem Suppentopf die Brühe zum Kochen bringen und die angerührten Gewürzzutaten zugeben. 10 Minuten bei ausgeschaltetem Herd ziehen lassen. Die Brühe durchsieben und

anschließend wieder erhitzen. Nudeln hineingeben und nach den Angaben auf der Packung in etwa 7 Minuten garen. Sie sollen weich sein, aber doch noch Biss haben. Tomatenstückchen und gehackte Korianderblätter zugeben.

Opa Schnells Lieblingssuppe – italienische Minestrone

Bei uns gibt es diese köstliche italienische Suppe als Hauptgang zum Abendessen. Dazu werden Maui-Muffins (siehe Seite 366) serviert. Verwenden Sie nur frische Gartengemüse und gutes Olivenöl, damit die Suppe den richtigen Geschmack bekommt. Die lange Kochzeit ist ein Geheimnis ihrer Qualität. Besonderen Reiz bekommt die Suppe durch einen Löffel Parmesankäse auf jeden Teller.

3 Portionen
6 EL Olivenöl, extra vergine
1 Möhre, grob geraspelt
2 Stangen Porree, der Länge nach geviertelt und in Scheiben geschnitten
4 Knoblauchzehen, fein gehackt
2 mittelgroße Zucchini, der Länge nach geviertelt und in Scheiben geschnitten
5 $^1/_2$ Tassen Wasser
4 Tassen frischer Spinat, fein gehackt
1 kleine Dose italienische Tomaten mit Saft
1 TL getrocknetes Basilikum
1 EL gekörnte Gemüsebrühe
1 EL gekörnte Geflügelbrühe
1 Tasse Basilikumblättchen, fein gehackt
Meersalz und Pfeffer aus der Mühle

1. Das Olivenöl in einem Topf mit schwerem Boden erhitzen. Geraspelte Möhren, Porree und Knoblauch zugeben und bei schwacher Hitze etwa 5 Minuten anbraten. Die Zutaten sollen duften.
2. Zucchini zufügen und mitbraten. Wasser einrühren, Spinat, zerkleinerte Tomaten, getrocknetes Basilikum und gekörnte Brühen einrühren. Bei mittlerer Hitze die Suppe zum Kochen bringen und dann zugedeckt bei schwacher Hitze etwa 1 Stunde köcheln lassen.
3. Frisches Basilikum zugeben und weitere 15 bis 20 Minuten schwach kochen lassen.
4. Mit Salz und Pfeffer würzig abschmecken.

Gemüse-Consommé mit Glasnudeln

Durchsichtige Glasnudeln, die aus Reis gemacht werden und etwa wie Cappellini aussehen, sind in der japanischen und der Thai-Küche gebräuchlich. Sie bekommen sie in Naturkostläden und in ostasiatischen Spezialgeschäften. Diese Suppen passt gut zu Geflügelsalat mit Sesam (siehe Seite 180).

3 bis 4 Portionen
6 Tassen Gemüsebrühe (Grundrezept, Seite 279)
2 Tassen gegarte Glasnudeln
1 Tasse Möhren (streichholzdünn geschnitten)
$\frac{1}{2}$ Tasse Spinat, in feinen Streifen
3 EL Shiitake-Pilze, in feine Streifen geschnitten
$\frac{1}{4}$ TL weißer Pfeffer
Meersalz
1 TL Sesamöl
1 EL Frühlingszwiebeln, in feine Ringe geschnitten

1. Die Brühe in einem großen Topf zum Kochen bringen. Die übrigen Zutaten, mit Ausnahme der Frühlingszwiebeln, zufügen und ohne Deckel 3 Minuten bei schwacher Hitze kochen lassen.
2. Abschmecken und in kleinen Suppenschalen servieren. Die Frühlingszwiebelringe darüber streuen.

Miso-Suppe für sie und ihn

Dieses Rezept ist eine von zahlreichen Variationen zum Thema Miso-Suppe in diesem Buch. Hier handelt es sich um ein Schnellgericht, das der Vorliebe einer Frau für den basisch wirkenden, leicht verdaulichen Tofu ebenso Rechnung trägt wie den Wünschen des Mannes nach eher traditionellen Eiweißquellen, wie zum Beispiel Huhn. So jedenfalls ist es bei uns zu Hause (siehe auch *Futter zum Denken*; Miso, Seite 89)

2 Portionen
3 Tassen Wasser
2 Tassen Brokkoli-Röschen, fein aufgeschnitten
1 Tasse Weißkohl, fein geschnitten
2 Frühlingszwiebeln, gehackt (grüne Teile aufheben)
150 g Tofu, in Würfeln
1 Hühnerbrust, in dünnen Scheiben
2 gehäufte TL Miso
1 große Knoblauchzehe, ausgepresst
1 Tomate, gehäutet, entkernt und in Würfel geschnitten
1 Maiskolben, Maiskörner abgelöst
Tamari oder Sojasauce

1. Das Wasser in einem Suppentopf oder Wok zum Kochen bringen. Brokkoli, Weißkohl und das Weiße der Frühlingszwiebeln zugeben und die Gemüse zugedeckt 4 Minuten köcheln lassen.
2. Die Hälfte der Gemüse in einen zweiten Topf umfüllen. In den einen Topf die Tofuwürfel, in den anderen das Hühnerfleisch geben. Beide Töpfe zudecken, ihren Inhalt erneut 4 Minuten kochen lassen. Das Hühnerfleisch sollte durch sein.
3. Aus jedem Topf $1/4$ Tasse Flüssigkeit entnehmen. In die Kochflüssigkeit jeweils 1 Teelöffel Miso einrühren, dann den Knoblauch zugeben. Die Töpfe vom Herd nehmen und die Mischungen wieder angießen.
4. Beide Suppen in getrennte vorgewärmte Schüsseln füllen. Jeweils die Hälfte der Tomatenwürfel und Maiskörner dazugeben und mit dem gehackten Zwiebelgrün bestreuen. Mit Tamari oder Sojasauce abschmecken und heiß servieren.

Variation
Sie können auch 2 Tassen hauchdünne Suppennudeln in die Suppen geben, bevor Sie Miso untermischen. Die Nudeln etwa 2 Minuten kochen lassen. Zur Miso-Suppe passen aber auch aufgebackene Vollkornbrötchen mit Knoblauchbutter.

Miso-Abendsuppe mit Sojabohnen-Nudeln

Diese leichte, aber doch sättigende Suppe eignet sich bestens für die »Guru-Schale«. Von normalen Nudeln unterscheiden sich die Sojabohnen- oder Mungbohnen-Nudeln (auch *harusame* genannt) durch eine gallertartige, an Glasnudeln erinnernde Konsistenz. Die Aromen dieser Suppe stammen aus der Kombination von asiatischen Gemüsen und Miso-Brühe mit getrockneten Tomaten.

2 Personen

30 g Sojabohnen-Nudeln

3 Tassen Wasser

2 mittelgroße Tomaten, gehäutet, entkernt und grob gehackt
(nach Wunsch)

1 Bund Frühlingszwiebeln, in Scheiben geschnitten

1 kleiner Pak-choi, grob gehackt
(ersatzweise ein anderer Blattsalat)

4 große Shiitake-Pilze, geputzt und in Scheiben geschnitten

$^3/_4$ Tasse Tofu (nach Wunsch), oder Schweinefilet in hauchdünnen
Scheiben

2 EL gekörnte Geflügelbrühe

2 EL Tomatenmark (möglichst aus getrockneten Tomaten)

1 große Knoblauchzehe, ausgepresst

1 Stück Ingwerwurzel, 2 cm lang

1 gehäufter EL Miso

1. Die Nudeln in kochendes Wasser geben und 4 Minuten sprudelnd kochen lassen. Auf ein Sieb gießen, abspülen und abtropfen lassen.

2. Im selben Topf 3 Tassen Wasser zum Kochen bringen, um die
Tomaten damit zu übergießen. 1 Minute stehen lassen. Tomaten die Haut abziehen, halbieren und die Kerne entfernen.
Die Hälften grob hacken und beiseite stellen.

3. Das Blanchierwasser für die Tomaten wieder zum Kochen
bringen. Zwiebeln, Pak-choi, Pilze, Tofu oder Schweinefleisch,
gekörnte Brühe und Tomatenmark zugeben, alles gut verrühren und so lange kochen lassen, bis Fleisch und Pilze gar sind.
Die Tomaten einrühren und die gekochten Nudeln zugeben.
Die Suppe nochmals erhitzen.

4. Den Suppentopf vom Herd nehmen. Mit der Knoblauchpresse die Knoblauchzehe und das Stück Ingwerwurzel in die Suppe pressen.

5. ¹/₄ l Flüssigkeit aus dem Suppentopf nehmen. Das Miso darin auflösen und unter Rühren erneut in den Topf geben. Die Suppe in die vorgewärmten großen Schalen füllen.

Milde Miso-Suppe mit Gemüse und Algen

Diese Miso-Suppe mit Kohlgemüsen und Algen enthält reichlich Eiweiß und Mineralstoffe; eine Schale davon wirkt geradezu entgiftend.

2 Portionen
4 Tassen Wasser
2 Knoblauchzehen, gehackt
2 Frühlingszwiebeln, in Scheibchen
1 Tasse eingeweichte und gut abgetropfte Wakame-Algen
2 Tassen Pak-choi, fein geschnitten (ersatzweise ein anderer Blattsalat)
2 Tassen Wirsing, fein geschnitten
1 Tasse fester Tofu, in 1-cm-Würfel geschnitten
3 EL mildes weißes Miso
1 Stück Ingwerwurzel, 2 cm lang
1 Blatt Nori-Algen, in dünne Streifen geschnitten

1. In einem mittelgroßen Topf das Wasser zum Kochen bringen. Knoblauch, Zwiebeln, Wakame und Gemüse zugeben und 5 Minuten kochen lassen.

2. Die Tofu-Würfel in die Suppe geben. $\frac{1}{4}$ l Kochflüssigkeit aus dem Suppentopf nehmen, das Miso darin auflösen.

3. Die Miso-Mischung in die Suppe geben und gut umrühren. Den Topf vom Herd nehmen. Den Ingwer in ganz kleine Stücke schneiden und mit der Knoblauchpresse in die Suppe pressen. Gut durchrühren.

4. Die Suppe in die vorgewärmten Schalen füllen. Mit Nori-Streifen darauf servieren.

FUTTER ZUM DENKEN

Buttermilch
Die Laktose oder der Milchzucker in der Buttermilch wird während des Fermentationsprozesses umgewandelt in Milchsäure. Deshalb ist sie oft leichter verdaulich als andere Milchprodukte. Zudem enthält Buttermilch nur wenig Fett. Günstige Bakterienkulturen, ähnlich denen im Joghurt, werden der Buttermilch zugesetzt und geben ihr einen leicht süß-säuerlichen Geschmack. Außerdem enthält Buttermilch reichlich Kalzium.

Ursprünglich wurde Buttermilch aus Sahne gemacht, doch inzwischen stellt man sie, unter Zugabe aktiver Kulturen, aus Milch mit niedrigem Fettgehalt her. Sie lässt sich als Zusatz für Suppen und Saucen verwenden und ist außerdem eine wichtige Backzutat.

Kürbissuppe mit Gemüse-Vermicelli

Eine herzhafte Wintersuppe, die aber doch auch eine exquisite Note hat. Falls Sie einen entsprechenden Vorsatz für Ihre Küchenmaschine besitzen, können Sie lange dünne Fäden, eben Gemüse-Vermicelli, herstellen. Servieren Sie zu dieser Suppe eine Zucchini-Tarte (siehe Seite 363).

4 bis 6 Portionen
1 Kürbis, entkernt und geviertelt
1 TL Butter
etwas Öl für das Backblech
2 Schalotten, gehackt
2 Stangen Porree, nur die weißen Teile, gewaschen und
in Scheiben geschnitten
5 Tassen Gemüsebrühe (Grundrezept Seite 279)
2 große Zucchini, geschält
2 kleine gelbe Zucchini, geschält
2 mittelgroße Möhren, geschält
3 EL und 1 TL Honig
1 TL Zimt
einige Gewürznelken
1 Tasse Buttermilch
Meersalz und weißer Pfeffer aus der Mühle

1. Den Backofen auf 180 °C vorheizen.
2. Jedes Viertel vom Kürbis mit Butter bestreichen und mit der Schale nach unten auf ein geöltes Backblech setzen. So lange backen, bis das Fruchtfleisch weich wird, das dauert etwa 45 Minuten. Fruchtfleisch von der Schale schaben und beiseite stellen. Es soll etwa 4 Tassen voll ergeben.

3. Schalotten, Porree und das Kürbisfleisch zusammen mit der Brühe in einen Suppentopf geben und zum Kochen bringen. Bei schwacher Hitze ohne Deckel 45 Minuten kochen lassen.

4. Während die Suppe kocht, von den Zucchini und Möhren die Enden abschneiden und, falls vorhanden, mit dem entsprechenden Einsatz der Küchenmaschine aus den Gemüsen dünne Fäden machen; andernfalls auf einer groben Reibe raspeln.

5. Die Suppe mit dem Pürierstab pürieren, bis sie schön sämig ist. Den Honig und die Gewürze zugeben und die Suppe zum Kochen bringen. Die Buttermilch einrühren. Die Gemüse zufügen und den Topf vom Herd nehmen, vorsichtig durchrühren. Mit Salz und Pfeffer abschmecken und in vorgewärmten Schalen servieren.

Cremige Sauerampfer-Suppe

Sauerampfer wird seit Jahrtausenden auf vielfältige Weise zu Heilzwecken benutzt, er soll gegen Kopfschmerzen, Akne, Geschwüre und Halsentzündung ebenso wirksam sein wie bei Lebensmittelvergiftungen. Es handelt sich dabei um eine säuerlich schmeckende, unverwechselbare Pflanze mit zitronenähnlichem Geschmack. Halten Sie auf Bauernmärkten nach ihr Ausschau oder ziehen Sie sie im eigenen Garten heran. Sie lässt sich allerdings auch gut durch Mangold oder Spinat ersetzen, doch hat die Suppe dann nicht genau denselben charakteristischen Geschmack. Wie alle Blattgemüse enthält auch Sauerampfer reichlich Beta-Karotine und Kalzium. Die Suppe eignet sich gut als erster Gang vor Steakstreifen New York mit Super-Salatschüssel (siehe Seite 202).

2 Portionen
2 Knoblauchzehen, gehackt
1 weiße Zwiebel, gehackt
1 kleines Glas Weißwein
3 Tassen Sauerampferblätter
2 $^1/_2$ Tassen Gemüse- oder Geflügelbrühe
1 $^1/_2$ EL Maisstärke
$^1/_2$ Tasse Buttermilch
Meersalz und Pfeffer aus der Mühle

1. In einem großen Suppentopf Knoblauch, Zwiebeln, Weißwein
   und Sauerampfer zum Kochen bringen und bei mittlerer Hitze etwa 5 Minuten kochen lassen. 2 Tassen Brühe einrühren
   und zugedeckt weitere 15 Minuten bei schwacher Hitze köcheln lassen.
2. Die Sauerampferbrühe in den Mixer geben, pürieren und in
   den Suppentopf zurückgießen. Die Maisstärke mit 3 Esslöffeln
   Brühe verrühren, unter die Suppe rühren, ebenso die restliche
   Brühe und die Buttermilch. Nochmals 7 bis 8 Minuten kochen
   lassen. Den Topf vom Herd nehmen und die Suppe mit Salz
   und Pfeffer abschmecken. Sie kann heiß oder gekühlt serviert
   werden.

Spargel-Vichyssoise

Porree gibt dieser Suppe, die ihre cremige Konsistenz nicht
schwerer Sahne, sondern den Kartoffeln und der Buttermilch verdankt, eine ganz bestimmte Süße. Im Sommer
schmeckt sie als kalte Vorspeise bei einer Fisch- oder Fleisch-
Mahlzeit.

4 Portionen
3 Stangen Porree, geputzt und in Stücke geschnitten
2 EL Butter
1 EL frische Thymianblättchen oder 1 TL getrocknete
1 Lorbeerblatt
6 Tassen Gemüse- oder Geflügelbrühe
250 g kleine Kartoffeln, geschält und geviertelt
500 g grüner Spargel, geschält und in 2 cm lange Stücke
geschnitten
6 EL Buttermilch
Meersalz und weißer Pfeffer aus der Mühle

1. Die Porreestücke für 10 Minuten in eine Schüssel mit kaltem
   Wasser stellen, danach auf einem Sieb abtropfen lassen.
2. Die Butter in einem großen Suppentopf schmelzen und den
   Porree darin leicht anbraten. Thymian, Lorbeerblatt, die Brühe und die Kartoffelstücke zugeben und das Ganze zum Kochen bringen. Bei schwacher Hitze zugedeckt 20 Minuten kochen lassen.
3. Inzwischen in einem zweiten Topf die Spargelstücke mit Wasser bedeckt zum Kochen bringen und so lange kochen, bis sie
   gar und hellgrün sind. Den Spargel aus dem Wasser heben
   und in Eiswasser abschrecken, damit er seine schöne grüne
   Farbe behält. Die Spargelköpfe als Garnitur beiseite legen.
   Den übrigen Spargel in die Suppe geben und 30 Minuten
   mitkochen.
4. Mit einem Schaumlöffel den Spargel aus der Suppe heben
   und mit 2 Tassen Kochflüssigkeit im Mixer pürieren. Beiseite
   stellen.
5. Das Lorbeerblatt aus der restlichen Suppe nehmen und diese
   ebenfalls im Mixer pürieren. Wieder in den Suppentopf leeren
   und auch den pürierten Spargel und die Buttermilch zufügen.

Mit Salz und Pfeffer würzen. Entweder heiß in vorgewärmten Schalen oder gekühlt in geeisten Glasschalen servieren. Zum Schluss die beiseite gelegten Spargelspitzen darauf legen.

Pilzcremesuppe mit frischem Salbei

Zuchtpilze sind inzwischen so verbreitet, dass man sie fast überall frisch bekommt. Wenn Sie getrocknete Pilze verwenden, sollten Sie diese vor dem Kochen 30 Minuten in heißem Wasser einweichen. Diese Suppe passt ausgezeichnet zum Makkaroni-Salat wie vom Mittelmeer (siehe Seite 242) oder zu Cappellini Caponata (siehe Seite 249).

250 g frische Shiitakepilze (ersatzweise Trockenpilze)
250 frische Austernpilze (ersatzweise Trockenpilze)
1 TL Olivenöl
1 kleine Möhre, geschält und in Würfel geschnitten
1 Selleriestange, in kleinen Stücken
1 weiße Zwiebel, fein gehackt
1 Glas Rotwein
250 g kleine Champignons, geputzt
1 EL gehackte Salbeiblätter oder 1 TL getrocknete
5 Tassen Rindfleisch- oder Gemüsebrühe
$^1/_4$ Tasse Crème double
$^1/_2$ Tasse Buttermilch
$^1/_4$ TL weißer Pfeffer
Meersalz
einige frische Salbeiblätter oder 2 EL Schnittlauchröllchen zum Garnieren

1. Die frischen Pilze waschen oder mit einem sauberen Tuch abreiben und die Stiele entfernen. Das Öl in einem großen Topf erhitzen und die Shiitake- und Austernpilze sowie Möhren, Sellerie, Zwiebeln und Knoblauch hineingeben. Die Pilze darin braten, bis alle austretende Flüssigkeit eingekocht ist. Den Wein angießen. Die Champignons fein hacken und zugeben, ebenso den Salbei.
2. Die Brühe an die Pilze gießen und die Suppe zum Kochen bringen. Bei schwacher Hitze ohne Deckel 20 Minuten köcheln lassen. Den Topf vom Herd nehmen. Die Suppe portionsweise im Mixer pürieren. Erneut in den Suppentopf gießen, erhitzen und Crème double und Buttermilch einrühren. Mit weißem Pfeffer und Salz abschmecken. Mit den frischen Salbeiblättchen oder Schnittlauchröllchen bestreuen und in vorgewärmten Schalen servieren.

Sommerliche Mais-Chowder

Entweder als sanftes Abendessen oder als ersten Gang einer Mahlzeit mit Eiweiß + Salat servieren. Der pürierte Mais und die Milch geben der Suppe eine besonders zarte Konsistenz.

4 Portionen
2 Tassen Milch oder Sojamilch
$2\,^1/_4$ Tassen Maiskörner, frisch oder tiefgekühlt
4 TL Mehl
1 EL Olivenöl
$^1/_2$ Tasse Selleriestangen, in Stücke geschnitten
$^1/_2$ Tasse grüne Paprikaschote, entkernt und in kleinen Stücken
1 Tasse gehackte Zwiebeln
2 Tassen Kartoffelwürfel

$^1/_2$ TL Koriander
1 Prise Zimt
$^3/_4$ Tasse Tomatenwürfel, frisch oder aus der Dose
4 Tassen Wasser
1 TL getrocknetes Basilikum
$^3/_4$ TL Meersalz
weißer Pfeffer aus der Mühle
1 TL frisch gepresster Limonensaft

1. Die Milch, 1$^1/_2$ Tassen Maiskörner und Mehl im Mixer pürieren und beiseite stellen.
2. Das Öl in einem Suppentopf erhitzen, Sellerie, Paprika, Zwiebeln und Kartoffeln darin unter Rühren anbraten. Bei mittlerer Hitze 2 Minuten dünsten lassen. Koriander, Zimt und Tomatenstücke zugeben und eine weitere Minute garen.
3. Die Milch-Mais-Mischung zu den Gemüsen geben und das Wasser angießen. Gut verrühren, langsam zum Kochen bringen und unter häufigem Rühren 15 Minuten kochen lassen. Die restlichen Maiskörner und das Basilikum zugeben, verrühren und noch weitere 5 Minuten bei schwacher Hitze ganz leicht kochen lassen. Zwischendurch umrühren. Mit Salz, Pfeffer und Limonensaft abschmecken und in vorgewärmten Suppenschalen servieren.

Erbsencreme mit Curry

Diese Suppe lässt sich innerhalb von 20 Minuten zubereiten; dabei schmeckt sie so fein, als hätten Sie Stunden mit ihrer Herstellung verbracht. Ein köstlicher Einstieg in eine Mahlzeit mit Nudelgerichten jeder Art, wie zum Beispiel Linguine mit Curry-Huhn (siehe Seite 241).

4 bis 5 Portionen
2 TL Olivenöl
1 mittelgroße Zwiebel, gehackt
1 Knoblauchzehe, gehackt
2 TL Curry
$3/4$ TL Kurkuma
$1/2$ TL gemahlener Koriander
$1/4$ TL gemahlener Kreuzkümmel
2 EL frisch gepresster Zitronensaft
$1 1/2$ Tassen tiefgekühlte Erbsen
5 Tassen Geflügelbrühe
$1/2$ Tasse Buttermilch oder Naturjoghurt
Meersalz und Pfeffer aus der Mühle
Schale von 1 Zitrone (unbehandelt), in feinen Streifen

1. Das Öl in einem Topf erhitzen und darin Zwiebeln und Knoblauch bei mittlerer Hitze anbraten. Curry, Kurkuma, Koriander und Kreuzkümmel zufügen. Unter Rühren ganz kurz anbraten. Zitronensaft und Erbsen zufügen. Umrühren und den Topf vom Herd nehmen.
2. Die Brühe einrühren und die Suppe bei starker Hitze zum Kochen bringen, dabei ständig umrühren. Den Herd zurückschalten und die Suppe 8 bis 10 Minuten bei schwacher Hitze köcheln lassen; die Erbsen sollen dabei weich werden.
3. 3 EL Erbsen aus der Suppe nehmen. Die übrige Suppe im Mixer schön sämig pürieren und unter Rühren nochmals zusammen mit den ganzen Erbsen erhitzen. Sobald sie wieder heiß ist, Buttermilch oder Joghurt einrühren und mit Salz und Pfeffer würzen. Mit den Zitronenschalenstreifen bestreuen und warm oder gekühlt servieren.

Blumenkohlsuppe Crème de la Crème

Für Blumenkohlsuppen gibt es vielerlei Rezepte, doch dieses ist wirklich außergewöhnlich. Vor allem als Teil eines vegetarischen Festessens, zu dem es Tofu-Füllung mit Brokkoli, Zwiebeln und Tomaten (siehe Seite 207) gibt.

4 bis 6 Portionen
1 TL Distelöl
1 mittelgroße Zwiebel, gehackt
1 grüne Paprikaschote, entkernt, gehackt
1 kleine Stange Sellerie, gehackt
1 mittelgroßer Blumenkohl, in 3 cm lange Röschen geschnitten
1 Msp. getrockneter Thymian
1 Msp. getrockneter Majoran
4 $1/2$ Tassen Wasser
5 TL gekörnte Gemüsebrühe
$1/2$ EL Butter
1 TL Olivenöl
1 EL Mehl
$3/4$ Tasse Sojamilch oder Buttermilch
Meersalz und weißer Pfeffer

1. Das Distelöl in einem mittelgroßen Suppentopf erhitzen, Zwiebeln, Paprika und Sellerie darin kurz anbraten. Blumenkohl und Kräuter zugeben und 2 Minuten mitbraten. Wasser und gekörnte Brühe angießen. Die Suppe zum Kochen bringen, dann bei schwacher Hitze 10 bis 15 Minuten weiterkochen.
2. $1/2$ Tasse Blumenkohl-Röschen aus der Suppe nehmen und in kleine Stücke schneiden. Beiseite stellen. Die übrige Suppe im Mixer cremig pürieren. Im leeren Suppentopf die Butter und

das Olivenöl schmelzen. Sobald das Fett heiß genug ist, das Mehl zugeben und unter Rühren einige Minuten Farbe nehmen lassen. Mit der Sojamilch oder Buttermilch ablöschen. Die Blumenkohlstücke und die pürierte Suppe zugeben und unter ständigem Rühren erhitzen, aber nicht mehr kochen lassen. Mit Salz und Pfeffer abschmecken und in vorgewärmten Suppentellern servieren.

Gregs köstlicher Gazpacho

Mein Sohn Greg hat dieses Rezept von einer Reise nach Spanien mit nach Hause gebracht, und wir haben es ins Repertoire der Familie aufgenommen. Er kochte uns den Gazpacho erstmals als Auftakt eines sonntäglichen Barbecues. Er ist eine vorzügliche Suppe für die heiße Jahreszeit, wenn die Tomaten besonders reif und saftig sind. Das Brot gibt diesem Gazpacho seine ganz besondere Note und eine cremige Konsistenz.

6 bis 8 Portionen
1 grüne Paprikaschote, entkernt und in große Scheiben geschnitten
6 große Tomaten, entkernt und geviertelt
$^1/_2$ rote Zwiebel, grob gehackt
2 Knoblauchzehen, geschält
Saft von 1 $^1/_2$ bis 2 Zitronen
1 Gärtnergurke, geschält und entkernt
1 Prise Cayennepfeffer
3 EL Weißwein oder Apfelessig
1 dicke Scheibe (3 cm) Vollkornbrot, ohne Kruste

Garnitur
1 Tomate, entkernt und in Würfel geschnitten
1 kleine Paprikaschote, entkernt und in Würfel geschnitten
¹/₂ kleine Gurke, geschält, entkernt und in Würfel geschnitten
¹/₂ rote Zwiebel, geschält und fein gehackt

1. Alle Zutaten für die Suppe in einer mittelgroßen Schüssel mischen. Dann in zwei Partien im Mixer pürieren und beiseite stellen.
2. Die Zutaten für die Garnitur in einer kleinen Schüssel mischen. Die Suppe in Glaskelchen servieren und jeweils einen Löffel von der Garnitur darauf setzen.

Gazpacho Arizona

Gazpacho gibt es in vielerlei Abwandlungen. Wenn Sie ihn gern würzig mögen, sollten Sie diese Variante probieren. Praktisch bei der Zubereitung ist ein Hackvorsatz für die Küchenmaschine, doch lässt sich das Gemüse auch mit der Hand hacken.

3 bis 4 Portionen
2 Frühlingszwiebeln
2 Pfefferschoten, halbiert und entkernt
2 Knoblauchzehen, gehackt
6 Tomatillos (mexikanische grüne Tomaten, ersatzweise grüne Tomaten), geschält und geviertelt
2 EL Olivenöl
4 große Fleischtomaten, entkernt und geviertelt
1 gelbe Paprikaschote, entkernt und in große Stücke geschnitten
1 Gurke, geviertelt, entkernt

3 EL Korianderblätter, gehackt
$1/_2$ Tasse Tomatenpüree
$1/_2$ Tasse Geflügelbrühe
3 EL frisch gepresster Limonensaft
2 TL frischer Oregano, gehackt
1 Avocado, geschält, entkernt und in kleine Würfel geschnitten
Meersalz

1. Die Frühlingszwiebeln und Pfefferschoten mit einem Zwiebelhacker fein zerkleinern. Dann auf ein Sieb geben und kurz unter kaltem Wasser abspülen. Beiseite stellen.
2. Knoblauch und Tomatillos oder grüne Tomaten ebenfalls fein hacken. Beides im erhitzten Olivenöl leicht anbraten, bis der Knoblauch glasig (aber nicht braun!) wird. Tomaten, Paprika und Gurken in erbsengroße Stücke hacken. In einer Schüssel beiseite stellen.
3. Das gehackte Koriandergrün zu den Gemüsen geben, ebenso die Tomatillo-Mischung und die Mischung aus Zwiebeln und Pfefferschoten. Tomatenpüree und Geflügelbrühe zufügen. Nach und nach den Limonensaft sowie Oregano und Avocado einrühren. Mit Salz würzen und abschmecken. Gut gekühlt servieren.

Gekühlte Brokkoli- und Brunnenkresse-Suppe mit einem Klecks Crème fraîche

Wem Crème fraîche zu gehaltvoll und zu schwer ist, der kann diese feine Suppe auch zum Schluss mit einem Klecks saurer Sahne zieren. Für den ganz besonderen Geschmack des Gerichts aber ist das Püree aus Cashewnüssen verantwortlich.

4 bis 6 Portionen
1 EL Olivenöl
1 mittelgroße Zwiebel, gehackt
1 Stange Sellerie, gehackt
5 Tassen Gemüse- oder Geflügelbrühe
1 kleiner Bund Brunnenkresse, gehackt
1 kleiner Brokkoli, die Röschen in kleine Stücke geschnitten
4 EL Cashewnüsse
2 TL Honig
Meersalz und Pfeffer aus der Mühle
1/2 Tasse Crème fraîche oder saure Sahne

1. Das Olivenöl in einem größeren Topf erhitzen. Zwiebeln und Sellerie leicht anbraten, bis die Zwiebeln glasig sind. Dann die Brühe angießen und zum Kochen bringen. Brunnenkresse und Brokkoli in die Suppe geben. Zugedeckt 10 Minuten kochen lassen.
2. Cashewnüsse mit 1/2 Tasse Brühe aus dem Suppentopf im Mixer pürieren, bis die Paste schön cremig ist. Beiseite stellen. Danach auch die Suppe im Mixer pürieren und wieder in den Suppentopf gießen. Das Cashew-Püree einrühren und die Suppe 2 bis 3 Stunden kühlen. Mit Salz und Pfeffer abschmecken und mit einem Klecks Crème fraîche oder saurer Sahne verzieren.

Gekühlte Gurken-Bisque mit Dill

Die Verbindung von Gurken und Joghurt ist uralt und überall verbreitet, von Griechenland bis Indien und auch in Amerika. Was für eine köstliche Mahlzeit an heißen Tagen! Servieren Sie die Bisque als Vorspeise zu einem Super-Salat.

4 Portionen

1 EL Olivenöl

1 weiße Zwiebel, in Würfel geschnitten

1 große Gurke, geschält, entkernt und in Würfel geschnitten

2 Tassen Geflügelbrühe

2 EL Dill, fein geschnitten

$^1/_2$ Tasse Naturjoghurt

Saft von 1 Zitrone

1 Spritzer Tabascosauce

Meersalz

1. Das Öl in einem Topf erhitzen und die Zwiebeln darin glasig werden lassen. Die Gurkenwürfel und die Brühe zugeben und das Ganze zum Kochen bringen. Zugedeckt 20 Minuten bei schwacher Hitze köcheln lassen. Vom Herd nehmen und im Mixer oder mit dem Mixstab pürieren, bis die Suppe schön cremig ist. In eine Servierschüssel gießen und zugedeckt kalt stellen.

2. Erst kurz vor dem Essen Dill, Joghurt und Zitronensaft in die Suppe rühren, mit Tabascosauce und Salz abschmecken.

Gekühlte Tomaten-Bisque

Sie brauchen für dieses Gericht besonders süße Tomaten, wie es sie vor allem im Hochsommer gibt, wenn die Früchte viel Sonne gespeichert haben. Eine Sorte, die alle anderen an Süße übertrifft, ist die italienische Eier- oder Flaschentomate. Sie eignet sich für diese Suppe am besten.

2 Portionen

1 El Olivenöl

1 Knoblauchzehe, gehackt

1 Schalotte, gehackt
1 kg reife Eiertomaten, in Stücke geschnitten
$1/2$ gelbe Paprikaschote, in Stücke geschnitten
3 Tassen Geflügel- oder Gemüsebrühe
4 EL Naturjoghurt
Meersalz und weißer Pfeffer aus der Mühle
2 EL Basilikum, in feine Streifen geschnitten

1. Das Öl in einem größeren Topf erhitzen. Knoblauch und
   Schalotte darin glasig werden lassen. Tomaten- und Paprika-
   stücke zufügen und 3 Minuten dünsten. Danach die Brühe
   angießen, das Ganze zum Kochen bringen und bei schwacher
   Hitze 15 Minuten kochen lassen. Vom Herd nehmen und etwa
   10 Minuten abkühlen lassen.
2. Die Suppe im Mixer oder mit dem Mixstab pürieren, bis sie
   ganz cremig ist. Durch ein feines Sieb streichen. Die Suppe
   gut kühlen, also für mindestens 2 Stunden in den Kühlschrank stellen. Den Joghurt einrühren, mit Salz und Pfeffer
   würzen und mit Basilikumstreifen bestreut servieren.

Schälerbsen-Dal

Dal ist die indische Bezeichnung für getrocknete Hülsen-
früchte, aber auch für die Gerichte, die man daraus zubere-
ten kann. Dals sind also Suppen, doch man verwendet sie
auch als Saucen oder Würzmittel für Reis- und Gemüsegerichte. Servieren Sie diese Dal als Sauce für den Drei-Getreide-Pilaw mit Erbsen (siehe Seite 260) und richten Sie die
herzhafte Mahlzeit in »Guru-Schalen« an.

4 Portionen

1 Tasse gelbe, getrocknete Schälerbsen

5 Tassen Wasser

1 TL Meersalz

1 EL Distelöl

1 mittelgroße Zwiebel, grob gehackt

2 TL Curry

$1/2$ TL Kurkuma

$1/2$ TL gemahlener Kreuzkümmel

$1/2$ TL gemahlener Koriander

1 Tomate, gehäutet, entkernt und gehackt

2 EL frische Korianderblätter, gehackt

2 TL frisch gepresster Limonensaft

1. Die Erbsen waschen, abtropfen lassen und in einen mittelgroßen Topf geben. Das Wasser und Salz zugeben, zum Kochen bringen und bei schwacher Hitze 40 Minuten kochen, dabei den Deckel teilweise geöffnet lassen. Die Erbsen müssen gar und zu einem dicken Püree eingekocht sein.

2. Das Distelöl in einem Pfännchen erhitzen. Die Zwiebel darin glasig werden lassen. Curry, Kurkuma, Kreuzkümmel und Koriander einrühren und etwa 1 Minute mit den Zwiebeln verrühren.

3. Zwiebeln, Gewürze und Tomatenstücke in die Sauce geben und diese ohne Deckel noch 5 Minuten kochen lassen. Zum Schluss die gehackten Korianderblätter und den Zitronensaft einrühren und über Reis und Gemüse verteilen.

Erbsensuppe mit Knoblauch und Spinat

Diese Suppe gehört zu unseren Lieblingsgerichten am Abend. Wir essen sie zu Kartoffeln, Muffins oder einer Süßkartoffelpastete.

6 Portionen
6 Tassen Wasser
1 l Geflügel- oder Gemüsebrühe
3 EL Knoblauch, gehackt
1 Tasse Stangensellerie, in Stücke geschnitten
1 mittelgroße Paprikaschote, entkernt und in Stücke geschnitten
1 Bund frische Petersilie, fein gehackt
2 Tassen Schälerbsen
$1/2$ TL getrockneter Salbei
2 EL getrocknete Zwiebeln
250 g frischer Spinat, geputzt und grob gehackt
Salz und Pfeffer aus der Mühle

1. Wasser und Brühe in einem großen Topf zum Kochen bringen. Alle Zutaten außer Spinat, Salz und Pfeffer hineingeben. Zum Kochen bringen und den an die Oberfläche steigenden Schaum mit einem Schaumlöffel abschöpfen. Bei schwacher Hitze zugedeckt 2 Stunden kochen lassen.
2. Den gehackten Spinat sowie Salz und Pfeffer zugeben. Die Suppe zugedeckt weitere 20 Minuten köcheln lassen. Würzig abschmecken und die Suppe in vorgewärmten Schalen servieren.

Herzhafte Schälerbsensuppe mit Bohnen und Gerste

Sie können die Suppe gleich in größerer Menge zubereiten, da sie sich gut tiefgefrieren lässt. Die lange Kochzeit sorgt dafür, dass es im ganzen Haus angenehm duftet und am Abend ein Teller kräftige, sättigende Suppe auf dem Tisch steht. Die Gerste wird 6 Stunden vor der Zubereitung unter fließendem Wasser gewaschen, mit Wasser bedeckt und eingeweicht. Das Einweichwasser sollte gleich zum Kochen mitverwendet werden. Die Suppe passt gut zur Kartoffel-Focaccia (siehe Seite 357) oder zum Maisbrot (siehe Seite 359).

6 bis 8 Portionen
14 Tassen Wasser
2 Tassen Zwiebeln, gehackt
1 $\frac{1}{2}$ Tassen Möhren, in Stücke geschnitten
2 Tassen Stangensellerie, in Stücke geschnitten
2 Tassen Weißkohl, geschnitten
$\frac{1}{2}$ Tasse Petersilie, gehackt
4 Frühlingszwiebeln, dünn aufgeschnitten
2 Knoblauchzehen, gehackt
1 mittelgroße Zucchini, geviertelt und in Stücke geschnitten (nach Wunsch)
$\frac{1}{3}$ Tasse grüne Schälerbsen
$\frac{1}{3}$ Tasse gelbe Schälerbsen
2 EL Gerste, eingeweicht
3 EL kleine weiße Bohnen
3 EL gekörnte Gemüsebrühe
Kräutersalz
Pfeffer aus der Mühle

1. Das Wasser in einem großen Suppentopf zum Kochen bringen. Die Zutaten in der angegebenen Reihenfolge hineingeben, nicht aber Salz und Pfeffer.
2. Die Suppe zum Kochen bringen und dabei den an die Oberfläche aufsteigenden Schaum mit einem Schaumlöffel abnehmen (in den ersten 30 Minuten der Kochzeit noch mehrmals wiederholen, bis kein Schaum mehr aufsteigt). Den Deckel auflegen und die Kochtemperatur reduzieren.
3. Die Suppe 2 bis 3 Stunden kochen lassen, von Zeit zu Zeit mit einem Löffel durchrühren, damit sich die Gerste nicht am Boden anlegt. Nach Abschluss der Kochzeit mit Salz und Pfeffer würzig abschmecken. Die Suppe in vorgewärmten Schalen servieren.

Französische Zwiebelsuppe mit geschmolzenem Gruyère

Passt ausgezeichnet zu einer Super-Salat-Schüssel.

4 Portionen
2 EL Butter
2 EL Olivenöl
500 g weiße Zwiebeln, in dünne Ringe geschnitten
1 Glas Rotwein
6 Tassen Rindfleisch- oder Gemüsebrühe
1 Lorbeerblatt
Meersalz und schwarzer Pfeffer aus der Mühle
4 Scheiben Vollkorntoastbrot oder anderes Weizenvollkornbrot
Olivenöl zum Bestreichen
1 Tasse frisch geriebener Gruyèrekäse

1. Butter und Öl in einem Topf erhitzen, aber nicht zu heiß werden lassen. Die Zwiebeln hineingeben. Unter ständigem Rühren 10 Minuten braten, bis die Zwiebeln goldgelb, aber nicht braun werden. Den Wein angießen und noch 1 Minute weiter dünsten.

2. Den Backofen auf 190 °C vorheizen.

3. Die Brühe an die Zwiebeln gießen und das Lorbeerblatt dazugeben. Aufkochen lassen und die Suppe dann bei schwacher Hitze zugedeckt 20 Minuten köcheln lassen. Das Lorbeerblatt entfernen und die Suppe mit Salz und Pfeffer abschmecken.

4. Die Brotscheiben mit Olivenöl bepinseln und unter dem Grill goldgelb rösten. Die Suppe in 4 feuerfeste Suppentassen füllen und auf das Backblech setzen. Auf jede Tasse eine Scheibe Toast legen und den Käse darauf verteilen. Entweder für 5 Minuten in den Backofen oder für 30 Sekunden unter den Grill stellen, bis der Käse geschmolzen ist. Direkt aus dem Ofen servieren.

Minestrone mit Knoblauchtoast und Mozzarella

Wer könnte diesem heißen, nach Knoblauch duftenden Eintopf widerstehen?

4 Portionen
8 Tassen Rindfleischbrühe
5 EL Olivenöl
1 mittelgroße Zwiebel, gehackt
2 Selleriestangen, in Stücke geschnitten
2 mittelgroße Möhren, geschält und in Würfel geschnitten
2 mittelgroße Zucchini, in Scheiben geschnitten

2 mittelgroße Kartoffeln, in Würfel geschnitten
(nach Wunsch geschält)
1 kleine Dose (400 g) weiße Bohnen, abgespült und abgetropft
1 Tasse grüne Bohnen, in 1 cm lange Stücke geschnitten
2 Fleischtomaten, gehäutet, entkernt und in Stücke geschnitten
oder 500 g Dosentomaten, abgetropft und zerkleinert
2 EL Tomatenmark
$1/2$ Tasse gekochte Gerste
6 Blättchen frisches Basilikum oder $1/2$ TL getrocknetes
Meersalz und Pfeffer aus der Mühle
2 Knoblauchzehen, ausgepresst
4 Scheiben Vollkorntoast oder Sauerteigbrot
250 g Mozzarella, in $1/2$ cm dicken Scheiben

1. Die Brühe in einem großen Suppentopf zum Kochen bringen.
2. In einer Pfanne 2 Esslöffel Olivenöl erhitzen. Zwiebeln, Sellerie, Möhren, Zucchini und Kartoffeln zugeben und 5 Minuten unter Rühren anbraten. Die weißen und grünen Bohnen untermischen und die Gemüse in die kochende Brühe im Suppentopf geben. Erneut zum Kochen bringen, Tomatenwürfel und Tomatenmark einrühren. 15 bis 20 Minuten kochen lassen. Die gekochte Gerste sowie Basilikum zugeben und mit Salz und Pfeffer abschmecken.
3. Den ausgepressten Knoblauch mit 3 Esslöffeln Olivenöl in einem Schüsselchen verrühren. Die Toast- oder Brotscheiben damit einpinseln und unter den Grill legen, bis sie auf beiden Seiten goldgelb sind.
4. Beim Anrichten die Toastscheiben auf 4 feuerfeste Schalen verteilen. Die Suppe auf das Brot gießen und die Mozzarellascheiben oben auf die Suppe geben. Die Schalen für 30 Sekunden unter den Grill stellen, bis der Käse schmilzt.

Teil 7

Einfache Salate und Gemüsegerichte

15. Salate

Fitonics-Salat nach Art des Hauses

Nach diesem Grundrezept können Sie Salat bereiten, der sowohl zu eiweißbetonten wie auch zu kohlenhydratbetonten Mahlzeiten passt. Die Anregung dazu kommt aus der französischen und der italienischen Salatküche. Die ideale Hauptzutat ist Kopfsalat. Wir empfehlen, den Salat nicht als Beilage, sondern vor dem Hauptgericht zu essen. So wird der erste Hunger mit Salat gestillt, und man braucht weniger vom Hauptgang. Das hilft gewiss beim Abnehmen!

2 Portionen

Salatsauce
3 EL Olivenöl, extra vergine
1 EL frisch gepresster Zitronensaft
1 TL Apfelessig
1/2 TL Dijonsenf
1 Knoblauchzehe, ausgepresst
1 EL Naturjoghurt oder Buttermilch
Meersalz und Pfeffer aus der Mühle

Salat
6 Tassen Kopfsalat, gewaschen, trocken geschleudert und in mundgerechte Stücke gerissen

1. Die Zutaten für die Sauce in einer großen Schüssel mit dem Schneebesen kräftig aufschlagen.
2. Die Salatblätter in die Sauce geben und unterheben.

Crudités und Joghurt

Statt eines traditionellen Salats als erstem Gang können Sie auch diese Vorspeise vor eiweißbetonten wie kohlenhydratbetonten Gerichten servieren.

3 bis 4 Portionen

Dip
1 Tasse Naturjoghurt
1 Knoblauchzehe, zerdrückt
2 EL Frühlingszwiebeln, gehackt, oder Schnittlauchröllchen
1 Msp. gemahlener Kreuzkümmel
1 EL geriebener Parmesankäse
2 TL Apfelessig

Crudités
rote oder grüne Paprikaschoten, entkernt und in Streifen geschnitten
Selleriestangen, in Längsstreifen geschnitten
Gurkenscheiben, in Streifen geschnitten
Fenchelstreifen
Frühlingszwiebeln mit Grün, längs geviertelt
Radieschen
Möhren, geschält und in dünne Streifen geschnitten
Yamswurzel (Süßkartoffelart), geschält und in Streifen geschnitten

1. Für den Dip alle Zutaten im Mixer pürieren.
2. Die verschiedenen, in Streifen geschnittenen und damit zum Dippen geeigneten Gemüse auf einer großen runden Platte arrangieren, in deren Mitte ein Schüsselchen mit Dip steht.

Spinat- und Endivien-Salat mit Erdbeeren

Die perfekte Ergänzung einer Eiweiß-Mahlzeit.

2 Portionen

Salatsauce
2 EL Olivenöl, extra vergine
1 EL frisch gepresster Zitronensaft
2 TL Apfelessig
2 EL Naturjoghurt oder Buttermilch
2 TL Honig
Meersalz und Pfeffer aus der Mühle

Salat
1 Kopf Endiviensalat
Salz
4 Tassen Spinatblätter, geputzt
1 rote Zwiebel, in Ringe geschnitten
1 Tasse Erdbeeren, in dünnen Scheiben

1. In einer großen Salatschüssel die Zutaten für die Salatsauce mit dem Schneebesen cremig aufschlagen.
2. Die Endivienblätter ablösen, untere Enden abschneiden. Die Blätter 15 Minuten in kaltem, gesalzenem Wasser einweichen, um die Bitterstoffe auszuwaschen. Abspülen, trocken schleudern und in feine Streifen schneiden.
3. Die Spinatblätter in kleine Stücke zupfen und in die Salatschüssel geben. Ebenso den Endiviensalat, die Zwiebelringe und die Erdbeerscheiben. Vorsichtig durchmischen.

Kalifornischer »Salade Santé«

Dieser Salat enthält all die beliebten Ingredienzen der kalifornischen Küche, nämlich Samen, Sprossen und Algen; eine Gesundheitsanalyse erübrigt sich da wohl (Santé ist übrigens das französische Wort für Gesundheit).

2 bis 4 Portionen
1 Römischer Salat, Blätter gewaschen und trocken geschleudert
1 Tasse Sonnenblumenkernsprossen, gehackt
1 Tasse Alfalfasprossen
1 Möhre, geschält und grob geraspelt
2 Tassen Brokkoli-Röschen, gedämpft
2 Platten geröstete Nori*-Algen, zerrieben oder in kleinen Stücken
$1/2$ Avocado, in Scheiben
2 EL Kürbiskerne

Salatsauce
6 EL Distelöl
2 EL frisch gepresster Zitronensaft

1. Die Salatblätter in mundgerechte Stücke zupfen und in eine große Salatschüssel geben. Dazu die Sprossen, Möhrenstreifen, Brokkoli-Röschen und die Nori-Algen. Alle Zutaten mischen.
2. In einer kleinen Schüssel die Zutaten für das Dressing mit dem Schneebesen aufschlagen und über den Salat gießen. Vorsichtig durchmischen und die Avocadoscheiben oben auf dem Salat arrangieren. Die Kürbiskerne darüber streuen.

---

* Nori-Algen-Platten bekommt man in Naturkostläden oder in asiatischen Abteilungen von Supermärkten.

Mesclun-Salat mit getrockneten Tomaten und Oliven

Unter allen angebotenen Tomatensorten sind die italienischen Eier- oder Flaschentomaten die süßesten. Frische Tomaten unterstreichen noch den Geschmack von getrockneten. Servieren Sie diesen Salat zu einer Eiweiß-Mahlzeit wie Sautierte Garnelen in süßem Maispüree (siehe Seite 160).

2 Portionen
1 Tasse getrocknete Tomaten
2 Tassen Mesclun (siehe Kasten 318)
2 Tassen Römischer Salat, geputzt und in Stücke gezupft
$^1/_4$ Tasse Korianderblätter
2 mittelgroße Tomaten, entkernt und in Stücke geschnitten
2 EL Oliven, in Öl eingelegt

Salatsauce
$^1/_4$ Tasse vom Einweichwasser der Tomaten
2 EL Leinöl
1 $^1/_2$ EL Sahne oder Buttermilch
1 Prise Salz
1 EL frisch gepresster Limonensaft
$^1/_2$ TL Honig oder Melasse
$^1/_2$ TL Dijonsenf

1. Die getrockneten Tomaten in Streifen schneiden, mit kochendem Wasser übergießen und 30 Minuten einweichen. Auf ein Sieb gießen, $^1/_4$ Tasse vom Einweichwasser auffangen.
2. Tomatenstreifen mit den übrigen Salatzutaten in eine große Schüssel geben.
3. Die Zutaten für die Salatsauce in einer kleinen Schüssel aufschlagen und über den Salat gießen. Gut mischen.

> **MESCLUN**
>
> Dabei handelt es sich um eine Mischung aus küchenfertigen Blattsalaten, zum Teil mit Wildgemüse. Oft sind die Blätter bereits gewaschen und in Cellophan verpackt.
>
> Solche Mischungen lassen sich blitzschnell zu einem köstlichen Salat verarbeiten. Bei weiteren Zutaten wie auch der Marinade sind der Fantasie keine Grenzen gesetzt.

Drei-Herzen-Salat

Bei der bloßen Erwähnung von Palmherzen und Artischockenböden bekommen viele Feinschmecker große Augen, und ein Lächeln umspielt ihren Mund. Sie sind die absoluten Delikatessen im Reich der Gemüse. Hier ist der Salat zu einer leichten vegetarischen Mahlzeit, etwa zu Gedünstetem Pak choi mit Knoblauch und Ingwer (siehe Seite 332); dazu gekochte Maiskolben und frisches, warmes Brot.

4 Portionen
6 Herzen vom Römischen Salat
1 Glas (250 g) Palmherzen, abgetropft und in Stücken
1 Glas (250 g) Artischockenböden, abgetropft und geviertelt

Salatsauce
2 EL Mayonnaise
2 EL frisch gepresster Zitronensaft
2 EL Olivenöl, extra vergine
1 TL Frühlingszwiebeln, fein gehackt

1 TL Knoblauch, fein gehackt
1 EL Dijonsenf
Meersalz und schwarzer Pfeffer aus der Mühle

1. Die dunklen äußeren Blätter des Römischen Salats entfernen und vom festen Inneren die kleinen Blätter wegschneiden. Die Salatherzen zusammen mit den Palmherzen und Artischockenböden in eine Schüssel geben.
2. Für die Salatsauce sämtliche Zutaten in einer kleineren Schüssel cremig aufschlagen. Über den Salat gießen und alles gut vermischen.

Weißkohlsalat mit Curry

Von diesem Salat sollten Sie immer gleich eine größere Menge zubereiten und ihn im Kühlschrank aufheben, er passt zum leichten Imbiss wie auch zum Mittag- und Abendessen. Garam masala ist eine aromatische Mischung aus gerösteten, gemahlenen Gewürzen, die aus dem Norden Indiens stammt. In den kalten Regionen des Landes wird das Gewürz benutzt, um innere Wärme zu erzeugen. Man bekommt es in Spezialgeschäften, kann es aber auch selbst zusammenstellen. Der Salat passt zu gegrilltem Geflügel oder anderem Fleisch, aber auch zu vegetarischen Speisen wie der Kartoffel-Porree-Galette (siehe Seite 361) oder zur Zucchini-Tarte (siehe Seite 363).

4 Portionen
1 EL Distelöl
1 Bund Frühlingszwiebeln, fein gehackt
1 TL Curry
$1/4$ TL schwarzer Senfsamen

$^1/_4$ TL Garam masala
oder abgeriebene Muskatnuss
$^1/_2$ Kopf Weißkohl, fein geschnitten
Saft von $^1/_2$ Limone
2 EL Wasser
1 EL Rosinen
1 Tasse Naturjoghurt
Meersalz

1. Das Öl in einer großen Pfanne erhitzen. Die Frühlingszwiebeln darin glasig braten. Curry und Senfsamen zugeben und verrühren. Garam masala oder Muskat einrühren.
2. Den Weißkohl zugeben und kurz anschwitzen. Die Pfanne vom Herd nehmen, den Limonensaft, Wasser und die Rosinen unterrühren. Den Kohlsalat in eine Schüssel geben und ihn zugedeckt bei Zimmertemperatur oder im Kühlschrank mindestens 1 Stunde durchziehen lassen.
3. Erst kurz vor dem Anrichten den Joghurt unterrühren und mit Salz würzen.

GARAM MASALA

Die selbst gemachte Gewürzmischung verleiht vielen Gerichten einen exotischen und intensiven Geschmack. In diesem Rezept sind klassische Zutaten aus verschiedenen indischen Regionen zusammengestellt. Zur Zubereitung ist es nötig, ganze Samenkörner zu rösten, um ihre Haltbarkeit zu verbessern, bevor sie fein gemahlen und mit anderen pulverförmigen Gewürzen gemischt werden. Sie brauchen dazu: eine Pfanne mit schwerem Boden, eine elektrische Kaffeemühle oder Gewürzmühle, ein besonders feinmaschiges Sieb. Die Anregung für dieses Rezept stammt aus einem Buch von Yamuna Devi über die Kunst der indischen vegetarischen Küche, das 1987 in New York erschienen ist.

Für etwa 1 Tasse
$^1/_3$ Tasse ganze Gewürznelken
$^1/_4$ Tasse Fenchelsamen
$^1/_4$ Tasse schwarze Pfefferkörner
4 Zimtstangen
$^1/_2$ Tasse frische Kardamomsamen
$^1/_2$ Tasse Kreuzkümmel
$^1/_2$ Tasse Koriander
2 EL abgeriebene Muskatnuss
1 TL gemahlener Ingwer

1. Alle Zutaten außer Muskat und Ingwer bei schwacher Hitze und unter gelegentlichem Rühren in einer schweren Pfanne rösten oder für 30 Minuten in den vorgeheizten Backofen (95 °C) geben.
2. Die Zimtstangen im Mörser oder mit der Teigrolle zerstoßen. Die Kardamomsamen auslösen und die Schalen entfernen.
3. In einer Gewürzmühle immer nur kleine Mengen der gerösteten Gewürze pulverfein mahlen. Durch ein feines Sieb rühren und mit den pulverförmigen Gewürzen mischen. Abkühlen lassen. In einen gut verschließbaren Behälter füllen. Die Gewürzmischung lässt sich an einem kühlen, dunklen Platz 4 bis 5 Monate aufheben.

FUTTER ZUM DENKEN

Anutrients

Wussten Sie eigentlich, dass es in der Pflanzenwelt wahre Helden gibt, die verhindern können, dass Karzinogene das Körpergewebe erreichen und angreifen? Sie heißen *Anutrients* und schaffen eine Barriere zwischen Karzinogenen und den von ihnen angesteuerten Zielen. Zu diesen segensreichen pflanzlichen Nahrungsmitteln gehören Kohl, Wirsing, Brokkoli, Blumenkohl, Knoblauch, Zwiebeln, Porree, Schalotten, Orangen, Grapefruits und Zitronen.

Was aber, wenn die Zellen den Karzinogenen bereits ausgesetzt sind? Orangen enthalten einen als Antioxidans wirkenden Nährstoff, der die Entwicklung von Krebs in einer Zelle, die bereits dem Karzinogen ausgesetzt ist, unterdrückt.[*]

Andere Nährstoffe mit solchen Fähigkeiten sind Vitamin C, Vitamin E und Selen, die in Orangen, grünen Früchten und Gemüsen enthalten sind. Ein anderer, die Karzinogene unterdrückender Stoff ist Kalzium, das sich in Feigen, Sojaprodukten und allen Blattgemüsen und Kräutern findet.[**]

Ob es auch Nährstoffe gibt, die das Wachsen von Krebszellen verlangsamen oder gar hemmen?

Möhren und Sellerie enthalten Inhaltsstoffe wie die Phthalide und Polyacetylene, die indirekt bewirken, dass die Zellvermehrung verringert wird.

[*] The Burton Goldberg Group, Alternative Medicine (Puhalec, Washington: Future Medicine Publishing, 1993), S. 316
[**] ebendort

Yamswurz-Salat

Bei Yamswurz handelt es sich um ein besonders knackiges und saftiges Wurzelgemüse, ähnlich der Süßkartoffel. Es ist in Mexiko verbreitet, wird aber auch in vielen anderen Regionen der Welt angebaut. Meist wird es, geschält und in Scheiben geschnitten, als Imbiss zwischendurch gegessen. Kombinieren Sie einmal diesen leichten Salat mit gedämpftem Fisch oder mit leckeren Burritos.

4 Portionen
1 Yamswurzel, geschält und in streichholzdünne Streifen geschnitten
$^1/_2$ Schlangengurke, geschält, entkernt und in kleine Streifen geschnitten
1 Tomate, entkernt und fein gehackt
$^1/_2$ Möhre, geraspelt
$^1/_4$ Tasse Koriandergrün, gehackt
Saft von 2 Limonen
1 EL Honig
$^1/_2$ TL Cayennepfeffer
Meersalz

Alle Zutaten in einer großen Schüssel vorsichtig miteinander vermischen.

Salat mit Fenchel, Pilzen und gehobeltem Parmesan

In überlieferten Schriften aus dem alten Ägypten, die aus der Zeit um 1600 v.Chr. stammen, wird von Fenchel als heilkräftiger Pflanze berichtet. Bis heute nutzt man dieses Gemüse in der fernöstlichen Medizin zur Behandlung von Verdauungsproblemen. In Indien kaut man Fenchelsamen nach dem Essen, um die Verdauung zu fördern.

Als interessante Variation können Sie diesen Salat auch als Füllung für Weizentortillas verwenden.

2 Portionen
200 g Spinat, geputzt
200 g kleine Champignons, geputzt
2 Fenchelknollen, unten abgeschnitten, äußere Blätter entfernt
100 g Parmesankäse
3 EL Olivenöl, extra vergine
2 TL frisch gepresster Zitronensaft
Meersalz und schwarzer Pfeffer aus der Mühle
1 Knoblauchzehe, ausgepresst
1 EL fein gehackte Petersilie

1. Den Spinat waschen und trocken schleudern.
2. Die Pilze waschen und, ebenso wie die Fenchelknollen, in hauchdünne Scheibchen schneiden. Die Hälfte vom Käse bandförmig hobeln, die übrige Hälfte fein reiben.
3. Olivenöl, Zitronensaft, Salz und Pfeffer in einer kleinen Schüssel mit dem Schneebesen aufschlagen. Den Knoblauch zugeben und den geriebenen Käse einrühren.
4. Die Spinatblätter auf zwei Tellern verteilen.
5. Fenchel- und Pilzscheiben mit der Salatsauce gut vermischen und in dem Spinatbett aufhäufen. Den gehobelten Käse darauf verteilen und mit gehackter Petersilie bestreuen.

Blattsalate mit Khakipflaumen und geräuchertem Käse

Dazu passt ein gegrilltes Steak, Hähnchen oder ein Stück Heilbutt. Die Kakis, die bei uns vorwiegend im Angebot sind, stammen aus Israel und heißen Sharonfrüchte, sie haben keine Kerne mehr. Kakis enthalten viel Vitamin A und C, aber auch Kalzium und Karotin. In Ostasien zählen sie zu den meist gegessenen Früchten überhaupt. An diesem Rezept ist der Gegensatz zwischen den süßen Früchten und dem geräucherten Käse besonders interessant. Zudem sehen die orangefarbenen Früchte besonders dekorativ aus.

3 bis 4 Portionen

Salatsauce
2 EL Olivenöl, extra vergine
$^1/_4$ Tasse Apfelsaft
1 TL Apfelessig
1 Knoblauchzehe, ausgepresst
Kräutersalz
Pfeffer aus der Mühle
2 Khakipflaumen, geschält
1 Packung Blattsalatmischung, geputzt und gewaschen
60 g Räucherkäse, in Stifte geschnitten
1 rote Zwiebel, in Ringe geschnitten

1. Für die Salatsauce alle angegebenen Zutaten in einer Salatschüssel mit dem Schneebesen cremig aufschlagen.
2. Die Khakipflaumen quer in Scheiben schneiden, weil sie dann besonders dekorativ aussehen.
3. Die Salatzutaten in die Schüssel geben und mit der Marinade vermischen.

Salat aus vollreifen Tomaten mit Fetakäse

Diesen Salat sollten Sie nur auf dem Höhepunkt der Tomatensaison zubereiten, wenn die Früchte wirklich vollreif sind. Bewahren Sie Fetakäse im Kühlschrank, und zwar in einer geschlossenen Schale mit Wasser, auf. Das Wasser dient hier zur Konservierung und zum Entsalzen, es macht den Käse schmackhafter. Der Salat schmeckt gut zu gedämpftem Spinat mit Rührei.

2 Portionen
2 große, reife Fleischtomaten
2 süße Eier- oder Flaschentomaten
2 EL Olivenöl, extra vergine
2 EL Aceto balsamico
1 EL Estragonblätter, zerkleinert
60 g Feta- oder Ziegenkäse
Meersalz und schwarzer Pfeffer aus der Mühle
einige ganze Estragonzweige zum Garnieren

1. Von den Tomaten oben und unten die Enden abschneiden und die Kerne entfernen. Die Tomaten dann in 1 cm dicke, runde Scheiben schneiden. Diese dachziegelartig auf eine Platte oder 2 Teller legen, abwechselnd Fleischtomaten und Eiertomaten.
2. Öl, Essig, Estragonblätter und Käse mit dem Mixstab oder im Mixer zu einem cremigen Dressing pürieren.
3. Die Mischung über die Tomaten verteilen, mit Pfeffer übermahlen und mit den Estragonzweigen verzieren.

Zarensalat

Diese ungewöhnliche, aber sehr elegante Salat könnte das russische oder osteuropäische Pendant zum Cäsar-Salat sein. Servieren Sie ihn zu Rinderfilets mit Knoblauch gespickt (siehe Seite 198) oder zu einem gegrillten Stück Fleisch.

^{1}/$_3$ Tasse Olivenöl, extra vergine
^{1}/$_2$ EL frisch gepresster Zitronensaft
1 TL Worcestershiresauce
2 TL Dijonsenf
2 Eigelbe oder 2 TL Joghurt
1 Spritzer Tabascosauce
1 Knoblauchzehe, ausgepresst
Meersalz und schwarzer Pfeffer aus der Mühle
12 Tassen römischer Salat, geputzt und in Stücke zerpflückt
30 g schwarzer Kaviar

1. Öl, Zitronensaft, Worcestershiresauce, Senf, Eigelbe oder Joghurt und Tabascosauce in einer Salatschüssel cremig aufschlagen. Die ausgepresste Knoblauchzehe untermischen. Mit Salz und Pfeffer würzen.
2. Die Salatblätter mit der Marinade gut vermischen. Vorsichtig den Kaviar unterheben.

Warmer Blumenkohl- und Olivensalat

Manchmal haben Sie die Blattsalate vielleicht satt. Warum sollten sie auch in jedem Salat vorkommen. Dieses Rezept beweist, dass auch ganz normaler Blumenkohl zu einem interessanten Salat verarbeitet werden kann. Er wertet jedes

Hauptgericht auf, wie beispielsweise Chili-Essig-Hähnchen-flügel (siehe Seite 168).

4 Portionen
1 großer Blumenkohl, die Röschen in dünne Scheiben geschnitten
$^1/_2$ Tasse saure Sahne
$^1/_2$ Tasse Joghurt
1 Bund Frühlingszwiebeln, fein gehackt
2 EL Apfelessig
Kräutersalz und Pfeffer aus der Mühle
$^1/_2$ Tasse große schwarze Oliven, entkernt und in Scheibchen geschnitten

1. Den Blumenkohl dämpfen, bis er weich, aber nicht matschig ist. Andererseits sollen die Röschen auch nicht zu hart sein, damit sich die Salatzutaten vollkommen miteinander verbinden.
2. Saure Sahne, Joghurt, Zwiebeln, Apfelessig und Gewürze in einer Salatschüssel mit dem Schneebesen kräftig aufschlagen.
3. Den heißen Blumenkohl und die Oliven zufügen und gut durchmischen. Würzig abschmecken.

16. Gemüse als Beilagen

Leichtes Zucchini-Ratatouille

Eine köstliche Beilage zum Mittag- oder Abendessen, beispielsweise mit Rühreiern, aber auch zu gebratenem Fisch.

2 Portionen
2 EL Olivenöl
2 Knoblauchzehen, fein gehackt
2 Zwiebeln, fein gehackt
3 Zucchini, halbiert und in Scheiben geschnitten
1 große Dose Eiertomaten, abgetropft (Flüssigkeit aufheben)
2 TL getrocknetes Basilikum
3 EL Kalamata-Oliven, entkernt und in Scheibchen geschnitten
Meersalz und Pfeffer aus der Mühle

1. Das Öl in einem schweren Topf erhitzen, Knoblauch und Zwiebeln zufügen und unter Rühren glasig werden lassen. Zucchini unterrühren und 5 Minuten mitbraten. Wenn nötig, etwas von dem Tomatensaft angießen, damit das Gemüse genügend Flüssigkeit hat.
2. Die abgetropften Tomaten zufügen, ebenso das Basilikum und die Oliven. Die Ratatouille erneut zum Kochen bringen und 10 Minuten köcheln lassen. Nach Geschmack würzen.

Knoblauch-Rapini mit Parmesan

Rapini oder Broccoletti hat nichts mit Brokkoli zu tun, vielmehr handelt es sich um ein Blattstielgemüse. Es hat dunkelgrüne Blätter an einem kräftigen Stängel mit kleinen Blütenbüscheln. Das Gemüse kann leicht bitter und etwas scharf im Geschmack sein; mit reichlich Knoblauch aber schmeckt es wirklich delikat. Am besten blanchiert man die Blätter, bevor man sie dünstet, damit sie nicht zu hart sind. Rapini passt ausgezeichnet zu Schnellen Linguine bolognese (siehe Seite 195).

4 Portionen
500 g Rapini
2 EL Olivenöl
1 EL Knoblauch, gehackt
1 EL Butter
3 EL Parmesankäse, gerieben
Meersalz und grob gestoßener schwarzer Pfeffer

1. In einem großen Topf leicht gesalzenes Wasser zum Kochen bringen. Die Rapini-Blätter hineingeben und 3 Minuten blanchieren. Auf ein Sieb gießen und in eine Schüssel mit Eiswasser geben, damit die Blätter schön hellgrün bleiben. Gut abtropfen lassen.
2. Das Öl in einer Pfanne erhitzen und den Knoblauch darin ganz kurz anschwitzen. Sofort die abgetropften Blätter zugeben und 5 Minuten dünsten.
3. Butter und Parmesankäse zufügen. Die Pfanne sofort vom Herd nehmen und das Gemüse mit Salz und Pfeffer würzen. In einer vorgewärmten Schüssel anrichten.

Geschmorte Mini-Gemüse mit jungem Mais und Ingwer

Dieses Gericht ist zusammen mit einer Gemüsecremesuppe eine ganze Mahlzeit. Man könnte es aber auch mit Nudeln oder Reis kombinieren und in der »Guru-Schale« anrichten.

4 Portionen
1/2 EL Olivenöl
4 Stangen Chicoree
2 1/2 Tassen Wasser
4 Mini-Pak choi
4 Baby-Zucchini

Salatsauce
1 EL Ingwer, fein gehackt
5 EL Distelöl
2 EL frisch gepresster Limonensaft
1 TL weißes Miso
Meersalz
1 EL Wasser

Garnitur
4 Tassen junge Maiskörner, gedämpft
1/2 TL Meersalz
schwarzer Pfeffer aus der Mühle

1. Den Backofen auf 190 °C vorheizen.
2. Das Öl in einen feuerfesten Bräter geben und die geputzten, gewaschenen Chicoree-Stangen darin 5 Minuten anbraten, bis sie goldgelb sind.

3. Das Wasser angießen, zum Kochen bringen und den Bräter 5 Minuten in den Backofen stellen. Die Pak choi und Zucchini zugeben und das Gemüse weitere 8 Minuten im Ofen garen. Es soll dabei schön zart, aber nicht zu weich werden.

4. Die Gemüse aus dem Ofen nehmen und abkühlen lassen. Inzwischen die Zutaten für die Salatsauce in einer Schüssel mit einer Gabel aufschlagen.

5. Die gegarten Maiskörner in einer zweiten Schüssel mit Salz und Pfeffer mischen.

6. Auf 4 Tellern jeweils in der Mitte den Mais aufhäufen und die Gemüse obenauf setzen. Mit der Marinade beträufeln.

Gedünsteter Pak choi mit Knoblauch und Ingwer

Ergibt zusammen mit Kartoffelpüree ein einfaches, sanftes Abendessen.

4 Portionen
1 EL Distelöl
2 Knoblauchzehen, gehackt
1 große Möhre, geschält und diagonal in kleine Stifte geschnitten
1 TL frischer Ingwer, gehackt
1 Tasse Porree oder Frühlingszwiebeln in 1 cm breiten Streifen
1 mittelgroßer Pak choi, diagonal in 1 cm breite Stücke geschnitten, die Blätter gehackt
1 Tasse kräftige Gemüsebrühe
1 EL Tamari
1 TL Dijonsenf

1. Den Backofen auf 190 °C vorheizen. Einen Bräter erhitzen, Öl, Knoblauch und Möhren hineingeben, 1 Minute anbraten, bis die Möhren zu bräunen beginnen.
2. Ingwer und Porree zugeben und 1 Minute mitbraten.
3. Den Pak choi einrühren und wenige Sekunden mitbraten. Dann die Brühe angießen, Tamari und Senf zugeben. Das Ganze zum Kochen bringen.
4. Den Bräter zugedeckt für 15 Minuten in den Backofen stellen. Herausnehmen und noch 2 Minuten auf dem Herd köcheln lassen, um die Sauce, wenn nötig, etwas einzukochen.

FUTTER ZUM DENKEN

Gegrillte Maiskolben
Gegrillter Mais hat einen erdigen, süßen, leicht rauchigen Geschmack. Er ergibt eine vorzügliche Beilage zu Fleisch, Würstchen, Zwiebeln und Paprikaschoten vom Grill. Rechnen Sie mindestens 1 Kolben pro Person.
1. Die Blätter etwa zur Hälfte vom Kolben ziehen und die silbrigen Fäden entfernen. Den Fruchtkolben aber in die Blätter eingehüllt lassen.
2. Die Maiskolben 15 Minuten in einer Schüssel mit warmem Wasser einweichen.
3. Anschließend die Maiskolben 15 Minuten grillen; sie sollen dabei noch von den Blättern umgeben sein. Mehrmals umdrehen. Sofort mit Butter und Salz servieren oder jeweils in 2 Hälften schneiden und in eine große Schale mit gegrilltem Fleisch und Gemüsen geben.

FUTTER ZUM DENKEN

Fruchtgemüse
Gurken, Auberginen und Zucchini, sämtlich Fruchtgemüse, schmecken am besten, wenn sie jung geerntet werden, also ihre volle Größe noch nicht erreicht haben. Sie sind dann zarter und schmackhafter und haben auch weniger Kerne.

Je älter und größer die Früchte werden, desto eher sind sie wässrig oder leicht bitter.

Kürbis con Leche

Squash oder Kürbchen ist eine in den USA besonders beliebte Kürbissorte, die sich vorzüglich für kleine Gemüsegerichte eignet. Sie können die kleinen Kürbisse, wie auch Zucchini, auch bei uns im Garten selbst heranziehen.

2 bis 3 Portionen
2 EL Butter
4 mittelgroße Sommer-Squash, geschält, entkernt und dünn geschnitten
1 mittelgroße Zwiebel, in feinen Ringen
1 $\frac{1}{2}$ Tassen Maiskörner, ersatzweise gefrorene oder aus der Dose
100 g grüne Chilischoten, fein gehackt
Meersalz und Pfeffer aus der Mühle
1 Tasse Milch oder Sojamilch
$\frac{1}{2}$ Tasse geriebener Cheddarkäse

1. Die Butter in einem breiten Topf bei mittlerer Hitze schmelzen. Sobald sie zu schäumen beginnt, Kürbisscheiben und Zwiebelringe hineingeben und unter Rühren weich braten.
2. Bei schwacher Hitze die Maiskörner, Chili, Salz und Pfeffer zugeben.
3. Alles gut verrühren und die Milch angießen. Köcheln lassen, bis die Mischung gar ist.
4. Den Käse zufügen und das Gericht zugedeckt noch 1 bis 2 Minuten stehen lassen, bis der Käse geschmolzen ist.

Teil 8

Saucen, Salsas
und
Salatmarinaden

17. Saucen und Salsas

Salsa aus geröstetem Paprika und Mais

Servieren Sie diese Salsa zu gegrilltem oder gebratenem Fisch oder auch zu den verschiedensten Gemüsen.

3 Tassen
1 grüne Paprikaschote
1 rote Paprikaschote
4 gekochte Maiskolben (ergibt etwa 2 Tassen gegarte Maiskörner)
$^1/_2$ rote Zwiebel, in Würfel geschnitten
$^1/_2$ Tasse Koriandergrün, gehackt
Saft von 2 Limonen (nach Geschmack)
3 EL Olivenöl, extra vergine
$^1/_2$ Pfefferschote, entkernt und fein gehackt
Meersalz und schwarzer Pfeffer

1. Den Backofen auf 200 °C vorheizen.
2. Die Paprikaschoten in eine flache Backform legen und 45 Minuten backen. In einer Papiertüte abkühlen lassen. Die äußere Haut abziehen, Samen und Scheidewände entfernen und die Schoten in $^1/_2$ cm große Würfel schneiden.
3. Die Maiskörner in eine große Schüssel geben. Zwiebeln, Paprikawürfel, Koriandergrün, Limonensaft, Öl und gehackte Pfefferschote zugeben. Mit Salz und Pfeffer würzen. Alle Zutaten vorsichtig vermischen.

Die Salsa lässt sich in einem fest verschlossenen Glas bis zu einer Woche aufheben.

Kiwi-Mango-Salsa

Eine farbenfrohe Salsa, mit der Sie beispielsweise gedämpftem Fisch einen Hauch Exotik verpassen. Passt aber auch zu gebackenen Kartoffeln oder Chips.

2 ¹/₂ Tassen
2 Kiwis, geschält und gehackt
1 Mango, geschält, entkernt und gehackt
3 Fleischtomaten oder 6 Eiertomaten, gehäutet, entkernt und gehackt
1 rote Zwiebel, fein gehackt
eingelegte Pfefferschoten zum Abschmecken
Korianderblätter (nach Wunsch)
Saft von 2 Limonen
Salz

1. Alle Zutaten, bis auf Limonensaft und Salz, in einer Schüssel gut vermischen.
2. Den Limonensaft darüberträufeln. Einige Stunden stehen und durchziehen lassen. Mit Salz abschmecken und nach Wunsch nachwürzen. Die Salsa hält sich im Kühlschrank etwa eine Woche.

Tomaten-Kapern-Tapenade

Mit dieser *Salsa fresca* können Sie gedämpftem, gebratenem oder gegrilltem Geflügel oder Fisch schnell eine originelle Würze geben. Bereiten Sie die Salsa als Erstes zu, damit sie gut durchziehen kann.

1 Tasse
2 mittelgroße Tomaten, entkernt und in Würfel geschnitten
2 EL Kapern, gewaschen und abgetropft
Saft von ¹/₂ Zitrone
2 EL Olivenöl, extra vergine
1 TL frische Thymianblättchen
1 EL Basilikum, gehackt
Meersalz und schwarzer Pfeffer aus der Mühle

1. Alle Zutaten in einer Schüssel vermischen.
2. Vorsichtig umrühren und gut kühlen, während die anderen Gerichte zubereitet werden. Auf dem gegarten Fisch oder Fleisch verteilen.

FUTTER ZUM DENKEN

Knoblauch und Zwiebeln
Frischer Knoblauch und Zwiebeln enthalten reichlich Enzyme, die dazu beitragen, das »schädliche« Cholesterin im Blut (LDL-Cholesterin) zu senken und dafür das »gute« HDL-Cholesterin ansteigen zu lassen. Verwenden Sie diese Zutaten deshalb reichlich und, so oft wie möglich, roh. Pressen Sie Knoblauch mit der Presse in Salatsaucen und auch in Suppen- und Gemüsegerichte. Gepresster Knoblauch passt in Aufstriche wie Mayonnaise, Senf, Frischkäse, Butter oder Avocadomus.

Gurken-Tomaten-Raita

Vielen Menschen ist die wirklich aufregende indische Küche praktisch unbekannt. Dabei sind viele Gerichte der Gesundheit besonders förderlich. Joghurt aus nicht pasteurisierter Milch ist ein wichtiges Produkt, das in Form von Raita oder Joghurt-Salat gegessen wird. Joghurt dient gleichsam als Sauce für alles. Diese Raita passt vorzüglich zu gedämpftem Fisch, aber auch zu verschiedenen Gemüsen.

2 Tassen
1 Tasse Naturjoghurt
1 rote Zwiebel, fein gehackt
$1/4$ Tasse Gurke, entkernt und geraspelt
$1/2$ Tasse Tomaten, entkernt, fein geschnitten
$1/3$ Tasse frische Minze, gehackt
$1/2$ TL gemahlener Kreuzkümmel
1 Prise Salz

Alle Zutaten in einer Schüssel vermischen und sofort servieren.

Tomaten-Chutney

Von diesem Chutney können Sie gleich etwas mehr zubereiten und es bis zu einer Woche in einem Schraubdeckelglas im Kühlschrank aufbewahren. Servieren Sie es zu Fisch, Geflügel oder Gemüsegerichten.

2 Tassen
5 mittelgroße Tomaten, entkernt, in 1 cm große Würfel geschnitten
2 mittelgroße Zwiebeln, grob gehackt

1 kleine Jalapeño-Pfefferschote, entkernt und fein gehackt
1 EL Ingwer, geraspelt
1 EL Honig
$^1/_3$ Tasse Weißweinessig
Meersalz und schwarzer Pfeffer aus der Mühle

1. Alle Zutaten, ausgenommen Salz und Pfeffer, in einer Pfanne
   bei mittlerer Hitze 45 Minuten schmoren, dabei gelegentlich
   umrühren.
2. Überschüssige Flüssigkeit abgießen und das Chutney mit Salz
   und Pfeffer würzen.

Arame-Sauce für gedämpfte Gemüse

Arame ist eine mild schmeckende, schwarze Meeralge. Wenn
sie eingeweicht wird, sieht sie aus wie Vermicelli. Sie enthält
reichlich Nährstoffe und Enzyme. Der angenehme Geschmack
nach Meerwasser passt gut zu Gemüsegerichten. Die Szechuan-Sauce gibt dieser ungewöhnlichen Beilage genau den
richtigen Pfiff. Servieren Sie die Arame-Sauce zum Beispiel
auf heißem Brokkoli oder auch zu gebackenen roten Beten
oder zu Brot mit Mandelbutter.

1 Tasse
$^1/_2$ Tasse getrocknete Arame-Algen
2 EL Apfelessig
6 EL Olivenöl, extra vergine
1 TL Szechuan-Sauce (nach Wunsch)

1. Die getrockneten Arame bei Zimmertemperatur 15 Minuten in Wasser einweichen. Auf ein Sieb gießen und gründlich abspülen. Abtropfen lassen.
2. In einer kleinen Schüssel Apfelessig und Olivenöl mit dem Schneebesen aufschlagen. Szechuan-Sauce zugeben. Die Sauce über die Algen gießen und diese sofort servieren oder in den Kühlschrank stellen (einige Tage haltbar). Eine halbe Stunde vor dem Anrichten aus dem Kühlschrank nehmen und auf Zimmertemperatur bringen.

Zwei-Minuten-Joghurtsauce mit Kreuzkümmel und Knoblauch

Schmeckt vorzüglich auf dem sommerlichen Grillteller, aber auch zu gedämpftem Lachs oder als Dip zu rohen Gemüsen oder Chips.

2 Tassen für 4 bis 6 Portionen
1 1/2 Tassen Joghurt
1 EL frisch gepresster Zitronensaft
1 Knoblauchzehe, fein gehackt
1 kleine rote Zwiebel, fein gehackt
1/4 Tasse Dill, fein geschnitten
1/2 TL gemahlener Kreuzkümmel
Kräutersalz zum Abschmecken

1. Alle Zutaten in eine Schüssel geben und cremig aufschlagen.
2. Mindestens 1 Stunde lang kühl stellen und auch kalt servieren.

Preiselbeer-Rosinen-Relish

Normalerweise isst man Preiselbeeren vor allem im Herbst und Winter, zum Beispiel zu Wildgerichten. Dieses Relish lässt sich gut vorbereiten und einige Tage im Kühlschrank aufheben.

2 Tassen
1 Orange (unbehandelt)
1 Zitrone (unbehandelt)
4 Tassen frische oder tiefgekühlte Preiselbeeren
1 $^1/_2$ Tassen Portwein (Tawny) oder Preiselbeersaft
$^1/_4$ Tasse Succanat (Ursüße)
$^1/_2$ Tasse frisch gepresster Orangensaft
1 $^1/_2$ TL Maisstärke
1 TL Senf
1 TL frisch gepresster Zitronensaft
1 Msp. gemahlene Gewürznelken
1 Msp. gemahlener Ingwer
$^3/_4$ Tasse Rosinen oder Korinthen
1 Prise Salz

1. Die Orange und Zitrone mit einem Schälmesser hauchdünn schälen; die Schale fein hacken, sie soll 2 Esslöffel gehackte Orangenschale und 1 TL gehackte Zitronenschale ergeben.
2. Alle Zutaten, einschließlich der gehackten Schalen, in eine große, schwere Pfanne geben und unter gelegentlichem Rühren zum Kochen bringen. So lange köcheln lassen, bis die Beeren aufplatzen, die Rosinen prall werden und die Sauce eindickt. Das dauert etwa 15 Minuten. Abkühlen lassen und zugedeckt in den Kühlschrank stellen. Bei Zimmertemperatur servieren. Das Relish hält sich 7 bis 10 Tage.

Gedünstetes Rote-Bete-Relish

Eignet sich als Beilage zu Fleisch, Gemüse- oder Getreidegerichten. Sie können es auch kalt zu Geflügel und Salat servieren.

2 Tassen
6 Rote Beten, grüne Blätter entfernt
(sie sind für eine Suppe geeignet)
6 EL Olivenöl, extra vergine
3 Knoblauchzehen, gehackt
Meersalz und schwarzer Pfeffer aus der Mühle
$^1/_4$ Tasse Aceto balsamico
$^1/_4$ Tasse frisches Basilikum, gehackt, oder 2 TL getrocknetes
2 EL Honig

1. Den Backofen auf 190 °C vorheizen.
2. Die Roten Beten schälen und in 1 cm große Würfel schneiden.
3. In einer feuerfesten Schüssel die Roten Beten mit 2 Esslöffel Olivenöl, dem Knoblauch sowie Salz und Pfeffer verrühren. Dann alle übrigen Zutaten untermischen.
4. Die Schüssel für 30 bis 40 Minuten in den Backofen stellen, bis die Roten Beten weich sind; dabei gelegentlich umrühren.

18. Salatsaucen

Fitonics-Sauce nach Art des Hauses

Diese klassische Marinade können Sie für praktisch jeden Blattsalat verwenden, sie aber auch über aufgeschnittene Fleischtomaten, geraspelte Möhren oder Gurkenscheiben gießen. Außerdem passt sie zu kalten Reis- und Nudelsalaten mit würfelig geschnittenem Hühnerfleisch. Wahrhaftig eine Allzweck-Marinade!

ca. 1/3 Tasse
3 EL Olivenöl, extra virgine
1 EL frisch gepresster Zitronensaft
1 TL Apfelessig
1/2 TL Dijonsenf
1 Knoblauchzehe, ausgepresst
1 EL Naturjoghurt oder Buttermilch
Pfeffer aus der Mühle und Meersalz

Alle Zutaten in einer Schüssel mit dem Schneebesen aufschlagen und über den Salat gießen.

FUTTER ZUM DENKEN

Öle
Öle vertragen weder Hitze noch direktes Sonnenlicht. Lagert man sie zu hell, werden sie leicht ranzig, schmecken alt und können sogar zu Vergiftungserscheinungen führen. Während Olivenöl kühl und dunkel im Schrank auf-

gehoben werden sollte, sind Sonnenblumen- und Distelöl besser im Kühlschrank aufgehoben.

Denken Sie auch daran, die Flasche gleich wieder zu verschließen, wenn Sie Öl verwendet haben. Zu lange dauernder Kontakt mit der Luft führt zum Oxidieren des Öls, und das bedeutet, dass die Haltbarkeit reduziert und der Geschmack beeinträchtigt ist. Deshalb sind bei Tisch weder metallene Ölkännchen mit offenem Schnabel noch Servier-Fläschchen aus weißem Glas zu empfehlen.

Soja-Limonen-Vinaigrette

Diese Sauce eignet sich als Marinade für Salat, aber auch in Kombination mit gedämpftem Gemüse oder Fisch sowie mit gegrilltem Fisch.

1 Tasse für 4 Portionen
$1/2$ Tasse Schalotten, gehackt
1 Knoblauchzehe, fein gehackt
1 TL frischer Ingwer, geraspelt
$1/2$ TL schwarzer Pfeffer aus der Mühle
1 EL Honig
2 EL Sojasauce
2 EL frisch gepresster Limonensaft
6 EL Distelöl

1. Alle Zutaten bis auf das Öl in einer kleinen Schüssel verrühren.
2. Das Öl unter ständigen Schlagen mit dem Schneebesen in die Sauce träufeln, bis die Sauce schön cremig wird.

Würzige Tomaten-Marinade

Als köstliches Dressing für Blattsalate und als Sauce für Fisch und Gemüse geeignet. Außerdem passt sie auch zu Nudeln und Reis.

¹/₂ Tasse für 2 Portionen
1 EL frisch gepresster Zitronensaft
1 EL Apfelessig
2 EL Tomatenmark
1 Spritzer Worcestershiresauce
5 EL Olivenöl, extra vergine
Meersalz und schwarzer Pfeffer aus der Mühle
1 Eiertomate, entkernt

Alle Zutaten in den Mixer geben und zu einer glatten Sauce pürieren.

Neue Kräuter-Vinaigrette

Diese Vinaigrette ist deshalb »neu«, weil sie statt mit dem sonst üblichen Weinessig mit Apfelessig zubereitet wird. Auch ist der Honig gesünder als Zucker. Die Vinaigrette schmeckt zu gedämpftem Blumenkohl, aber auch zu Blattsalaten mit Orangen- und Grapefruitscheiben.

1 ¹/₂ Tassen für 8 Portionen
3 EL Petersilie, grob gehackt
1 EL frische Rosmarinnadeln, gehackt
3 EL Korianderblätter
1 EL Thymianblättchen

3 EL Basilikumblätter
$1/_4$ Tasse Apfelessig
2 EL Honig
2 Knoblauchzehen, grob gehackt
$1/_2$ Tasse Olivenöl, extra vergine

1. Alle Zutaten bis auf das Olivenöl in den Mixer geben und pürieren.
2. Das Olivenöl in dünnem Strahl in die Sauce gießen; dabei den Mixer laufen lassen.

Buttermilch-Walnussöl-Marinade

$1/_2$ Tasse für 3 bis 4 Portionen
1 EL frisch gepresster Limonensaft
1 EL Aceto balsamico oder Apfelessig
$1/_2$ TL Dijonsenf
$1/_3$ Tasse Buttermilch
1 EL Walnussöl

1. Den Limonensaft, Essig und Senf in einer kleinen Schüssel gut verrühren.
2. Unter ständigem Schlagen mit dem Schneebesen die Buttermilch und das Öl einrühren, bis eine glatte, cremige Marinade entsteht.

Teil 9

Brot, pikante Muffins und allerlei süße Sachen

FUTTER ZUM DENKEN

Zucker

Das 20. Jahrhundert hat uns eine praktisch grenzenlose Versorgung mit Zucker sowie mit künstlichen und raffinierten Süßungsmitteln beschert; die Lust auf Süßes gehört heute zu den am meisten verbreiteten Süchten. Der durchschnittliche Verbrauch liegt nach statistischen Erhebungen in den USA bei mehr als 75 Kilogramm raffiniertem Zucker und künstlichen Süßstoffen pro Jahr, das sind fast 1,5 Kilogramm pro Woche.

Dr. Abram Ber ist Mediziner und arbeitet seit den 70er Jahren als homöopathischer Arzt. Als Pionier der Homöopathie ist er von den schädlichen Wirkungen des raffinierten Zuckers überzeugt. Er empfiehlt seinen Patienten mit aller Dringlichkeit, raffinierten Zucker in jeglicher Form zu meiden. Und das aus mehreren Gründen. Er hat im Laufe seiner Forschungen herausgefunden, dass Zucker das Immunsystem schwächt und damit die Widerstandskraft gegen bakterielle Infektionen beeinträchtigt. Zudem musste er feststellen, dass Zucker den Kindern schadet, zu Lernschwierigkeiten und Hyperaktivität, aber auch zu Infektionen der Ohren führt. Und bei Erwachsenen sind die üblen Folgen ebenfalls beträchtlich und reichen vom Ansteigen der Blutfette und des Cholesterinspiegels sowie Mineralstoffmangel bis zu Angst und Depressionen. Nach Dr. Ber ist Zucker auch eine der Hauptursachen für Fettleibigkeit und Pilzinfektionen wie Candida (auch Antibiotika, Kortison und Anti-Baby-Pille tragen dazu allerdings ihren Teil bei). Er macht außerdem geltend, dass Zucker zur Entstehung von Diabetes beiträgt, aber auch Hypoglykämie verursacht und die Symptome von Arthritis verschlimmert. Und schließlich soll er seiner Meinung nach Erschöpfungszustände und Antriebslosigkeit verstärken.

Der starke Zuckerkonsum wird auch in Zusammenhang gesehen mit vielen Leiden, die erst seit dem 20. Jahrhundert auf dem Vormarsch sind. Zucker schadet also Ihrer Gesundheit, deshalb sollten Sie darauf verzichten, wenn Ihnen an einem Leben in Gesundheit liegt. Jedes Leiden, von dem Sie geplagt werden, verschlimmert sich noch durch den Verzehr von Zucker. Wir sollen unserer Gesundheit nicht mutwillig Schaden zufügen, und die negativen Folgen des viel zu hohen Zuckerkonsums stehen heute wirklich außer Zweifel.

FUTTER ZUM DENKEN

Vom Umgang mit Hefe
Das Backen mit Hefe ist nicht weiter schwierig und macht sogar Spaß, wenn Sie ein paar Grundregeln beachten.

1. Damit der Teig schön locker wird, müssen Sie ihn so lange kneten, wie im Rezept angegeben ist; andernfalls wird er schwer und fest, vor allem wenn Sie Vollkornmehl verwenden.
2. Das Aufgehen des Teigs beginnt zu dem Zeitpunkt, da die Hefe sozusagen aktiviert wird und Gase freisetzt. Verkürzen Sie deshalb nicht die Aufgehzeit, lassen Sie

den Teig aber auch nicht zu lange gehen, weil sonst das Brot nicht gleichmäßig wird oder viel zu viele Löcher bekommt.

3. Die Bedingungen in Ihrer Küche haben große Bedeutung für das Gelingen des Hefeteigs. Auch spielen der Mineralstoffgehalt des Wassers, das Sie verwenden, und die Luftfeuchtigkeit in der Küche eine Rolle. Wichtig ist zudem eine gleichmäßige Temperatur während der Zubereitung. Ein paar Hinweise, wie sich die Bedingungen verbessern lassen:

▶ Wenn der Teig nicht das doppelte Volumen erreicht, müssen Sie die Aufgehzeit verlängern.

▶ Falls der Teil zu klebrig oder zu trocken ist, sollte das Verhältnis der feuchten zu den trockenen Zutaten etwas verändert werden.

Butter

Süßrahmbutter ist meist frischer als gesalzene Butter, denn das Salz wirkt als eine Art Konservierungsstoff und sorgt damit für längere Haltbarkeit. Man kann gesalzene Butter relativ lange aufheben, deshalb liegt sie oft schon einige Zeit in Lagern oder Geschäften, bevor sie zum Verbraucher kommt.

Backformen

Schneller als in Blechformen kann man in feuerfestem Glasgeschirr backen. Ist im Rezept eine bestimmte Backzeit angegeben, so sollte diese je nach Größe der Form um 5 bis 15 Minuten verringert werden, wenn in Glasformen gebacken wird.

19. Brot

Honig-Weizen-Brot

Dieses Brot enthält, vor allem durch die Zugabe von Haferflocken, Weizenkleie, Nüssen, Samen und Rosinen, ganz besonders viele Ballaststoffe.

4 kleine Laibe
3 Tassen heißes Wasser
1 Tasse Haferflocken
1 Tasse Weizenkleie
2 EL Butter
$^1/_2$ Tasse Honig
3 EL Melasse
1 Hefewürfel, zerbröckelt
$^3/_4$ EL Meersalz
$^1/_2$ Tasse Maismehl
2 $^1/_2$ Tassen Vollkornweizenmehl
3 Tassen Mehl (Type 1050)
3 EL gehackte Walnüsse (nach Wunsch)
3 EL Sesamsamen oder Leinsamen (oder beides gemischt)
$^1/_2$ Tasse eingeweichte, abgetrocknete Rosinen
Mehl zum Kneten und Bestäuben
Fett für die Form

1. In der großen Rührschüssel einer Küchenmaschine das heiße Wasser über die Haferflocken gießen. 15 Minuten einweichen.
2. Weizenkleie, Butter, Honig und Melasse zugeben und alles gut vermischen. Hefe, Salz und alle weiteren Zutaten zufügen und den Teig kneten. Nach Bedarf noch etwas Mehl zugeben, bis sich der Teig von der Schüssel löst und einen festen, run-

den Kloß bildet. Mit Mehl so lange durcharbeiten, bis kein Teig mehr am Rand der Rührschüssel klebt.

3. Eine Schüssel mit Öl einpinseln, den Teig hineingeben und ihn zugedeckt an einem warmen Platz ohne Zugluft aufgehen lassen, bis sich sein Volumen verdoppelt hat. Das dauert 45 bis 55 Minuten.

4. Den Teig mit der Faust etwas zusammendrücken, damit die Luft entweicht, und ihn in 4 Stücke teilen. Zu festen Ballen formen, indem der Teig übereinander geschlagen und unten fest zusammengedrückt wird. Mit der Nahtseite nach unten auf ein gut bemehltes Backblech setzen. Mit einem feuchten Tuch abdecken und nochmals etwa 1 Stunde gehen lassen, bis die Ballen doppelt so groß sind.

5. Den Backofen auf 215 °C vorheizen. Die Laibe mit etwas Mehl bestäuben. Mit einem scharfen Messer in die Mitte jedes Laibs ein X schneiden. Nochmals 10 Minuten gehen lassen und dann 25 bis 30 Minuten backen, bis die Laibe schön aufgegangen und goldbraun sind und hohl klingen, wenn man daran klopft.

Hausgemachte Kartoffel-Focaccia

Das Rezept stammt aus Italien und wird von einem Profi-Bäcker an den nächsten weitergegeben. Schließlich ist es bei uns gelandet. Das Angenehme ist, dass kein langes Kneten erforderlich ist. Obwohl es sich dabei um Weißgebäck handelt, ist es doch nicht »leer«, denn die Focaccia enthält auch eine ganze Menge Kartoffeln. Zwar sind frische Kräuter intensiver im Geschmack, doch auch mit getrockneten schmeckt das Brot wunderbar. Frische, heiße Focaccia mit einer Portion Salat ergibt ein besonders feines Mahl.

6 kleine Focaccias

Schritt 1
3 Tassen Mehl (Type 1050)
2 Tassen Wasser
1 ¹/₂ EL Trockenhefe

Schritt 2
6 große Kartoffeln, geschält und gekocht
¹/₂ Tasse Wasser
3 EL Olivenöl
30 g Meersalz
7 Tassen Mehl (Type 1050)
3 EL Öl für die Schüssel

Schritt 3
1 Tasse Wasser
grobes Salz zum Bestreuen
schwarzer Pfeffer, grob zerstoßen
5 EL Olivenöl für das Backblech und zum Bestreichen
¹/₂ Tasse frische Rosmarinnadeln oder 3 EL getrocknete
1 EL frische Thymianblättchen oder 1 TL getrocknete

1. Schritt 1: Alle für diesen Schritt angegebenen Zutaten in einer Schüssel zum Vorteig mischen. Diesen zugedeckt an einen warmen Platz ohne Zugluft stellen und 25 Minuten gehen lassen.
2. Schritt 2: Die Kartoffeln fein zerstampfen und in einer großen Schüssel mit dem Wasser, Olivenöl und Salz vermischen. Den aufgegangenen Vorteig hineinarbeiten. Das Mehl zugeben und mit der Hand zu einem glatten Teig verkneten.

3. Eine Schüssel mit Öl ausstreichen und den Teig hineingeben. Zugedeckt an einem warmen Platz 45 bis 55 Minuten gehen lassen; der Teig soll sich verdoppeln.

4. Schritt 3: Den Backofen auf 220 °C vorheizen. Den Teig vorsichtig in 6 Stücke teilen. Jedes Stück flach drücken und auf ein mit Öl bestrichenes Backblech setzen. Den Teig mit Wasser bepinseln und mit grobem Salz und Pfeffer bestreuen. Im Backofen 15 bis 20 Minuten backen, bis der Teig hellbraun ist. Mit Olivenöl beträufeln und die frischen Kräuter darüberstreuen. Weitere 5 Minuten backen. Etwas abkühlen lassen und frisch servieren.

Maisbrot mit süß-scharfer Butter

Dazu eine Schale Suppe oder Eintopf oder einen Super-Salat – und fertig ist die Mahlzeit!

Ein 30 cm langes Maisbrot (8 Portionen)

süß-scharfe Butter
100 g Butter (Zimmertemperatur)
$^1/_2$ TL gemahlene Pfefferschoten oder Paprikapulver rosenscharf
1 EL gebratener Knoblauch
1 EL Honig
1 Prise Salz

Maisbrot
1 Tasse Maismehl, fein gemahlen
2 Tassen Vollkornweizenmehl
2 TL Weinsteinbackpulver
1 Tasse kochendes Wasser

1 Tasse gekochte Maiskörner
1/2 Tasse Honig
1 TL Meersalz
2 1/2 Tassen Buttermilch
1 Tasse geschmolzene Butter
2 große Eier
Fett für die Backform

1. Zuerst die Butter zubereiten. Dafür sämtliche Zutaten in einer kleinen Schüssel gut vermischen (für den gebratenen Knoblauch 1 ganze Knoblauchzwiebel 1 Stunde auf ein Backblech in den auf 160 °C vorgeheizten Backofen legen, den weichen Knoblauch aus der Schale drücken).
2. Den Backofen auf 180 °C vorheizen.
3. Das Maismehl mit dem Weizenmehl und dem Backpulver in einer Schüssel mischen. Das kochende Wasser unterrühren. Nach und nach die übrigen Zutaten zugeben und alles gut vermischen.
4. Den Teig in eine gut ausgefettete, 30 cm lange, feuerfeste Form gießen und 45 bis 50 Minuten backen; mit einem Holzstäbchen die Garprobe machen.
5. Das Brot aus der Form auf ein Kuchengitter stürzen und abkühlen lassen. In Scheiben schneiden und die würzige Butter darauf verteilen.

Knoblauch-Käse-Vollkornbrot

Kinder mögen diese Beilage zu Suppen und Salaten besonders gern. Holen Sie sich ein Vollkorn-Sauerteig-Brot beim Biobäcker in Ihrer Nähe. Es schmeckt ausgezeichnet. Sie können aber auch irgendein anderes Vollkornbrot verwenden.

4 bis 6 Portionen
1 kleines Vollkornbrot, in 8 dicke Scheiben geschnitten
2 EL Butter
2 EL Olivenöl
2 große Knoblauchzehen, ausgepresst
1 Tasse geriebener Cheddar- oder Emmentalerkäse
1 TL Thymianblättchen

1. Butter und Öl in einem Pfännchen erhitzen, den Knoblauch hineinpressen.
2. Das Knoblauchfett auf den Brotscheiben verteilen und auf ein Backblech geben.
3. Den Käse darauf verteilen und mit Thymian bestreuen.
4. Das Blech in 10 bis 15 cm Abstand unter den Grill schieben und überbacken, bis der Käse schmilzt und das Brot gebräunt ist. Das dauert 3 bis 5 Minuten. Nicht verbrennen lassen.

Kartoffel-Porree-Galette

Dieser einfache, pikante Kuchen passt zu jeder vegetarischen Mahlzeit mit Suppe oder Eintopf. Verwenden Sie mehlig kochende Kartoffeln, sie eignen sich besonders gut, weil sie weich und geschmeidig werden.

6 Portionen
Blätterteig (Grundrezept Seite 395)
Mehl zum Ausrollen
1 EL Olivenöl, extra vergine
1 Tasse Porree, gewaschen und in dünne Ringe geschnitten (siehe Seite 66)
4 Tassen Kartoffelscheiben, dünn geschnitten

1 Tasse Gemüsebrühe
Meersalz und weißer Pfeffer aus der Mühle
2 EL saure Sahne
Buttermilch zum Bestreichen

1. Den Backofen auf 190 °C vorheizen.
2. Ein Backblech mit Backpapier auslegen. Den Blätterteig zubereiten und in zwei Stücke teilen, von denen eines etwas größer ist. Auf der mit Mehl bestreuten Arbeitsplatte das größere Stück zu einer kreisrunden Teigplatte (25 cm ⌀) ausrollen. Nicht beschneiden. Auf das Backblech legen. Auch das zweite Stück zu einem Kreis (23 cm ⌀) ausrollen und auf das Backblech legen. Mit Pergamentpapier zudecken und kühl stellen. Inzwischen die Füllung vorbereiten.
3. In einem Topf das Olivenöl erhitzen, die Porreeringe und Kartoffelscheiben darin anbraten. Sobald der Porree weich zu werden beginnt, die Brühe angießen und das Gemüse so lange kochen, bis die Kartoffeln weich sind. Salz und Pfeffer sowie saure Sahne zugeben. Die Mischung abkühlen lassen.
4. Den Blätterteig aus dem Kühlschrank nehmen und die Füllung in der Mitte der größeren Platte verteilen. Mit der kleineren Teigplatte bedecken und rundherum mit den Fingern fest andrücken. Auf der oberen Platte mit einem Messer einen Stern einritzen, in der Mitte der Pastete ein Loch ausschneiden. Die Platte mit Buttermilch bestreichen.
5. Auf der unteren Schiebeleiste des Backofens 30 bis 35 Minuten backen. Die Pastete soll goldbraun sein. Auf einem Kuchengitter abkühlen lassen und in 6 Tortenstücke schneiden.

Zucchini-Tarte

Mit der dreifachen Menge für dieses Rezept haben wir eine sommerliche Partygesellschaft von 25 Personen verköstigt. Die Tarte wurde zusammen mit verschiedenen Salaten kalt serviert.

24 kleine Stücke

Blätterteig
Blätterteig (Grundrezept Seite 395)
2 TL getrockneter Thymian
$^1/_2$ TL schwarzer Pfeffer aus der Mühle

2 EL Olivenöl, extra vergine
2 Tassen Zwiebeln, fein gehackt
1 EL Knoblauch, gehackt
1 EL frisches Basilikum, fein geschnitten
2 Tassen Zucchini, geraspelt
Meersalz und Pfeffer aus der Mühle
Mehl zum Ausrollen
$^1/_2$ Tasse Mozzarella, geraspelt
3 EL Parmesankäse, gerieben

1. Den Blätterteig nach dem Grundrezept zubereiten, aber noch Thymian und Pfeffer hinzufügen.
2. Den Backofen auf 200 °C vorheizen.
3. Das Olivenöl in einer Pfanne erhitzen, bis es Blasen wirft. Zwiebeln, Knoblauch und Basilikum darin 3 Minuten unter Rühren anbraten. Die geraspelten Zucchini ebenfalls unterrühren und 5 Minuten dünsten. Mit Salz und Pfeffer würzen. Die ausgetretene Flüssigkeit abgießen und die Pfanne beiseite stellen.

4. Den Blätterteig auf einem bemehlten Backblech etwa $^1/_2$ cm dick zu einem 20 x 30 cm großen Rechteck ausrollen. Die Ränder auf allen Seiten etwas nach oben biegen. Den Teig 15 Minuten im vorgeheizten Ofen backen. Aus dem Ofen nehmen und die Temperatur auf 180 °C zurückdrehen. Die Zucchini-Mischung auf der Teigplatte verteilen. Erneut in den Ofen geben und 20 Minuten backen. Mozzarella und Parmesankäse auf der Tarte verteilen und diese weitere 5 Minuten backen.

5. Herausnehmen und etwas abkühlen lassen. In kleine Stücke schneiden und warm oder kalt servieren.

20. Muffins

Blaue Mais-Muffins

Eine ungewöhnliche Kombination von blauem Maismehl und Heidelbeeren. Sie können Sie als sanftes Abendessen servieren.

8 bis 12 Muffins
Backpapier für die Muffins
$^1/_2$ Tasse blaues Maismehl (ersatzweise gelbes Maismehl)
$^1/_2$ Tasse Buttermilch
$^1/_2$ Tasse Apfeldicksaft
5 EL Ahornsirup oder Honig
$^1/_2$ Tasse Maiskeimöl oder flüssige Butter
1 großes Ei
1 $^1/_2$ Tassen Vollkornweizenmehl
1 $^1/_2$ TL Natron
1 TL Weinsteinbackpulver
$^1/_2$ TL Meersalz
200 g tiefgekühlte Heidelbeeren, in 3 EL Mehl gewälzt

1. Den Backofen auf 200 °C vorheizen. Die Muffinförmchen mit Backpapier auskleiden.
2. Maismehl und Buttermilch in einer Schüssel verrühren und quellen lassen.
3. Apfeldicksaft, Ahornsirup oder Honig und Öl oder Butter in einer Schüssel gut verrühren. Das Ei zugeben und die Masse kräftig aufschlagen.
4. Mehl, Natron, Backpulver und Salz in einer anderen Schüssel vermischen.

5. Die Maismehl-Mischung mit der cremigen Masse verrühren und das trockene Mehl hinzufügen. Mit so wenig Rühren wie möglich alle Zutaten mischen. Der Teig kann ruhig noch klumpig sein und Mehleinschlüsse aufweisen. Die Beeren ebenfalls einrühren.

6. Die Muffin-Förmchen bis oben (für 8 Jumbo-Muffins) oder zu zwei Dritteln (für kleine Muffins) mit dem Teig füllen. 25 bis 30 Minuten backen. Auf einem Kuchengitter langsam abkühlen lassen.

Maui-Muffins

Diese süßen und fruchtigen Muffins gibt es nach einer würzigen Suppe.

8 bis 12 Muffins
2 $1/2$ Tassen Vollkornweizenmehl
$1/2$ Tasse Haferkleie
1 Prise Salz
1 TL gemahlener Ingwer oder 1 EL frischer Ingwer, gerieben
$1/2$ TL Gewürznelkenpulver
$1/2$ TL Mandelöl
2 große Bananen, zerdrückt
4 EL Distelöl
2 große Eier
1 Tasse Ananas-Kokos-Saft (ohne Zusätze) oder frischer Ananassaft
3 EL Honig
1 Tasse Kokosraspeln zum Bestreuen

1. Den Backofen auf 180 °C vorheizen. 12 Muffin-Förmchen mit Backpapier auskleiden.

2. Mehl, Kleie, Salz, Ingwer, Nelkenpulver und Mandelöl vermischen.

3. In einer zweiten Schüssel die restlichen Zutaten, bis auf die Kokosflocken, verrühren. Die cremige Masse mit der Mehl-Gewürz-Mischung vorsichtig verrühren. Den Teig nicht zu lange bearbeiten.

4. Die Förmchen mit dem Teig (für 8 große Muffins bis oben, für 12 kleinere zu zwei Dritteln) füllen.

5. Die Kokosraspeln über die Muffins streuen und diese 20 bis 25 Minuten backen; sie sollen goldbraun sein. 4 Minuten in den Förmchen abkühlen lassen, dann auf ein Kuchengitter legen.

21. Süße Backwaren

Ambrosia-Quadrate

Sie eignen sich bestens zum Abschluss einer Obstmahlzeit, schmecken aber auch zu einer Tasse Kräutertee köstlich.

24 Stücke

Teig
1 Prise Meersalz
³/₄ Tasse Mehl (Type 1050)
³/₄ Tasse Vollkornweizenmehl
¹/₂ Tasse kalte Butterstückchen
¹/₂ Tasse Eiswasser

2 große Eier
¹/₃ Tasse cremiger Tofu
³/₄ Tasse Honig
1¹/₂ Tassen Kokosflocken
1 TL Orangenschale (unbehandelt), fein gehackt
¹/₂ TL Weinsteinbackpulver
1 TL Naturvanille

1. Den Backofen auf 180 °C vorheizen. Eine Backform von 20 x 30 cm mit Pergamentpapier auslegen.
2. In einer großen Rührschüssel das Salz und die beiden Mehlsorten vermischen. Die Butter dazugeben und mit einem Messer oder den Fingern schnell zu Streuseln mischen. Nicht zu lange bearbeiten, weil sonst der Teig schwer und klebrig wird. Das Eiswasser nach und nach dazugeben, bis ein locke-

rer Teig entsteht. Den Teig in die vorbereitete Form drücken und 10 Minuten backen.

3. In der Rührschüssel der Küchenmaschine alle übrigen Zutaten gut vermischen. Die Masse auf den vorgebackenen Teig streichen. Die Form wieder in den Ofen stellen und 40 Minuten backen. Die Oberfläche soll goldbraun sein.

4. In 5 x 5 cm große Quadrate schneiden und diese auf einem Kuchengitter abkühlen lassen.

Rosinen-Stangen

Dieses gesunde Gebäck können Sie noch warm als herzhaften Nachtisch servieren, zum Beispiel nach einer kräftigen Suppe oder nach einer großen Portion Salat.

2 Dutzend Stangen

Teig
1 Tasse Mehl (Type 1050)
1 Tasse Vollkornweizenmehl
1 Prise Meersalz
$^1/_4$ Tasse Succanat oder ein anderes trockenes Süßungsmittel
$^1/_4$ Tasse weiche Butter
$^1/_2$ Tasse saure Sahne
1 Eiweiß
2 EL Eiswasser

Mehl zum Ausrollen
$^3/_4$ Tasse Buttermilch zum Bestreichen

Füllung
1 ¹/₂ Tassen Rosinen
3 Eiweiße
³/₄ Tasse Succanat oder ein anderes trockenes Süßungsmittel
4 ¹/₂ EL Mehl (Type 1050)
1 ¹/₂ EL weißer Rum (nach Wunsch)

1. Den Backofen auf 190 °C vorheizen. Ein Backblech mit Backpapier auslegen.
2. Für den Teig die beiden Mehlsorten und das Salz in einer Schüssel mischen. Das Süßungsmittel zugeben. Die übrigen Teigzutaten in einer großen Schüssel verrühren.
3. Die trockene Mehl-Mischung mit der weichen Masse zu einem geschmeidigen Teig vermischen. Diesen fest in Folie einwickeln und für 30 Minuten in den Kühlschrank legen.
4. Für die Füllung alle Zutaten im Mixer zu einer cremigen Paste pürieren.
5. Den gekühlten Teig in zwei gleiche Stücke teilen. Beide auf der bemehlten Arbeitsplatte zu Rechtecken von 15 x 30 cm ausrollen. Der Teig sollte etwa 3 mm dick sein.
6. Jeweils die Hälfte der Füllung auf den beiden Teigplatten in einer Länge von 8 cm in der Mitte des Teiges verteilen. Die Längsseiten so über der Füllung einschlagen, dass sie sich leicht überlappen. Die Teigenden fest zusammendrücken. Die Rollen mit der Naht nach unten auf das Backblech legen und mit der Buttermilch bestreichen.
7. 25 Minuten backen, bis die Rollen gleichmäßig goldbraun sind. Aus dem Ofen nehmen und noch warm in 1 ¹/₂ cm breite Stangen schneiden.

Ahorn-Müsli-Plätzchen

Die verschiedenen ungezuckerten Müslis lassen sich gut zu Keksen weiterverarbeiten. Und da diese nicht besonders süß sind, kann man sie anstelle von Brot sogar zu manchen Suppen und Salaten essen.

12 Plätzchen
1/2 Tasse weiche Butter
1/4 Tasse Ahornsirup
1/2 Tasse Succanat oder ein anderes trockenes Süßungsmittel
1 großes Ei
1/2 TL Naturvanille
1 1/4 Tassen Müsli
1/2 Tasse Vollkornweizenmehl
1/2 Tasse Mehl (Type 1050)
1/2 TL Natron
Mehl für die Arbeitsplatte

1. Butter, Ahornsirup und Succanat in einer Schüssel gut verrühren. Ei und Naturvanille zugeben.
2. Die übrigen Zutaten in eine große Schüssel geben und mit der cremigen Masse vermischen. Den Teig mit den Händen zu einer 25 cm langen Rolle formen und fest in Frischhaltefolie einwickeln. Bis zum Gebrauch in den Kühlschrank legen.
3. Den Backofen auf 180 °C vorheizen. Ein Backblech mit Backpapier belegen. Den Teig aus der Folie nehmen und auf die leicht mit Mehl bestäubte Arbeitsplatte legen. Mit einem scharfen Messer 2 cm dicke runde Plätzchen von der Rolle abschneiden. Auf das Backblech legen und 10 bis 12 Minuten backen. Auf einem Kuchengitter abkühlen lassen.

Mürbteig mit Streusel

Vater, Mutter und Kinder lieben dieses Gebäck gleichermaßen. Es passt auch zu manchen Suppen und vor allem zu
Obstsalaten oder zu einer Tasse würzigem Kräutertee.

12 Stücke

Mürbteig
3/4 Tasse Vollkornweizenmehl
1/4 Tasse Maisstärke oder 2 EL Arrowroot (Pfeilwurzstärke)
1 Prise Meersalz
1/4 Tasse Succanat oder ein anderes trockenes Süßungsmittel
2 EL Honig
6 EL kalte Butter, in Stücken
1/4 Tasse ungesalzene Erdnussbutter
1/2 TL Naturvanille

Streusel
4 EL weiche Butter
1 EL Honig
1/2 TL gemahlener Zimt
1/2 Tasse Vollkornweizenmehl
3/4 Tasse frische Erdnüsse, grob gehackt

1/4 Tasse Fruchtmark oder Marmelade

1. Den Backofen auf 180 °C vorheizen.
2. Für den Mürbteig das Mehl, die Maisstärke und Salz in eine
   Schüssel geben.
3. In einer zweiten Schüssel Succanat und Honig locker mit der
   Butter so vermischen, dass man noch Butterklümpchen sieht.

Erdnussbutter und Vanille zugeben und das Ganze mit einem Holzlöffel leicht durcharbeiten, aber nicht schlagen.

4. Die Mehlmischung in die Schüssel geben und kurz und schnell verrühren, bis sich die Zutaten zu vermischen beginnen. Den Teig mit den Händen in eine rechteckige oder quadratische Backform drücken.

5. Die Zutaten für die Streusel in einer kleinen Schüssel mischen und mit den Fingerspitzen Streusel formen. Den Teig mit Fruchtmark oder Marmelade bestreichen und die Streusel darüber verteilen.

6. Die Backform mit der Streuselplatte in den vorgeheizten Backofen stellen und 30 Minuten backen; mit einem Holzstäbchen die Garprobe machen. Die Form aus dem Ofen nehmen und auf einem Kuchengitter etwas abkühlen lassen.

7. Den Mürbteig in 4 cm lange, quadratische Stücke schneiden und diese vollständig abkühlen lassen, bevor sie aus der Backform genommen werden.

Apfelbutter-Quadrate

Sie passen zu verschiedenen Suppen, eignen sich aber auch als Nachspeise. Ihre Zubereitung ist wirklich ganz einfach und macht zudem auch noch Spaß. Apfelbutter ist ein Aufstrich, den Sie auch bei uns in Spezialgeschäften kaufen oder im Internet bestellen können.

20 Quadrate
Öl für die Backform
1 Tasse Hafermehl
1 Tasse Vollkornweizenmehl
1 EL gemahlener Zimt

1 Tasse Haferflocken
1 Tasse Instant-Haferflocken
8 EL Butter
$^1/_4$ Tasse Ahornsirup oder Honig
1 $^1/_2$ Tassen Apfelbutter
$^3/_4$ Tasse Backpflaumen, gehackt

1. Den Backofen auf 190 °C vorheizen. Eine rechteckige Backform (ca. 18 x 30 cm) mit Öl einfetten oder mit Backpapier
   auslegen.
2. Mehl, Zimt und Haferflocken in einer großen Schüssel mischen. Die Butter in Stückchen zufügen und mit den Fingerspitzen in die trockenen Zutaten locker einarbeiten, Ahornsirup oder Honig zugeben und das Ganze zu einem Teig
   verbinden. Diesen in 2 Teile teilen.
3. Die Hälfte der Teigmischung in die Form geben und an den
   Rändern etwas hochdrücken. Die Apfelbutter darüber streichen und die Backpflaumenstücke darauf verteilen. Die restliche Teigmischung als Streusel so gleichmäßig wie möglich
   darüber krümeln. Nicht andrücken.
4. 25 Minuten auf der mittleren Schiene des Backofens backen.
   Vor dem Schneiden 5 Minuten in der Form abkühlen lassen.
   In 5 cm lange Quadrate schneiden.

FUTTER ZUM DENKEN

Backpapier
Dieses praktische Papier sollte zur Ausstattung Ihrer
Backstube gehören. Es handelt sich dabei nicht um
Wachspapier, obwohl es ebenfalls nicht durchsichtig ist.

Backpapier verhindert, dass Kuchen oder Kekse hängen bleiben. Es sorgt zudem auch dafür, dass Ecken und Kanten nicht so leicht verbrennen. Das anschließende Reinigen der Backform oder des Blechs ist nur noch ein Kinderspiel. Auch wird das Backwerk gleichmäßiger und schöner. Anders als bei der mit Fett bestrichenen und mit Mehl bestäubten Form haben Sie es bei Verwendung von Backpapier nicht mit klebrigen Resten zu tun. Sie können in allen Fällen Backpapier verwenden, wo es heißt, dass die Form gefettet und bemehlt werden soll. Man bekommt es in Läden für Haushaltswaren oder in den entsprechenden Abteilungen des Supermarktes. Es ist zwar etwas teurer, hält dafür aber lange. Meist lassen sich die Stücke mehrfach verwenden.

Nüsse

Wenn Sie Nüsse brauchen, sollten Sie sie immer frisch und natürlich ungesalzen einkaufen. Sie sind dann nicht mit Fett oder Zusatzstoffen belastet und enthalten alle ihre natürlichen Nährstoffe. Das ist bei den zum Knabbern abgepackten Nüssen leider nicht der Fall.

Wenn für ein Rezept geröstete Nüsse gebraucht werden, heizen Sie Ihren Backofen auf 150 °C und legen die Nüsse für etwa 10 Minuten auf ein Backblech, bis sie anfangen zu duften.

Zimt

Zimt, das Gewürz der Liebe, ist nicht nur eine Koch- und Backzutat, sondern auch ein Ingredienz der Aromatherapie. Unser Geruchssinn ist unmittelbarer mit dem Gehirn verbunden als die übrigen Sinne. Düfte haben eine starke Wirkung auf die Psyche, zarte Aromen beeinflussen unsere Gedanken und Gefühle; oft geschieht das ganz unbewusst.

Zimtstangen sollten Sie immer vorrätig haben und zum Beispiel in den Tee geben; sie wirken entspannend auf die Muskeln.

Stellen Sie ein Schälchen mit Zimtstangen und einigen Gewürznelken neben Ihr Bett. Die alten Ägypter verwendeten Zimt als Aphrodisiakum – geben auch Sie Ihrem Leben neue Würze!

Klassische amerikanische Cookies

Dieses leicht modifizierte Rezept ergibt so köstliche Cookies, dass Sie den Verzicht auf die halbe Buttermenge und den raffinierten weißen Zucker gar nicht merken. Sie wissen ja, Schokolade enthält 52 Prozent Fett, Carob dagegen nur 2 Prozent. Außerdem ist Carob reich an Vitaminen und Mineralstoffen, aber frei von Reizstoffen.

12 Riesen-Cookies
$1/2$ Tasse weiche Butter
$1/3$ Tasse Honig
$1/3$ Tasse Sirup aus braunem Reis oder Ahornsirup
1 großes Ei
1 TL Naturvanille
1 Tasse Mehl (Typ 1050)
1 TL Weinsteinbackpulver

1 Prise Meersalz
1 Tasse Carob-Chips
$^1/_3$ Tasse Mandelsplitter

1. Den Backofen auf 180 °C vorheizen.
2. Butter, Honig und Sirup in einer Schüssel verrühren. Das Ei und die Vanille damit verquirlen.
3. In einer zweiten Schüssel Mehl, Backpulver und Meersalz vermischen. Chips und Mandelsplitter zugeben und die Masse unter die Buttercreme heben.
4. Ein Backblech mit Backpapier belegen und mit einem Esslöffel kleine Häufchen auf das Blech setzen. Für kleine Cookies einen Teelöffel verwenden.
5. Die Cookies 18 Minuten backen, kleinere nur 10 bis 12 Minuten.

Große, weiche Gewürz-Plätzchen

Für alle, die ihre Plätzchen weich und würzig mögen.

12 Plätzchen
1 Tasse Mehl (Type 1050)
1 Tasse Vollkornweizenmehl
$^3/_4$ TL Zimt
$^1/_2$ TL gemahlener Ingwer
$^1/_2$ TL gemahlener Piment
$^1/_2$ TL gemahlene Gewürznelken
$^1/_2$ TL weißer Pfeffer
$^1/_2$ TL Natron
$^1/_2$ TL Meersalz
$^1/_2$ Tasse Butter

²/₃ Tasse Succanat
oder ein anderes trockenes Süßungsmittel
¹/₃ Tasse Ahornsirup oder Honig
1 großes Ei
Zimt zum Bestreuen

1. Den Backofen auf 190 °C vorheizen.
2. Alle trockenen Zutaten in einer Schüssel mischen.
3. Butter und Süßungsmittel in einer zweiten Schüssel gut verrühren, bis die Masse geschmeidig ist. Das Ei zugeben und gut
   verrühren.
4. Die trockenen Zutaten in die cremige Masse geben, gut vermischen und aus dem Teig 12 Kugeln (2¹/₂ cm ∅) formen. In
   5 cm Abstand auf ein mit Backpapier belegtes Backblech setzen, mit Zimt bestreuen und 12 bis 14 Minuten backen. Auf
   einem Kuchengitter abkühlen lassen.

Pecan-Sandgebäck

¹/₂ Tasse Butter
¹/₂ Tasse brauner Reissirup oder Ahornsirup
¹/₂ Tasse Succanat (Ursüße) oder ein anderes trockenes
Süßungsmittel
1 TL Naturvanille
1¹/₂ Tassen gemahlene Pecannüsse
1¹/₂ Tassen Vollkornweizenmehl
¹/₂ Tasse Mehl (Type 1050)

1. Den Backofen auf 190 °C vorheizen.
2. Die Butter in einer Pfanne schmelzen, den Sirup und das Succanat darin unter Rühren mit einem Holzlöffel zum Kochen

bringen. Vom Herd nehmen und die Vanille einrühren. Ebenso die Nüsse und das Mehl. Alles gut vermischen.

3. Aus dem Teig kleine Bälle (in Golfballgröße) formen und sie im Abstand von 8 cm auf ein mit Backpapier belegtes Backblech setzen.

4. Im vorgeheizten Backofen 12 Minuten backen. 2 Minuten auf dem Blech abkühlen lassen, dann auf ein Kuchengitter legen.

Brotpudding mit Zitronen-Schokolade

Brotpuddings sind eigentlich aus der Mode gekommen, doch sie bieten eine gute Möglichkeit, reichlich Faserstoffe zu sich zu nehmen, wenn dazu Vollkornbrot verwendet wird. Aus den Eiern aber beziehen wir das erwünschte Eiweiß. Eine nahrhafte Süßigkeit also!

6 bis 8 Portionen
3 Tassen Brotwürfel ($2\frac{1}{2}$ cm) aus Vollkornbrot
3 Tassen fettarme Milch, erhitzt
3 Eier, aufgeschlagen
$\frac{1}{3}$ Tasse Succanat (Ursüße) oder ein anderes trockenes Süßungsmittel
3 EL geschmolzene Butter
1 EL Naturvanille
1 Msp. gemahlener Piment
1 Msp. Zimt
1 TL frisch gepresster Zitronensaft
$\frac{1}{2}$ TL abgeriebene Zitronenschale (unbehandelt)
$\frac{1}{3}$ Tasse Carob-Chips
Butter für die Backform
Vanilleeis (nach Wunsch)

1. Die Brotwürfel auf ein Backblech legen und einige Stunden trocknen.
2. Die Brotwürfel in eine Schüssel geben und die heiße Milch darübergießen.
3. Die Eier, Succanat, Butter, Vanille, Piment, Zimt und Zitronensaft und -schale zu einer geschmeidigen Masse verrühren. Über das eingeweichte Brot gießen und umrühren.
4. Die Chips bis auf eine Hand voll untermischen.
5. Den Backofen auf 180 °C vorheizen.
6. Eine feuerfeste Form (1 ½ Liter) mit Butter ausstreichen und die Masse hineinfüllen. Mit den restlichen Chips bestreuen. Einige davon schmelzen und bewirken eine Art Marmoreffekt. Den Pudding 1 ¼ Stunden im vorgeheizten Ofen backen. Mit einem Holzstäbchen die Garprobe machen. Warm mit einer Kugel Vanilleeis zu jeder Portion servieren.

Kokosmakronen ohne Mehl

Für diese Makronen ist kein Gramm Mehl notwendig. Sie schmecken köstlich mit einer Tasse Ihres Lieblings-Kräutertees.

24 Makronen
¼ Tasse weiche Butter
⅓ Tasse Ahornsirup oder Honig
1 Eiweiß
1 EL Naturvanille
1 TL Weinsteinbackpulver
1 Tasse Kokosflocken
½ Tasse Carob-Chips
1 Tasse Instant-Haferflocken

1. Den Backofen auf 190 °C vorheizen. Ein Backblech mit Back-papier belegen.
2. Butter und Ahornsirup oder Honig cremig aufschlagen. Ei-weiß und Vanille zugeben.
3. In einer zweiten Schüssel alle übrigen Zutaten verrühren und zu der Butter-Sirup-Mischung geben. Vorsichtig unterheben. Jeweils einen Esslöffel Teig auf das Backblech setzen.
4. 10 Minuten backen. Mit einem Spatel vom Blech nehmen und zum Abkühlen auf ein Kuchengitter legen.

Sesam-Mandel-Tropfen

Gebäck mit braunem Reissirup hat einen ganz eigenartigen Geschmack, der auf das leichte Malzaroma des Sirups zu-rückgeht.

24 Kekse
1 Tasse Mandeln, blanchiert
$^1/_2$ Tasse brauner Reissirup
1 TL Mandelöl
1 Eiweiß
2 EL Butter
3 EL Honig
2 EL Vollkornweizenmehl
1 TL Arrowroot (Pfeilwurzstärke)
$^1/_4$ Tasse Sesamsamen

1. Den Backofen auf 165 °C vorheizen.
2. Die Mandeln enthäuten, trocknen und sehr fein mahlen. Alle Zutaten bis auf die Sesamsamen in den Mixer geben und cre-mig aufschlagen. Zum Schluss die Sesamsamen untermischen.

3. Die Masse in kleinen Häufchen (jeweils 1 Teelöffel Teig) nebeneinander auf ein ungefettetes Backblech setzen und 15 Minuten backen. Sofort mit einem Spatel vom Blech nehmen und auf einem Kuchengitter abkühlen lassen.

FUTTER ZUM DENKEN

Milch und Eier
Es gibt Milchprodukte aus biologischer Landwirtschaft; dort werden die Tiere – Kühe, Schafe, Ziegen – natürlich und artgemäß gehalten. Sie bekommen weder Antibiotika noch Hormone und fressen auch kein pestizidverseuchtes Futter. Solche Milchprodukte stammen also nicht aus unwürdiger Massentierhaltung, schmecken entsprechend besser und sind auch gesünder.

Eier von frei laufenden Hühnern sind nicht nur appetitlicher, sondern bieten sich auch als gesunde Alternative zu denen von Batteriehühnern an.

Blätterteigkörbchen mit Apfelfüllung

Obwohl man dieses Gebäck in guten Restaurants oft als Dessert angeboten bekommt, ist es erstaunlich leicht zuzubereiten. Blätterteig gibt es in der Tiefkühltruhe jedes Supermarktes. Für die Körbchen wird keine zusätzliche Butter oder anderes Fett gebraucht, nur die Förmchen müssen leicht mit Öl bepinselt werden.

6 Portionen
2 EL Distelöl für die Förmchen
3 EL Ahornsirup oder Honig
2 EL frisch gepresster Zitronensaft
$^1/_2$ TL Zimt
$^1/_2$ TL gemahlene Muskatnuss
$^1/_2$ TL gemahlener Piment
3 große Äpfel, geschält, entkernt und in dünne Scheiben geschnitten
5 Platten Blätterteig
6 Zimtstangen
Vanilleeis (nach Wunsch)

1. Den Backofen auf 180 °C vorheizen. 6 Muffin-Förmchen mit dem Distelöl ausstreichen.
2. In einem Topf bei mittlerer Hitze den Ahornsirup oder Honig, Zitronensaft und Gewürze verrühren. Die Apfelscheiben in den würzigen Sirup geben und sie darin garen, aber nicht zerfallen lassen. Das dauert etwa 5 Minuten.
3. 5 Blätterteigplatten übereinanderlegen und in Drittel schneiden. Danach diese Drittel halbieren, um 6 gleiche Quadrate zu bekommen. Die Blätter in jeweils ein Förmchen drücken und daraus Körbchen formen. 7 bis 8 Minuten backen, sie sollen goldgelb sein.
4. Die Körbchen aus den Formen nehmen, um das Dessert zusammenzustellen. Kurz vor dem Anrichten die Apfelfüllung auf die Körbchen verteilen und jedes mit einer Zimtstange garnieren. Obenauf nach Wunsch einen Klecks Vanilleeis setzen.

Panforte

Panforte bedeutet »starkes Brot« und ist eine weihnachtliche Spezialität in Italien, knusprig und wochenlang haltbar.

64 Quadrate
$^1/_2$ Tasse Mandeln
$^1/_2$ Tasse Haselnüsse
1 Tasse Rosinen
1 Tasse getrocknete Feigen, ohne Stiele
Saft und Schale von 1 Orange (unbehandelt)
Schale von 1 Zitrone (unbehandelt)
$^1/_2$ Tasse Vollkornweizenmehl
$^1/_4$ Tasse Kakao oder Carob
2 TL gemahlener Zimt
1 Msp. weißer Pfeffer
$^1/_2$ Msp. gemahlener Koriander
1 Tasse Honig

1. Den Backofen auf 150 °C vorheizen. Eine quadratische Backform (20 cm) mit Backpapier auslegen.
2. Die Mandeln und Nüsse in einer Schüssel vermischen.
3. Rosinen, Feigen, Orangen- und Zitronenschale in der Küchenmaschine zerkleinern und zu einer Paste verbinden.
4. Mehl, Kakao und Gewürze in eine Schüssel sieben und mit der Fruchtmischung verrühren.
5. In ein kleines Pfännchen Honig und Orangensaft geben, unter Rühren zum Kochen bringen und zu den übrigen Zutaten geben. Alles gut vermischen und die Nüsse unterrühren.
6. Den Teig in die Backform geben und im vorgeheizten Backofen 50 bis 60 Minuten backen; der Teig sollte in der Mitte fest sein.

7. Aus dem Ofen nehmen und bei Zimmertemperatur in der Form abkühlen lassen.

8. Panforte auf ein Backbrett stürzen und in 2 $1/2$ cm große Quadrate schneiden. Nach Wunsch mit etwas Kakao bestäuben.

Pfirsich-Pastete aus Georgia

Schmeckt fein mit einem Klecks eiskaltem Joghurt oder einer Kugel Eis.

6 Portionen

Teig
$1/2$ Tasse Hafermehl
$1/2$ Tasse Weizenmehl (Type 1050)
$1/2$ Tasse Weizenvollkornmehl
1 $1/2$ TL Weinsteinbackpulver
1 $1/2$ TL Meersalz
$1/2$ Tasse eiskalte Butter
$1/2$ Tasse Pflanzenmargarine
$3/4$ Tasse kalte Buttermilch

Füllung
5 große Pfirsiche, geschält, entkernt und in $1/2$ cm dicke Scheiben geschnitten

Sauce
$1/4$ Tasse Ahornsirup oder Honig
2 EL Butter
2 TL Arrowroot (Pfeilwurzstärke)
1 EL Naturvanille

Belag
¹/₄ Tasse Succanat (Ursüße) oder ein anderes trockenes
Süßungsmittel
¹/₄ Tasse Vollkornweizenmehl
1 gehäufter TL Zimt
1 EL Butter
¹/₄ Tasse Pecannüsse, fein gehackt

1. Den Backofen auf 180 °C vorheizen.
2. Für den Teig die Mehlarten und Backpulver in eine Schüssel sieben, Salz zugeben. Butter und Margarine in Stücken hineinschneiden und locker nur so weit vermischen, dass noch Fettklümpchen zu sehen sind. Die Buttermilch zugießen und so lange einarbeiten, bis der Teig gerade zusammenhält, aber noch immer kleinere Klümpchen aufweist. Nicht kneten. Den Teig in zwei Teile teilen, einen davon in den Kühlschrank geben.
3. Eine quadratische Backform oder feuerfeste Form (20 cm lang) mit der anderen Teighälfte auslegen und dabei den Teig gleichmäßig und leicht auf den Boden und in alle Ecken drücken. 12 Minuten vorbacken. Aus dem Ofen nehmen und beiseite stellen.
4. Für die Sauce in einer kleinen Schüssel sämtliche Zutaten gut verrühren. Auf dem vorgebackenen Teig die vorbereiteten Pfirsichscheiben verteilen und die Sauce darüber gießen. Die gekühlte Teighälfte über Füllung und Sauce bröckeln. 30 Minuten backen. Den Ofen noch nicht ausschalten.
5. Sämtliche Zutaten für den Belag gut vermischen und oben auf die Pastete krümeln. Nochmals 5 Minuten backen. Dampfend heiß auf den Tisch bringen.

Heidelbeerpastete

4 bis 6 Portionen
$1/_2$ Tasse Maismehl
1 Tasse kalte Buttermilch
3 EL Succanat oder Rohrzucker
1 Tasse und 1 EL Weizenvollkornmehl
$1^1/_2$ TL Meersalz
1 TL Natron
$1/_4$ Tasse weiche Butter
$1/_4$ Tasse Maiskeimöl, gekühlt
700 g Heidelbeeren, gewaschen und gut abgetropft

Honigsauce
$1/_2$ Tasse Honig
2 TL Zimt

1. Maismehl, Buttermilch und Succanat oder Rohrzucker in einer Schüssel verrühren. Für 45 bis 50 Minuten beiseite stellen, bis das Maismehl gequollen ist.
2. Den Backofen auf 190 °C vorheizen.
3. In eine zweite Schüssel das Mehl sieben, Salz und Natron zugeben. Mit einem scharfen Messer die Butter in Stückchen in die Mehlmischung geben, anschließend das Öl, danach auch die Buttermilchmischung zufügen. Mit Hilfe von Messern die Zutaten zu einem Teig verbinden.
4. Den weichen Teig halbieren und die eine Hälfte sacht in eine quadratische Backform oder feuerfeste Form drücken. In 20 Minuten hellbraun backen. Aus dem Ofen nehmen und die Beeren darauf verteilen.
5. Für die Honigsauce den Honig mit dem Zimt verrühren und über die Heidelbeeren träufeln. Den restlichen Teig in kleinen

und größeren Streuseln dekorativ auf den Beeren verteilen. Legen Sie die Stückchen kreuz und quer, damit die Oberfläche der Pastete rauh und unregelmäßig wird. 30 Minuten backen. Warm servieren.

Zitronen-Linzertorte

Diese feine österreichische Spezialität wird eigentlich mit einem Haselnussteig zubereitet. Um die Torte etwas leichter zu machen, haben wir statt dessen Zitronenschale verwendet, doch können Sie ruhig auch zusätzlich noch Haselnüsse nehmen.

8 bis 10 Portionen
¹/₂ Tasse weiche Butter
¹/₂ Tasse Ahornsirup
1 großes Ei
abgeriebene Schale von 1 unbehandelten Zitrone (etwa 2 EL)
1 Tasse Vollkornweizenmehl
1 Tasse Weizenmehl (Type 1050)
¹/₂ Tasse gemahlene Haselnüsse (nach Wunsch)
Mehl zum Ausrollen
¹/₂ Tasse Himbeermarmelade

1. Butter und Ahornsirup in einer Schüssel aufschlagen, bis die Masse geschmeidig ist. Ei und Zitronenschale einrühren. Die beiden Mehle darüber sieben und nach Wunsch auch die Haselnüsse zugeben. Die trockenen Zutaten mit der cremigen Masse leicht vermischen; den Teig aber nicht zu lange bearbeiten, weil er sonst zu zäh und weich wird. Für 1 Stunde in den Kühlschrank stellen.

2. Den Backofen auf 180 °C vorheizen.

3. Den Teig in zwei gleich große Stücke teilen. Auf der mit etwas Mehl bestreuten Arbeitsplatte zu einer $^1/_2$ cm dicken, runden Platte ausrollen und in eine Springform (23 cm ∅) legen, leicht andrücken. Einen Rand von 1 cm Höhe hochdrücken.

4. Den Teigboden mit einer Gabel mehrmals einstechen, damit der Boden beim Backen flach bleibt. Gleichmäßig mit Himbeermarmelade bestreichen. Die zweite Teighälfte ausrollen und in 1 cm breite Streifen schneiden. Die Hälfte davon im Abstand von 2 bis 3 cm über die Torte legen, die andere Hälfte diagonal darüber, so dass kleine Rauten entstehen.

5. Die Linzertorte 35 Minuten backen und sofort aus der Form lösen. Auf einem Kuchengitter abkühlen lassen. In schmalen Tortenstückchen servieren.

Walnusspastete

Ein Pastetenteig aus vollwertigen Zutaten, der leicht zuzubereiten und auf vielfältige Weise zu verwenden ist.

1 Pastetenboden von 25 cm ∅
$^1/_2$ Tasse Vollkornweizenmehl
2 EL Dattelzucker oder Rohrzucker
$^1/_2$ TL Meersalz
$^1/_4$ Tasse Walnussöl
3 EL Milch
6 EL Eiswasser

1. In einer Schüssel Mehl, Zucker und Salz vermischen. Mit einer Gabel das Öl einrühren, damit eine leicht klumpige Masse entsteht. Milch zugießen, um den Teig zu binden. Den Teig zu

einer flachen Scheibe pressen, in Frischhaltefolie fest einpacken und für 1 Stunde in den Kühlschrank legen.

2. Beim Ausrollen des Pastetenteigs sollten Sie sich an die Hinweise im Kasten unten halten.

WIE PASTETENTEIG AUSGEROLLT WIRD

Sie brauchen eine Teigrolle, $1/2$ Tasse Mehl für die Arbeitsplatte und den gut gekühlten Pastetenteig.

Wichtig ist zunächst eine saubere, glatte und ebene Arbeitsfläche. Bestäuben Sie sie mit einer Hand voll Mehl. Wenn der Teig zu kalt ist, um ihn auszurollen, lassen Sie ihn 5 Minuten liegen und drücken ihn dann fest mit dem Handballen gegen die bemehlte Arbeitsplatte; danach drehen Sie ihn um und pressen auch diese Seite mit der Hand fest gegen die Platte. Nehmen Sie noch etwas Mehl, wenn nötig. Die Arbeitsplatte sollte immer mit Mehl bestäubt sein. Nun beginnen Sie, den Teig mit der Teigrolle von der Mitte nach außen zu rollen und bewegen dabei die Rolle immer von sich weg. Dann drehen Sie die Platte um 90 Grad und rollen in jeder Position zwei- oder dreimal aus. Rollen und drehen Sie weiter, bis der Teig die gewünschte Größe und Stärke erreicht hat.

Süßkartoffelpastete

Sie lässt sich besonders gut mit einer Suppe oder einer großen Salatschüssel kombinieren. Was übrig bleibt, gibt's am nächsten Morgen zum Frühstück.

6 bis 8 Portionen
4 mittelgroße Süßkartoffeln
1 Walnusspastete (siehe Seite 389)
$^1/_2$ Tasse Dattelzucker oder Rohrzucker
$^1/_4$ Tasse weiche Butter
2 große Eier
1 TL Naturvanille
1 TL Zimt
1 TL Weinsteinbackpulver
$^1/_2$ TL gemahlener Piment
$^1/_2$ TL gemahlene Muskatblüte
$^1/_3$ Tasse Kondensmilch

1. Die gut gebürsteten Süßkartoffeln in den auf 180 °C vorgeheizten Backofen legen und in etwa 1 Stunde garen. Inzwischen den Pastetenteig zubereiten und 3 mm dünn ausrollen.
   Auf den Boden einer Springform (23 cm ⌀) legen und in den
   Kühlschrank stellen.
2. Die Kartoffeln aus dem Backofen nehmen und so weit abkühlen lassen, dass man sie weiter verarbeiten kann.
3. Den Kartoffeln die Schale abziehen und sie in einer großen
   Schüssel fein zerdrücken. Alle Zutaten bis auf die Kondensmilch zugeben und gut durchmischen. Zum Schluss die Kondensmilch einrühren, damit ein dickes Püree entsteht.
4. Die Füllung auf den gekühlten Pastetenboden geben und das
   Ganze 40 Minuten backen.
5. Aus dem Ofen nehmen und auf Zimmertemperatur abkühlen
   lassen. Vor dem Anrichten mindestens 1 Stunde in den Kühlschrank stellen.

Grundrezept Tortenboden

Damit der Boden wirklich leicht und locker wird, müssen Sie unbedingt sehr kalte Butter verwenden. Das Vermischen der kalten Butter mit dem Sirup oder Honig ist ein bisschen schwierig. Lassen Sie die Küchenmaschine zunächst auf der niedrigsten Stufe laufen, damit die Butterstücke nicht aus der Schüssel fliegen.

1 Boden von 23 cm ⌀
1 $^1/_2$ Tassen Vollkornweizenmehl
$^1/_2$ Tasse Weizenmehl (Type 1050)
$^1/_2$ TL Salz
$^1/_2$ Tasse Butter
$^1/_2$ Tasse Ahornsirup oder Honig
1 großes Ei, aufgeschlagen

1. Die beiden Mehlarten in eine Schüssel sieben, das Salz darunter mischen.
2. Butter und Sirup oder Honig in einer Schüssel vorsichtig verrühren oder in der Küchenmaschine cremig aufschlagen.
3. Das Ei in die Buttermischung rühren.
4. Die Mehlmischung unter die Buttermasse heben, aber nicht zu lange rühren, weil sonst der Teig zäh wird.
5. Den Teig zu einer flachen Scheibe drücken, in Frischhaltefolie einwickeln und für mindestens 30 Minuten in den Kühlschrank legen. Das Ausrollen geschieht genau so, wie es auf Seite 390 beschrieben ist.

Birnentarte mit Ingwercreme

Ingwer ist eine wunderbar aromatische Ergänzung zu reifen Birnen, deren Geschmack er keineswegs überdeckt.

1 Grundrezept Tortenboden (siehe Seite 392)
3 Birnen, geschält, entkernt und der Länge nach in Scheiben geschnitten

Creme
³/₄ Tasse Milch (Sojamilch oder halbfette Kuhmilch)
1 EL Honig
¹/₂ Vanilleschote (siehe Seite 67)
3 EL frischer Ingwer, grob gehackt
1 großes Ei
¹/₄ Tasse Ahornsirup oder Honig

1. Den Backofen auf 180 °C vorheizen.
2. Den Tortenteig ausrollen und in eine kleine Tortenform (20 cm ⌀) legen.
3. Die Birnenstreifen in einem hübschen Muster darauf verteilen.
4. Milch, Honig, ausgekratzte Vanille und Ingwer zum Kochen bringen. Vom Herd nehmen und zudecken. 5 bis 10 Minuten stehen lassen. Durch ein Sieb gießen und zum Abkühlen beiseite stellen.
5. In einer zweiten Schüssel das Ei und den Ahornsirup oder Honig kräftig aufschlagen. Die Milchmischung einrühren und mit dem Schneebesen aufschlagen, bis die Masse schön schaumig ist. Über die Birnen gießen. Auf der oberen Schiene des Backofens etwa 1 Stunde backen, bis der Boden goldbraun ist und die Masse karamellisiert.

Spätherbst-Tarte

Wenn die Auswahl an frischem Obst kleiner geworden ist, schmeckt diese delikate Tarte, die so gut zur Jahreszeit passt, besonders gut.

8 Portionen
$1/4$ Tasse frisch gepresster Orangensaft
1 Tasse Wasser
2 TL ganze Gewürznelken
1 Vanilleschote, aufgeschnitten
2 Zimtstangen
1 EL frischer Ingwer, gehackt
$1/2$ Tasse getrocknete Äpfel, grob gehackt
$1/2$ Tasse getrocknete Aprikosen, grob gehackt
$1/4$ Tasse getrocknete, entkernte Pflaumen, grob gehackt
$1/2$ Tasse getrocknete Birnen, grob gehackt
4 getrocknete Feigen, grob gehackt
$1/2$ Tasse Rosinen
3 EL Weinbrand (nach Wunsch)
1 Grundrezept Tortenboden (siehe Seite 392)
100 g Mascarpone oder Doppelrahmfrischkäse
$1/4$ Tasse Ahornsirup

1. Orangensaft, Wasser, Gewürznelken, Vanilleschote, Zimtstangen und Ingwer in einem kleinen Topf verrühren und zum Kochen bringen. 2 bis 3 Minuten ziehen lassen und vom Herd nehmen. Zugedeckt 15 Minuten stehen lassen.
2. Die getrockneten Früchte in der Küchenmaschine unter Zugabe von Weinbrand (nach Wunsch, andernfalls Wasser) zerkleinern.
3. Die gut durchgezogene Gewürzmischung durch ein Sieb gie-

ßen. Die Flüssigkeit vollständig abkühlen lassen; dazu 1 Stunde bei Zimmertemperatur beiseite stellen.

4. Den Backofen auf 190 °C vorheizen.

5. Den Teig $^1/_2$ cm dick ausrollen und in eine Tarteform oder Springform (23 cm ∅) geben. Den Boden mit einer Gabel mehrmals einstechen. Im vorgeheizten Backofen 20 bis 25 Minuten backen; der Boden soll goldbraun sein. Aus dem Backofen nehmen, aber noch einige Minuten in der Form stehen lassen. Dann den Boden vorsichtig aus der Form lösen und auf einem Kuchengitter abkühlen lassen.

6. Den Mascarpone oder Frischkäse auf den Boden streichen. Die würzige Fruchtmischung darauf verteilen und mit einem Löffel oder Spatel glatt streichen. Mit Ahornsirup beträufeln.

Grundrezept Blätterteig

Blätterteig muss immer von Hand gemacht werden, damit sich kein Klebereiweiß oder Gluten entwickelt. Dieses Eiweiß ist ein Protein, das im Weizenmehl vorkommt und dem Brotteig seine Elastizität gibt, wenn er geknetet wird. Beim Brotbacken ist dieses Klebereiweiß natürlich erwünscht, damit der Brotlaib die richtige Konsistenz und das nötige Volumen bekommt. Beim Blätterteig aber soll sich so wenig Klebereiweiß wie möglich entwickeln, damit der Teig leicht und blättrig wird.

1 Blätterteigplatte von 23 oder 25 cm
1 Tasse Weizenmehl (Type 1050)
1 Tasse Vollkornweizenmehl
$^1/_2$ TL Meersalz
$^3/_4$ Tasse eiskalte Butter in kleinen Stücken
$^1/_4$ Tasse Eiswasser

1. Beide Mehlsorten in eine Schüssel sieben und mit dem Salz vermischen. Mit den Fingern die Butterstückchen in das Mehl reiben. Die größeren Stücke mit den Handflächen etwas aufweichen. Wenn alles gut gemischt und der Teig schön krümelig ist, das Eiswasser hineintröpfeln und den Teig zu einer Platte formen.
2. Die Teigplatte fest in Frischhaltefolie einwickeln und sofort in den Kühlschrank legen. Vor dem Ausrollen mindestens 40 Minuten kühlen.
3. Blätterteig immer sehr kalt ausrollen. Schnell weiterverarbeiten. Wenn die Butter nämlich schmilzt, wird der Teig klebrig und ist kaum noch zu bearbeiten. Wenn er bereits warm und weich wird, nochmals für mindestens 20 Minuten in den Kühlschrank legen.

Gitterkuchen mit Aprikosen-Dattel-Belag

6 bis 8 Portionen
1 Tasse Datteln, entkernt und gehackt
$1/_3$ Tasse Weizenmehl (Type 1050)
1 EL kalte Butter
$1/_2$ Tasse frisch gepresster Orangensaft
$1/_4$ Tasse Ahornsirup oder Honig
1 EL Arrowroot (Pfeilwurzstärke)
1 Tasse frische Aprikosen, entkernt, in dünnen Scheiben
Mehl zum Ausrollen
1 Grundrezept Blätterteig (siehe Seite 395)

1. Den Backofen auf 180 °C vorheizen.
2. Dattelstückchen, Mehl und kalte Butterstückchen in eine Schüssel geben. Mit einer Gabel oder mit den Fingern das

Mehl so verarbeiten, dass Datteln und Butter ganz eingehüllt sind und das Ganze eine bröcklige Konsistenz hat. Beiseite stellen.

3. Orangensaft, Ahornsirup oder Honig in eine kleine Schüssel geben, erhitzen und bei schwacher Hitze etwa 3 Minuten aufschlagen; die Sauce soll dick und glatt werden. Die Aprikosen in den Mixer geben, die heiße Sauce dazugießen und das Ganze fein pürieren. Die Masse mit der Dattelteigmischung verbinden.

4. Auf der mit Mehl bestreuten Arbeitsplatte zwei Drittel des Blätterteigs zu einer Teigplatte von 25 cm ⌀ ausrollen. Vorsichtig in eine Pastetenform oder Springform (23 cm ⌀) legen. Den Rand rundherum nicht abschneiden, sondern etwas hochdrücken. Die Aprikosen-Dattel-Füllung darauf verteilen. Den restlichen Blätterteig ausrollen und daraus 19 Streifen schneiden. Diese gitterförmig auf die Füllung legen und an den Rändern im Teig festdrücken.

5. Den Kuchen 30 Minuten auf der unteren Schiene des vorgeheizten Backofens backen. Dann auf die obere Schiene schieben und weitere 30 Minuten backen, bis die saftige Füllung dick ist und Blasen wirft. Aus dem Ofen nehmen, auf Zimmertemperatur abkühlen und servieren.

Würziger Birnenkuchen

6 bis 8 Portionen
6 große Pfirsiche, gehäutet, entkernt und in $1/2$ cm dicken Würfeln
Saft von 1 Zitrone
$1/2$ Tasse Butter
3 EL Ahornsirup oder Honig
3 EL Vollkornweizenmehl

$^1/_2$ TL gemahlener Ingwer
1 Msp. gemahlene Gewürznelken
$^1/_2$ TL gemahlene Muskatblüte
1 TL Zimt
$^1/_2$ Vanilleschote, ausgekratzt (siehe Seite 67)
1 Grundrezept Blätterteig (siehe Seite 395)
Mehl zum Ausrollen
Buttermilch zum Bestreichen

1. Den Backofen auf 180 °C vorheizen.
2. Die Birnenscheiben in eine Schüssel geben und mit sämtlichen Zutaten bis auf den Blätterteig und die Buttermilch vermischen.
3. Blätterteig $^1/_2$ cm dick zu einer Platte von 40 mal 45 cm ausrollen. In eine Springform oder Pastetenform von 23 cm ⌀ legen. Den überstehenden Teig nicht abschneiden.
4. Die Birnenfüllung so mit einem Löffel auf dem Boden verteilen, dass sie in der Mitte viel höher ist als am Rand. Dann die Teigenden so über die Füllung legen, als ob Sie Stoffbahnen arrangieren. In der Mitte bleibt ein Stück Füllung offen. Den restlichen Saft, der sich gebildet hat, über die nicht bedeckten Birnenstücke träufeln. Den übergeschlagenen Teig mit Buttermilch bepinseln.
5. Den Kuchen im vorgeheizten Backofen 50 bis 60 Minuten auf der unteren Schiene backen. Auf einem Tortengitter etwas abkühlen lassen und warm servieren.

Glossar für Kochanfänger

abschmecken
ein Gericht vor dem Anrichten und Servieren probieren und nach Geschmack würzen

abschöpfen
Schaum oder Fett von der Oberfläche einer Flüssigkeit mit einem Löffel oder Schaumlöffel abheben

abtropfen
alle Flüssigkeit durch ein Sieb ablaufen lassen

à la
französisch für »nach Art von«

al dente
italienisch für »mit Biss«; beim Kochen von Pasta als Hinweis, dass Nudeln zwar gar, aber nicht zu weich sein sollten. Der Begriff wird auch beim Garen von Gemüse verwendet.

aufschlagen
mit dem Schneebesen oder einem elektrischen Schlaggerät Ei, Sahne, eine Sauce oder Teig bearbeiten

aufspießen
Stücke von Fleisch, Gemüse oder Obst auf hölzerne oder Metallspieße stecken

auspressen
Knoblauchzehen oder Ingwerstückchen in einer Presse entsaften

ausrollen
einen Teig mit der Teigrolle in eine flache Form von beliebiger Stärke bringen

backen, überbacken
im Backofen bei trockener Hitze garen

begießen
Flüssigkeit, auch flüssiges Fett oder Sauce, über das Gargut gießen, damit z. B. Fleisch beim Garen nicht austrocknet

beträufeln
etwas Flüssigkeit tropfenweise oder in ganz feinem Strahl auf etwas gießen

Bisque
französische Bezeichnung für eine cremige Suppe aus Meeresfrüchten, vor allem Krebsen

blanchieren
Nüsse oder Gemüse kurz in kochendes Wasser geben, um die Schalen leichter lösen zu können oder um Gemüse zum Tiefgefrieren vorzubereiten, seine Farbe zu intensivieren und ihm den Geschmack zu bewahren

bräunen
in Fett bei starker Hitze anbraten, bis das Fleisch außen schön braun ist; auch unter dem Grill Farbe nehmen lassen

burrito
eigentlich »Eselchen«, mit Gemüse oder Fleisch gefüllte und aufgerollte mexikanische Tortilla

Chapati
rundes, ungesäuertes Fladenbrot aus Vollkornweizenmehl, aus der indischen Küche stammend

cremig rühren
Butter oder anderes Fett in der Küchenmaschine oder mit der Hand geschmeidig machen

Dal
eine würzige indische Suppe aus Gemüsen und Kräutern, die als eine Art Sauce zusammen mit Reis oder Currygerichten serviert wird, aber auch zum Dippen von Chapatis geeignet ist

dämpfen
Zutaten zugedeckt über kochendem Wasser garen, sodass der
aufsteigende Dampf den Garvorgang bewirkt. Die Oberfläche
des kochenden Wassers sollte so weit unterhalb des Gargutes
sein, dass dieses davon nicht benetzt wird
dünsten
Fleisch oder Gemüse in wenig Flüssigkeit langsam garen
durchsieben
die Flüssigkeit von den festen Bestandteilen mit Hilfe eines
Siebs oder Durchschlags trennen
eindicken
einer Flüssigkeit durch Einkochen oder Zusatz von Stärkemit-
tel eine dickere Konsistenz geben
einfetten
ein Backblech oder eine Bachform mit Butter oder Öl bestreichen
einkerben
mit dem Messer kleine Einschnitte oder Kerben in Gemüse
machen, damit die Scheiben (z. B. von Gurken oder Möhren)
dekorativer aussehen
einstechen
mit einer Gabel in einen Teigboden kleine Löcher machen,
damit der Boden beim Backen keine Blasen wirft; beim Braten von Gänsen und Enten die Haut einritzen, um das Fett
ausfließen zu lassen
einweichen
in Wasser oder eine andere Flüssigkeit legen, um die Konsistenz zu verändern
einweichen
Trockenobst oder Trockenpilze in Flüssigkeit legen

entkernen
Kerne oder Samen einer Frucht oder von Fruchtgemüse entfernen
entkernen
Kerngehäuse, Kerne oder Steine aus Früchten entfernen
entstielen
von Gemüse, Obst oder Pilzen die Stiele entfernen
Fajita
auf mexikanische Art zubereitetes Fleisch oder Gemüse vom Grill mit heißen Tortillas, Salsa und Guacamole
fein hacken
in winzige Stückchen zerteilen
Fond
durchgesiebte kräftige Brühe aus gekochtem Fleisch, Geflügel, Fisch oder Gemüse
formen
Zutaten, meist Teig, in eine bestimmte Form bringen
füllen
Geflügel, Fleischstücke oder Gemüse mit einer Mischung aus anderen Zutaten anreichern
garnieren
ein Gericht vor dem Servieren hübsch verzieren
glasieren
ein Gebäckstück mit einem glänzenden Überzug versehen oder mit Ei oder Milch bestreichen; Gemüse durch Zugabe von Zucker oder Honig glänzend werden lassen
grillen
mit einer Wärmequelle unter, über oder hinter dem Grillgut garen
grob hacken
mit einem Messer mit langer Schneide in nicht zu kleine Stücke schneiden

hacken
mit einem Messer mit langer Schneide in Stücke schneiden
heben
trockene Zutaten wie Mehl vorsichtig, also ohne Aufschlagen, unter eine cremige Masse mischen
hobeln
eine ganz dünne Scheibe von Käse oder Schokolade schneiden
julienne
Gemüse in streichholzdünne und -lange Stückchen zerkleinern
klopfen
Fleisch mit einem Klopfer oder dem Handballen vor dem Garen flach drücken
köcheln
Speisen oder Flüssigkeiten erhitzen, bis Blasen an die Oberfläche steigen, das Ganze aber noch nicht kocht
kochen
eine Flüssigkeit so stark erhitzen, dass sie Blasen wirft und sprudelt
Koji
makrobiotischer Begriff für einen Eintopf, der lange gekocht wird und leicht verdaulich ist
kühlen
etwas Heißes auf Zimmertemperatur bringen
kühlen
in den Kühlschrank oder in gemahlenes Eis geben
mahlen
mit Hilfe einer Mühle grob oder fein zerkleinern
marinieren
Fleisch, Fisch oder Gemüse für Stunden oder Tage in eine würzige Flüssigkeit legen, deren Aromen sie aufnehmen;

auch Früchte in Saft, Wein oder anderen alkoholischen Getränken durchziehen lassen

Melange
französische Bezeichnung für die Mischung von Zutaten, z. B. mehrere Gemüse im selben Gericht; auch österreichische Bezeichnung für Milchkaffee

Mirepoix
französische Bezeichnung für fein gehacktes, angebratenes Gemüse – meist Möhren, Sellerie und Zwiebeln – zur Verbesserung von Suppen, Saucen, Füllungen und Eintöpfen

mixen
verschiedene Zutaten vermischen, von Hand oder im elektrischen Mixer

nachwürzen
die Intensität des Aromas nochmals überprüfen und nach Geschmack weitere Gewürze zugeben

pfannengerührt
mit mehr oder weniger Fett in einer Pfanne unter ständigem Rühren gegart; für Gemüse- und Fleischstücke sowie Meeresfrüchte ein geeignetes Garverfahren

pochieren
Fisch, Geflügelstücke oder Früchte in wenig Wasser gar ziehen lassen

Prise
die Menge eines Gewürzes (Salz, Zucker, getrocknete Kräuter oder Gewürze), die man zwischen Daumen und Zeigefinger halten kann (weniger als $1/8$ Teelöffel)

pürieren
durch ein feines Sieb streichen oder im Mixer fein zerkleinern

Quesadilla
in der mexikanischen Küche eine mit Käse überbackene, mit

Bohnen oder anderen Gemüsen oder Fleisch gefüllte Tortilla; auch Tortilla mit Käsefüllung

Raita
Begriff aus der indischen Küche für Sauce oder Salat aus Joghurt und Gemüsen

rändeln
um einen Tortenboden oder ein anderes Backwerk mit Fingern oder Gabel einen dekorativen Rand hochdrücken

ranzig
Bezeichnung für den Geschmack von überlagerten, verdorbenen Nüssen, Samen, Ölen oder Butter

reduzieren
bei starker Hitze auf eine kleinere Menge einkochen lassen, um eine stärkere Konzentration zu erreichen, z. B. bei Suppen und Saucen

reiben
auf einer Reibe oder durch einen Zusatz der Küchenmaschine feiner oder gröber zerkleinern

rösten
ohne Deckel und ohne Zugabe von Flüssigkeit garen

rührbraten
ursprünglich aus der asiatischen Küche stammende Garmethode, bei der Fleisch- und Geflügelstücke, Meeresfrüchte und Gemüse durch ständiges Rühren in wenig Fett und bei starker Hitze kurz gebraten werden; meist in einem Wok

Salsa
mexikanische Bezeichnung für eine Sauce, die traditionell aus Tomaten oder Tomatillos und Chilischoten zubereitet wird

sautieren
in einem schweren Bräter unter Zugabe von wenig Fett, Brühe oder Wasser garen

Schale, Rinde
äußere Umhüllung von Zitrusfrüchten, die abgerieben oder
abgeschält und dann zerkleinert wird; zum Aromatisieren
von Desserts und Backwaren
schälen, pellen
die Schale oder Haut entfernen
scharf anbraten
Fleischstücke oder Geflügel rundherum in heißem Fett braun
werden lassen, damit sich die Poren schließen und die Sauce
eine schöne Farbe bekommt
schmelzen
durch Erhitzen flüssig machen
schmoren
Fleisch oder Gemüse in Fett braun anbraten, danach unter
Zugabe von wenig Flüssigkeit zugedeckt auf dem Herd oder
im Backofen garen
schnitzeln
mit Hilfe einer Reibe oder eines Vorsatzes zur Küchenmaschine kleine, dünne Streifen schneiden
schütteln
Zutaten auf schonende Weise vermischen
stampfen
gekochte Kartoffeln, Gemüse oder Früchte mit einem Kartoffelstampfer fein zerdrücken
Streusel machen
mit den Fingerspitzen Backzutaten zu einem krümeligen Teig
verbinden
Tandoori
in der indischen Küche eine Methode zum Garen von Brot,
Fleisch oder Meeresfrüchten in einem Ofen aus Lehm

tiefgefrieren
etwas für kürzere oder längere Zeit ins Tiefkühlgerät geben
Toastdreieck
dekorative Beilage zur Suppe
überziehen, umhüllen
etwas in Gewürzen wälzen oder mit einer Panade umgeben
unterheben
leichte Zutaten (z. B. Eischnee oder Schlagsahne) in einen schwereren Teig mischen und dabei Drehbewegungen mit dem Schneebesen machen, damit das Volumen nicht verloren geht
verdünnen
durch Zugabe von Flüssigkeit verlängern und damit die Konzentration mildern
vermischen
mehrere Zutaten zu einer einheitlichen Masse verbinden
verrühren
mit einem Löffel oder Schneebesen in kreisenden Bewegungen vermischen
verschmelzen
Zutaten und Zubereitungsweisen aus mehreren Regionen verbinden
würfeln
etwas in kleine oder größere Würfel schneiden
würzen
Salz, Pfeffer, Kräuter und andere Gewürze zugeben
zart machen
Fleisch durch Klopfen oder Marinieren bearbeiten, damit es mürber wird

zerbröseln
zu feinen Krümeln zerkleinern
zerpflücken
in kleinere Stücke zerteilen
ziehen lassen
Teeblätter, Kräuter oder Gewürze in heißer Flüssigkeit stehen
lassen, bis sie Aroma und Farbe an die Flüssigkeit abgegeben
haben

Register

Stichwortregister